KB211445

서문문고
219

제주도 신화

현 용 준 지음

서 문

누가 처음 한 말인지는 몰라도 제주도를 가리켜 '민요의 나라, 전설의 섬'이라는 말이 있다. 구비문학이 그만큼 풍부히 전승되고 있는, 꿈이 어린 섬이라는 말이다.

사실 제주도에는 민요는 물론, 신화와 전설도 풍부하다. 신화라 하면 우리는 흔히 문헌에 정착되어 있는 옛날의 것을 생각하게 되나, 제주도에는 무속(巫俗)의 굿에서 신화가 생생하게 노래 불려지고 있으며, 마을마다 시간 가는 줄 모르게 전설의 꽃을 피우고 있다.

신화와 전설은 민족의 꿈이요 철학이요 문학이다. 그속에서 우리는 민족의 이상과 세계관과 생활양식과 문학의 원류(源流)를 읽어낼 수 있다. 제주도의 신화와 전설은 '제주도'라는 특수한 풍토 조건과 역사적 상황에서 생을 영위해 온, 제주도민의 꿈이요 철학이요 문학인 동시에 우리 민족의 그것이기도 한 것이다. 오늘날 구미 문화의 물결에 밀려 구비(口碑) 전승되는 것들이 급격히 사라지고 있는 현실은 참으로 아쉬운 일이 아닐 수 없다.

나는 민속학에 손을 대면서 이 신화와 전설들을 캐어 모으려고, 기회 있을 때마다 관심을 기울여 왔다. 그러나 시간적·경제적인 사정 등으로 바람직한 수집·조사를 못해 아쉬워하던 차에 그 집중적 조사의 기회를 얻게 되었다.

그것은 재단법인 산학협동재단의 연구비 보조인 것이다. 이 책에 실린 자료들은 바로 이 재단의 연구비 보조에 의하여 조사된 것이다. 여기 그 후의(厚意)에 깊은 감사를 올려 마지않는다.

당초의 내 의도는 신화든 전설이든 제주도 방언 그대로의 것을 세상에 내놓아 어학적 자료로서의 활용을 크게 하고자 하여 현지 녹음 조사를 행하였다. 그러나 제주도 방언은 지나치게 난삽할 뿐 아니라, 화자(話者)에 따라서는 조잡하고 논리에 맞지 않은 구술들도 있어, 방언 그대로는 전문가들도 독해가 어려운 것이었다. 그래서 국학의 여러 분야의 자료로도 활용되고 일반 독자의 읽을 거리도 될 수 있도록, 우선 표준어 문장에 방언을 곁들이는 절충적 방식으로 엮어 내놓은 것이다. 여기 싣지 못하는 신화·전설 들과 원어자료는 다음에 선보일 기회를 기다릴 수밖에 없다.

이 책이, 잊혀져 가는 우리 민족의 정신 세계를 재음미하고 내일을 사는 정신적 밑거름이 된다면, 그리고 우리의 구비문학의 자료 확대와 국학 여러 분야의 연구에 도움이 된다면, 퍽 영광스러운 일이 될 것이다.

끝으로, 본 자료를 조사하는 데에 즐거이 응하여, 신화와 전설들을 말해 준 전승자(傳承者)들에게 감사한다.

1976년 3월

지 은 이

⊠ 일러두기

내용 이 책은 일반 독자는 물론, 국어국문학·민속학 등 국학(國學)의 여러 분야의 연구에 활용할 수 있도록 제주도의 신화를 수록한 자료집이다.

조사 이 신화들은 거의 심방〔巫覡〕의 구연(口演) 또는 촌로(村老)들의 구술(口述)을, 현지에서 녹음·조사하고 그것을 토대로 하여 엮은 것이다.

기술 녹음된 자료는 방언 그대로이나, 그것이 너무 독해가 어렵게 되어 있으므로 다음과 같은 수록 방식을 취하였다.

 1. 가급적 화자(話者)의 구술을 존중하여, 그 원형의 유지에 유의하면서 그것을 표준어 문장체로 기술하였다.

 2. 표준어체 이야기로 바꾸면서도 화자의 이야기 구성이나 표현법이 손상되지 않게 엮으려 했으며, 그렇게 하기 위하여, 일부 자료는 이야기 속의 회화나 특수한 표현을 방언 그대로 씀으로써 자료적 가치를 높이려 했다. 이 경우에 이해하기 어려운 방언에는 그 어휘 밑에 (   )를 넣고 표준어 또는 간결한 주석을 달았다.

 3. 방언 표기의 경우 'ㆍ' 음을 살렸으며 'ㅣ'와 'ㆍ'의 중모음은 'ㆎ'로 표기했다.

 4. 이야기의 끝에는 수집한 날짜, 화자의 주소·성명·성별 등을 기록했다.

 5. 한 가지 이야기에 몇 가지 이설(異說)이 있는 것은, 그 이야기 뒤에 계속하여 이설을 수록하고, 그 화자의 인적 사항을 기록했다.

분류 신화의 분류 개념은 제주도민의 분류 의식에 따랐다. 곧 도민이 '본풀이'라고 하는 신성성(神聖性)이 있는 설화류는 신화로 잡았다. 이들 신화를 다시 분류하여 수록하였다.

편집 신화는 개벽신화(開闢神話)·시조신화(始祖神話)·일반신화(一般神話)·당신화(堂神話)·조상신화(祖上神話) 순으로 배열하였다.

차 례

제주도 신화

I 개벽 신화

1 천지개벽(천지왕 본풀이)

태초에 천지는 혼돈으로 있었다. 하늘과 땅이 금이 없이 서로 맞붙고, 암흑과 혼합으로 휩싸여 한덩어리가 되어 있는 상태였다.

이 혼돈 천지에 개벽의 기운이 돌기 시작했다. 갑자년 갑자월 갑자일 갑자시에 하늘의 머리가 자방(子方)으로 열리고, 을축년 을축월 을축일 을축시에 땅의 머리가 축방(丑方)으로 열려 하늘과 땅 사이에 금이 생겨났다. 이 금이 점점 벌어지면서 땅덩어리에는 산이 솟아오르고 물이 흘러내리곤 해서, 하늘과 땅의 경계는 점점 분명해져 갔다.

이때, 하늘에서 청(靑)이슬이 내리고, 땅에서는 흑이슬(또는 물이슬)이 솟아나, 서로 합수(合水)되어 음양상통(陰陽相通)으로 만물이 생겨나기 시작했다. 먼저 생겨난 것은 별이었다. 동쪽에는 견우성, 서쪽에는 직녀성, 남쪽에는 노인성, 북쪽에는 북두칠성, 그리고 중앙에는 삼태성 등 많은 별들이 벌이어 자리를 잡았다.

그러나 아직 암흑은 계속되고 있었다. 동쪽에선 청구름이, 서쪽에서는 백구름이, 남쪽에선 적구름이, 북쪽에선 흑구름이, 그리고 중앙에선 황구름만이 오락가락하는데, 천황닭[天皇鷄]이 목을 들고, 지황닭[地皇鷄]이 날개를 치고, 인황닭[人皇鷄]이 꼬리를 쳐 크게 우니, 갑을동방 (甲乙東方)에서 먼동이 트기 시작했다. 이때 하늘의 옥황 상제 천지왕이 해도 둘, 달도 둘을 내보내 천지는 활짝 개벽이 되었다.

그러나 천지의 혼돈이 아직 완전히 바로잡힌 것은 아니었다. 하늘에는 해도 둘, 달도 둘이 떠 있으므로, 낮에는 만민 백성들이 더워 죽게 마련이고, 밤에는 추워 죽게 마련이었다. 그뿐 아니라, 이때는 모든 초목이나 새·짐승들이 말을 하고, 귀신과 인간의 구별이 없어 사람 불러 귀신이 대답하고, 귀신 불러 사람이 대답하는, 그야말로 혼잡한 판국이었다.

이러한 혼란한 세상 질서를 바로잡는 일이 천지왕에게는 항상 걱정이었다. 묘책이 얼른 생각나지 않았다. 어느 날 천지왕은 길한 꿈을 얻었다. 하늘에 떠 있는 해 둘, 달 둘 중에 해와 달을 하나씩 삼켜 먹는 꿈이었다. 이 꿈이야 말로 혼란한 세상의 질서를 바로잡을 귀동자를 얻을 꿈임에 틀림없었다. 이렇게 생각한 천지왕은 곧 지상의 총맹 왕 총맹부인과 천정배필을 맺고자 지상으로 내려왔다.

총맹부인은 매우 가난하였다. 모처럼 천지왕을 맞이하였으나, 저녁 한 끼 대접할 쌀이 없었다. 생각 끝에 총맹부인은 수명장자에게 가서 쌀을 꿔다가 저녁을 짓기로 했다.

수명장자는 한 동네에 사는 부자인데 마음씨가 고약하였다. 총맹부인이 쌀 한 되를 꾸러 가니, 쌀에다 흰 모래를 섞어서 한 되를 채워 주었다.

총맹부인은 그 쌀을 아홉 번 열 번 깨끗이 씻어 저녁밥을 짓고, 천지왕과 첫 밥상을 차려 마주 앉았다. 천지왕은 흐뭇한 마음으로 첫 숟가락을 들었는데 당장 돌을 씹었다.

"총맹부인, 어떤 일로 쳇(첫) 숟가락에 머을(돌)이 멕힙네까?"

"그런 게 아니외다. 진지 쑬이 읏어서(없어서) 수명장재 부재[富者]에 간(가서) 대미(大米) 혼 되 꾸레(꾸러) 갔더니, 백모살[白沙]을 섞어 주시난(주시니) 아홉 볼(아홉 번) 열 볼을 밀어 진지를 지어도 쳇 숟가락에 머을이 멕힙네다."

"괘씸ᄒ다. 괘씸허여."

옥황상제 천지왕은 분개하여 수명장자의 됨됨이를 낱낱이 캐어 물었다. 고약하기 이를 데 없었다. 가난한 사람이 쌀을 꾸러 가면 흰 모래를 섞어 주고, 좁쌀을 꾸러 가면 검은 모래를 섞어 주고, 이것도 작은 말로 꿔 줬다가 돌려 받을 때는 큰 말로 되어 받아 부자가 되었다는 것이다.

수명장자의 딸들은 가난한 사람들을 빌려서 김을 맬 때, 점심을 먹이게 되면, 맛좋은 간장은 자기네만 먹고

놉(일꾼)들에겐 고린 간장을 먹였다. 이렇게 하여 부자가
되었다.

그뿐 아니라 그의 아들들은 마소의 물을 먹여오라고 하
면, 말발굽에 오줌을 싸서 물통에 들어섰던 것처럼 보이게
해 놓고는, 물을 먹여왔다고 하며 물을 굶겼다는 것이다.

천지왕은 분개를 참을 수가 없었다.

"괘씸ᄒ다. 수명장재, 괘씸ᄒ고낭아(괘씸하구나). 베락
장군〔霹靂將軍〕 내보내라. 베락ᄉ재〔霹靂使者〕 내보내라.
울레(우뢰)장군 내보내라. 울레ᄉ재 내보내라. 화덕진군
(火德眞君) 내보내라."

벽력같이 명을 내리고 수명장자의 으리으리한 집을 일
시에 홀랑 불태워 버렸다.

불탄 자리에 사람이 죽어 있으니, 그 원혼을 위로하기
위해 굿을 했다. 그래서 화재에 타 죽은 원혼이 신당(神
堂) 뒤에 들어서서 얻어먹는 법이 시작되었고, 화재가 났
던 곳에는 화덕진군을 내보내는 불찍굿을 했는데, 그로부
터 불찍사자(화덕진군의 使者)는 불찍굿에서 얻어먹는
법이 마련되었다.

천지왕은 수명장자의 아들 딸에게도 엄벌을 내렸다. 딸
들은 가난한 사람들을 고약하게 학대했으니, 꺾어진 숟가
락을 하나 엉덩이에 꽂아서 팥벌레 몸으로 환생시켜 버리
고, 아들들은 마소의 물을 굶겨 목마르게 했으니, 솔개
몸으로 환생시켜 비 온 뒤에 꼬부라진 주둥아리로 날개의
물을 핥아먹도록 했다.

이런 여러 가지 법을 마련하여 두고, 천지왕은 합궁일
(合宮日)을 받아서 총맹부인과 천정배필을 맺었다. 달콤
한 며칠이 지나자, 천지왕은 하늘로 올라가지 않으면 안
되게 됐다.

"아둘 성제 뒤시니, 솟아나거들랑 큰아둘랑그넹에 성은
강씨 대별왕으로 일름을 짓곡, 족은아둘랑 성을 풍성 소별
왕으로 일름 셍명 지와 두라(아들 형제를 두었으니, 솟아
나거든 큰아들일랑 성은 강씨 대별왕으로 이름을 짓고, 작
은아들일랑 성을 풍성 소별왕으로 이름 성명 지어 두라)."

한 마디를 남기고 훌훌이 떠나려는 천지왕을 붙잡아,
무슨 증거물이라도 주고 가라고 총맹부인은 애원했다. 그
제야 박씨 두 개를 내주며 '아들이 나를 찾거든 정월 첫
돝날(亥日)에 박씨를 심으면 알 도리가 있으리라' 하고는
하늘로 올라가 버렸다.

아닌게아니라, 총맹부인은 천지왕의 말대로 태기가 있
어 아들 형제를 낳았다.

쌍둥이 형제는 한 살 두 살 잘 자랐다. 서당에 보낼 나
이가 되었다. 삼천 선비 서당에서 글공부·활공부를 하는
데, 벗들 사이에 '아비 없는 호래자식'이라고 항상 놀림을
받았다.

형제는 아버지가 없는 것이 한이었다. 하루는 어머니더
러 아버지가 누구냐고 졸라댔다. 그제야 어머니는 사실을
털어놓았다.

형제는 아버지가 두고 간 박씨를 받아, 정월 첫 돝날에

정성껏 심었다. 박씨는 얼마 안 되어 움이 돋아나 덩굴이 하늘로 죽죽 뻗어 올라갔다. 아버지가 박씨를 주고 간 것은 이 줄기를 타고 하늘로 찾아오라는 것임을 곧 알았다.

형제는 박 줄기를 타고 하늘로 올라갔다. 가고 보니, 박 줄기는 아버지가 앉는 용상(龍床) 왼쪽 뿔에 감겨져 있고 아버지는 안 계셨다.

형제는 가슴이 터질 듯 기뻤다. 이 용상은 바로 내 차지라고 생각되었다. 형제는 용상 위에 걸터앉아 기세를 올렸다.

"이 용상아, 저 용상아, 임재 모른 용상이로고나."

눈을 부릅뜨고 용상을 힘껏 흔들었더니, 그만 용상의 왼쪽 뿔이 무지러져서 지상으로 떨어지고 말았다. 그 법으로 우리나라 임금님은 왼쪽 뿔이 없는 용상에 앉게 되었다.

얼마 안 되어 천지왕이 왔다. 귀동자 형제를 맞은 왕은 희색이 만면했다. 이제야 세상의 혼잡한 질서가 바로잡힐 때가 왔다고 생각되었다. 천지왕은 곧 이승은 형인 대별왕이, 저승은 동생인 소별왕이 차지해서 질서를 바로잡아 통치하도록 했다.

이승은 누구나 욕심이 나는 곳이었다. 소별왕은 어떻게 해서든 이승을 차지하고 싶었다. 한 가지 꾀가 떠올랐다.

"옵서, 우리 예숙이나 제껴근 이기는 자 이승법을 츠지ᄒ곡, 지는 자랑 저승법을 츠지ᄒ기 어찌하오리까?(우리 수수께끼나 해서 이기는 자가 이승을 차지하고, 지는 자는 저승을 차지하는 것이 어떻습니까?)"

"어서 걸랑 기영 ㅎ라(어서 그것일랑 그리 해라.)."

동생의 제안을 형은 곧 수락했다. 수수께끼는 형부터 시작했다.

"설운 아시야, 어떤 낭은 주야펭생 섶이 아니 지곡, 어떤 낭은도 섶이 지느니?(설운 아우야, 어떤 나무는 주야평생 잎이 아니 지고, 어떤 나무는 잎이 지느냐?)"

"설운 성님아, 오곡이라 딩돌막이 ㅈ른 낭 주야펭생 섶이 아니 지곡, 오곡이라 게구린낭 주야펭생 섶이 지옵네다(설운 형님아, 오곡이란 것은 마디가 짤막한 나무는 주야평생 잎 아니 지고, 속이 빈 나무는 잎이 집니다)."

"설운 동싱 모른 말 말라. 청대 ㄱ대는도 ᄆ디ᄆ디 구리여도 청댓 섶이 아니 진다(설운 동생 모른 말 말아라. 청대 갈대는 마디마디 속이 비어 있어도 잎이 아니 진다)."

이 말에 동생이 져 간다. 형은 다시 물었다.

"설운 아시야, 어떤 일로 동산엣 풀은 메가 줄라지고, 굴렁엣 풀은 메가 질어지느냐?(설운 아우야, 어떤 일로 언덕에 풀은 성장이 나쁘고, 낮은 쪽에 풀은 무럭무럭 잘 자라느냐?)"

"설운 성님아, 이삼 수월 봄샛비가 오더니, 동산엣 흑은 굴렁데레 가난, 동산에 풀메가 줄라지고 굴렁에 풀은 메가 질어집네다(설운 형님아, 이삼 사월 샛바람[東風]에 봄비가 오더니, 언덕의 흙이 낮은 쪽으로 내려가니, 언덕의 풀은 잘 자라지 않고 낮은 데의 풀이 잘 자랍니다)."

"설운 동싱아, 모른 말을 말라. 어떤 일로 인간 사름은 머리는도 질어지고 발등엣 털이야 즈르느냐?(설운 동생아, 모르는 말 말아라. 어떤 일로 사람은, 머리털은 길고 발등의 털은 짧으냐?)"

이것도 동생이 졌다. 동생은 다시 꾀를 생각해 냈다.

"옵서, 설운 성님아. 계건 꽃이나 싱겅 환생ᄒ고, 번성ᄒ는 자랑그네 이싱법을 들어사곡, 검뉴울꽃 피는 자랑 저승법을 들어사기 어찌하오리까?(설운 형님아, 그렇거든 꽃이나 심어서 잘 번성하는 자는 이승을 차지해 들어서고, 이울어 가는 꽃이 피는 자는 저승을 차지해 들어서는 게 어떻습니까?)"

형은 곧 이를 수락했다. 형제는 지부왕(地府王)에 가서 꽃씨를 받아다가 은동이·놋동이에 꽃씨를 각각 심었다. 꽃은 움이 돋아났다. 형이 심은 꽃은 나날이 자라서 번성한 꽃이 되어 가는데, 동생이 심은 꽃은 이울어 가는 꽃이 되어 갔다. 그대로 놓아 두면 동생이 질 게 뻔했다. 동생은 얼른 묘책을 생각해 냈다.

"옵서, 성님. 줌 싱백이나 자 보기 어찌ᄒ오리까?(형님, 누가 잠을 잘 자느냐, 경쟁해 봄이 어떻습니까?)"

"어서 걸랑 기영 ᄒ라(어서 그것일랑 그리 해라)."

형제는 잠을 자기 시작했다. 동생은 눈을 감고 자는 척하다가 형이 깊이 잠들었음을 확인하고 얼른 앞의 꽃과 바꾸어 놓았다.

"설운 성님 일어납서. 줌심도 자십서(설운 형님 일어나십시오. 점심도 잡수십시오)."

동생이 깨우는 바람에 일어나고 보니, 형 앞의 꽃은 동생 앞에 가고, 동생 앞의 꽃은 형 앞에 가 있다. 형이 진 것이다. 어쩔 수 없이 이승 차지는 동생에게 넘겨야만 하게 되었다. 형은 저승을 차지해 가면서 동생에게 말했다.

"설운 아시(아우) 소별왕아, 이승법이랑 ㅊ지혜여 들어서라마는 인간에 살인·역적 만ㅎ리라(많으리라). 도독(도둑)도 만ㅎ리라. 남ㅈㅈ식(남자자식) 열다섯 십오 세가 되며는, 이녁(자기) 가속(家屬) 놓아 두고 놈(남)의 가속 울러르기(우러르기)만 ㅎ리라. 예ㅈ식(女子息)도 열다섯 십오 세가 넘어가민(가면), 이녁 냄편(남편) 놓아 두고 놈의 냄편 울러르기만 ㅎ리라."

소별왕이 이승을 내려 서 보니 과연 질서가 말이 아니었다. 하늘에는 해도 둘, 달도 둘이 떠서, 만백성들이 낮에는 더워 죽어 가고, 밤에는 추워 죽어 가고 있었다. 초목과 새·짐승 들이 말을 하여 세상은 뒤범벅이고, 귀신과 생인의 분별이 없어 귀신 불러 생인이 대답하고, 생인 불러 귀신이 대답하는 판국이었다. 거기에다 역적·살인·도둑이 많고, 남녀 할 것 없이 제 남편·제 부인을 놓아 두고 간음이 퍼져 있는 것이다.

소별왕은 곤란해졌다. 이 혼란을 바로잡을 방법이 없었다. 생각 끝에 형에게 가서 이 혼란을 바로잡아 주도록 간청하기로 했다.

마음 착한 형은 동생의 부탁을 들어 도와 주기로 했다. 이승에 내려와서 우선 큰 혼란을 정리해 갔다. 먼저 천근 활과 천근 살을 준비해서 하늘에 두 개씩 떠 있는 해와 달을 쏘아 떨어뜨리는 것이다. 앞에 오는 해는 남겨 두고 뒤에 오는 해를 쏘아 동해 바다에 던져 두고, 앞에 오는 달은 남겨 두고 뒤에 오는 달을 쏘아서 서해 바다에 던졌다. 그래서 오늘날 하늘에는 해와 달이 하나씩 뜨게 되어 백성들이 살기 좋게 된 것이다.

초목과 새·짐승이 말하는 것은 송피(松皮) 가루로써 눌렀다. 송피 가루 닷 말 닷 되를 세상에 뿌리니, 모든 금수·초목의 혀가 굳어져서 말을 못하고 사람만이 말을 하게 되었다.

다음은 귀신과 생인의 분별을 짓는 일이었다. 이것은 우선 그 무게로써 가르기로 했다. 저울을 가지고 하나하나 달아서 백 근이 차는 놈은 인간으로 보내고, 백 근이 못 되는 놈은 귀신으로 처리하였다.

이로써 자연의 질서는 바로잡혔다. 형은 그 이상 더 수고를 해 주지 않았다. 그렇기 때문에 오늘날도 인간세상엔 역적·살인·도둑·간음이 여전히 많은 법이고 저승법은 맑고 공정한 법이다.

(조천면 조천리 박수 정주병(鄭周柄) 구연(口演)에서)

⟨주⟩

이 신화는 큰굿의 맨 처음 제차(祭次)인 초감제 때 불려진다. 초감제는 모든 신(神)들을 일제히 청해 들여 제상에 앉히고 음식을 흠향(歆饗)토록 하고 기구

사항(祈求事項)을 빌고 하는 제차이다. 신을 청해 들일 때는 언제, 어디서, 무엇 때문에 굿을 하여 청한다는 연유를 신에게 고해야 한다. 이 '언제 어디서'를 설명하기 위해, 이야기는 천지개벽에서부터 시작하여, 굿을 하는 그 장소와 시간까지 차차 좁혀 내려오는 것이다.

심방〔巫〕은 제상 앞에 앉아 장구를 치면서 위의 신화를 노래하고, 이어서 삼황(三皇)·오제(五帝)·단군(檀君)·기자(箕子)……. 이런 식으로 역사시대 이야기로 내려와, 다시 굿하는 장소의 지리적 설명으로 들어간다.

위의 신화 중 특히 천지왕이 총맹부인과 배필을 맺는 이후의 이야기를 '천지왕 본풀이'라고 한다.

Ⅱ 시조신화

2 삼을나(三乙那)

삼성혈(三姓穴)은 제주에서 남쪽으로 3리쯤 떨어진 곳에 있으니, 옛 이름은 모흥혈(毛興穴)이다. ≪고려사(高麗史)≫ 고기(古記)에 이르되, 애초에 사람이 없더니 땅에서 세 신인(神人)이 솟아났다. 지금의 한라산 북녘 기슭에 '모흥굴'이라 부르는 혈(穴)이 있는데 이것이 그곳이다.

맏이가 양을나(良乙那)요, 버금이 고을나(高乙那)이며, 셋째가 부을나(夫乙那)다. 세 사람은 거친 두메에서 사냥을 하여 가죽옷을 입고 고기를 먹으며 살더니, 하루는 자줏빛 흙으로 봉해진 목함(木函)이 동해변에 떠오는 것을 보고 나아가 이를 열었더니, 안에는 석함이 있는데, 붉은 띠를 두르고 자줏빛 옷을 입은 사자(使者)가 따라와 있었다. 함을 여니, 속에는 푸른 옷을 입은 처녀 세 사람과 망아지·송아지와 오곡의 씨앗이 있었다.

이에 사자가 말하기를

"나는 일본국 사자입니다. 우리 임금께서 이 세 따님을

낳으시고 말씀하시되, 서해 중의 산기슭에 신자(神子) 세
사람이 강탄(降誕)하시어, 장차 나라를 열고자 하나 배필
이 없으시다 하시고, 신(臣)에게 명하여 세 따님을 모시
라 하여 왔습니다. 마땅히 배필을 삼으셔서 대업을 이루
소서."

하고, 사자는 홀연히 구름을 타고 날아가 버렸다.

세 사람은 나이 차례에 따라 나누어 장가 들고, 물이 좋
고 땅이 기름진 곳으로 나아가 활을 쏘아 거처할 땅을 점
쳤다. 양을나가 거처하는 곳을 제일도(第一徒)라 하고, 고
을나가 거처하는 곳을 제이도라 하고, 부을나가 거처하는
곳을 제삼도라 하였다. 비로소 오곡의 씨앗을 뿌리고 소와
말을 기르게 되니 날로 백성이 많아지고 부유해 갔다.

原文

三姓穴 在州南三里 卽古毛興穴 高麗史古記云 厥初無人物 三神人
從地湧出 今鎭山北麓有穴曰毛興是其地也 長曰良乙那 次曰高乙那 三
曰夫乙那 三人遊獵荒僻 皮衣肉食 一日見紫泥封木函 浮至東海濱就而
開之 內有石函 有一紅帶紫衣使者隨來 開函有靑衣處女三人及諸駒犢
五穀種 乃曰 我是日本國使也 吾王生此三女云 西海中嶽 降神子三人
將欲開國而無配匹 於是命臣侍三女而來 宜作配以成大業 使者忽乘雲
而去 三人以歲次分娶之 就泉甘土肥處 射矢卜地 良乙那所居曰第一徒
高乙那所居曰第二徒 夫乙那所居曰第三徒 始播五穀且牧駒犢就富庶

---李元鎭 耽羅志 古跡條

Ⅲ 일반 신화

3 산신(産神)과 ' 마마신(삼승할망 본풀이)

동해 용왕이 서해 용왕 따님하고 천정배필을 맺었다. 서른이 지나 근 마흔이 다하도록 자식 하나 없어 호호 근심이었다.

점을 쳤다. 명산대찰에 정성을 드리면 자식을 얻는다 했다. 동해 용왕은 관음사(觀音寺)에 가서 석 달 열흘 백 일간의 기도를 정성껏 올렸다.

얼마 안 되어 용왕부인은 태기가 있었다. 아들자식을 얻는가 바랐더니, 월궁(月宮) 선녀 같은 딸아기가 태어났다.

약간 섭섭하긴 했지만, 딸자식인들 어떠냐고 극진히 귀여워하여 길렀다. 너무 호호 모셔 가며 키운 까닭에 딸아기는 여러 가지 죄를 지었다.

한 살 적엔 어머니 젖가슴을 때린 죄, 두 살 적엔 아버지 수염을 뽑은 죄, 세 살 적엔 널어 놓은 곡식을 흩뜨린 죄, 네 살 적엔 조상 불효, 다섯 살 적엔 친족 불화, 여섯 살 적엔 존장(尊長) 불효……. 이렇게 죄목이 많아지니, 아버지 동해 용왕은 이 딸을 죽이기로 작정했다.

아무래도 딸아기 목숨이 위험함을 안 동해 용왕 부인은
남편을 달랬다.

"이 내 속으로 낳은 자식을 어찌 이 내 손으로 죽일 수
있으오리까? 그리 말고 동이 용궁(東海龍宮) 쉐철이(대
장장이) 아돌(아들) 불러당(불러다가), 무쉐설캅〔石函〕
을 맹그라그네(만들어서) 동이와당데레(동해바다로) 띄
와불미(띄워 버림이) 어찌ᄒ오리까?"

부인은 딸아기를 인간세상으로 보내어서 살리려는 심
산이었다.

"어서 걸랑(그것일랑) 그리 ᄒ자."

딸아기를 동해 바다로 띄워 버릴 준비 작업은 착착 진
행되어 갔다.

동해 용왕 따님아기는 눈앞이 캄캄해졌다.

"어머님아, 난 인간에 강(가서) 뭣을 허영(해서) 삽네
까?"

"인간에 생불왕(生佛王 : 인간을 잉태시켜 낳게 해 주고
길러 주는 신, 곧 삼승 할망)이 읏이매(없으므로) 생불왕
으로 들어상(들어서서) 얻어먹기 설연하라(마련하라)."

"생불(生佛 : 孕胎)은 어떵(어떻게) 주멍(주며) 환생
(還生)은 어떵 줍네까?"

"아방(아버지) 몸에 흰 피 석 둘 열흘, 어멍(어머니)
몸에 감온 피(黑血) 석 둘 열흘, 아홉 둘 열 둘 준삭(準
朔) 채왕(채워서) 해복(解腹)시기라(해산시켜라)."

어디로 해복시키는가를 미처 듣기 전에 아버지의 벽력

같은 호령 소리가 떨어졌다. 따님아기는 석함(石函) 속에 담겨지고 자물쇠가 단단히 채워졌다. 석함에는 '임박사가 열어 보라'는 글자가 씌어졌다.

바닷물에 띄워 버린 석함은 물 아래도 삼 년, 물 위에도 삼 년을 떠다니다가 처녀물가에 떠올랐다. 석함은 거기에 씌어 있는 대로 임박사에게 넘겨졌다. 임박사가 발로 툭 차니, 굳게 잠긴 자물쇠가 저절로 성강 열렸다. 속에는 꽃 같은 아기씨가 앉아 있었다.

"너는 귀신이냐, 생인(生人)이냐?"

"귀신이 어찌 날 배 있으리까? 나는 아방국 동이 용왕으로서, 인간에 생불왕이 웃다(없다) ᄒ니 생불왕이 되옵네다."

"야, 그러거든 우리 부베간(夫婦間)에 오십 쉰이 지나가도 인간에 생불태(生佛胎)이 웃이니(없으니) 생불을 주기 어찌ᄒ겠느냐?"

"어서 걸랑(그것일랑) 그리 ᄒᆞᆸ서."

동해 용왕 따님아기는 곧 임박사 집으로 안내되고, 어머니가 가르쳐 준 대로 임박사 부인에게 잉태를 주었다. 아홉 달 열 달 만삭이 되었으나 딱한 일은, 어디로 해산을 시켜야 하는지 모르는 일이었다. 어머니에게서 요것만 배워 왔더라면 만사는 성공이었는데, 그 시간을 주지 않은 아버지 호령 때문에 그만 일은 낭패였다.

열한 달이 지나고, 열두 달이 넘어갔다. 이젠 뱃속의 아이보다도 산모가 사경에 이르렀다. 동해 용왕 따님아기는 겁이 났다. 어떻든 해산을 시켜야 한다. 은가위를 가져다가 산모의 오른쪽 겨드랑이를 솜솜히 끊고 아이를 꺼내려 했다. 겨드랑이를 끊고 보니 그야말로 큰일이었다. 산모와 아이를 모두 잃게 된 것이다.

겁이 난 동해 용왕 따님아기는 임박사의 집을 빠져 나와 처녀물가로 달려왔다. 이러지도 저러지도 못해, 수양버들 밑에 주저앉아 한없이 울고 있었다.

한편, 임박사는 어렵게 얻은 아이는 물론, 부인마저 잃게 된 이 원통한 사정을 호소할 곳이 없었다. 생각 끝에 금백산에 올라가 칠성단을 차려 놓고 요령을 흔들면서 옥황상제께 신원(伸寃)했다.

요령 소리는 곧 옥황상제의 귀에 들렸다. 옥황상제는 지부사천대왕(地府四天大王)을 불러 그 이유를 알아 올리도록 했다. 임박사의 원통한 사정이 보고되었다.

옥황상제는 곧 인간세상의 생불왕으로 들어설 만한 자를 추천하도록 하명했다. 얼마 후, 지부사천대왕의 추천이 올라왔다.

"인간에 명진국 따님아기가 솟아나 탄생일을 보건대, 벵인년(丙寅年) 벵인월 벵인일 벵인시 정월 초사흗날 솟아 납고, 부모에 효심ᄒ고, 일가방답(一家親族) 화목ᄒ고, 짚은(깊은) 물에 드리[橋] 놓아 월천(越川) 공덕ᄒ고, 훈착(한쪽) 손엔 번성꽃[繁盛花], 훈착 손엔 환생꽃[還生花] 그느려, 이 아기씨 생불왕으로 들여세우기 어찌ᄒ네까?"

"어서 걸랑(그것일랑) 그리 ᄒ라."

옥황상제는 곧 금부도사(禁府都事)를 내려 보내어 명진국 따님아기를 데려오게 했다. 얼마 후, 명진국 따님아기는 옥황상제 앞에 와 엎디게 되었다. 옥황상제는 아기씨의 마음을 떠보았다.

"총각머리(등뒤로 땋아 늘인 머리) 등에 진 아기씨가 어찌 대청한간으로 들어오느냐?"

"소녀도 아뢸 말씀 있소리다. 남ᄌ 여ᄌ 구별은 여태지 지금인데 어떤 일로 총각머리 등에 진 처녀를 부릅네까?"

"야, 똑똑ᄒ고 역력ᄒ다(영리하다). 그만ᄒ민 인간 생불왕으로 들어설 만ᄒ구나."

두말 없이 생불왕으로 허락이 내렸다.

"옥황상제님아, 아무 철도 때도 모르는 어리고 미혹ᄒ 소녀가 어찌 생불을 주고 환생을 줍네까?"

"아방(아버지) 몸에 흰 피 석 둘 열흘, 어멍(어머니) 몸에 감온 피〔黑血〕석 둘 열흘, 술〔肉〕 술아(설어) 석 둘, 뼤〔骨〕 술아 석 둘, 아홉 둘 열 둘 준삭(準朔) 채왕(채워서) 아기 어멍(어머니) 늦인 뼤(느슨한 뼈) ᄇ띄우곡(빳빳하게 하고), ᄇ뜬 뼤(빳빳한 뼈) 늦추왕(늦추어), 열두 구에문(宮의 門 : 陰門)으로 해복(解腹)시키라."

"어서 걸랑(그것일랑) 그리 ᄒ옵소서."

명진국 따님아기는 옥황상제 분부대로 생불왕이 되어 내려서게 되었다. 남방사주(藍紡紗紬) 저고리, 백방사주(白紡紗紬) 바지, 대홍대단(大紅大緞) 홑단치마, 물명주 속옷……. 눈부신 차림으로 사월 초파일날 인간세상으로 내려왔다.

처녀물가에 이른 때였다. 얼른 보니 수양버들 밑에 어떤 처녀가 앉아 슬피 울고 있었다. '나도 처녀, 저도 처녀, 어째서 처녀아기씨가 앉아 슬피 우는가?' 측은한 생각이 들었다.

명진국 따님아기는 가까이 다가가 사정을 물었다. 처녀는 동해 용왕의 딸이었다. 생불왕이 되려고 귀양왔다가 딱한 사정이 있어 울고 있다는 것이다. 이게 무슨 말인가.

"나는 옥황상제의 분부를 받은 인간 생불왕이 됩네다."

명진국 따님아기는 똑똑히 말해 줬다. 그 말을 듣자, 동해 용왕 따님아기는 화를 발칵 내며 일어섰다. 두말 없이 명진국 따님아기의 머리채를 감아 쥐고 마구 매질하는 것이다.

명진국 따님아기는 차분히 제안을 했다.

"우리 이디서(여기서) 용(이렇게) 말고 옥황상저(玉皇上帝)의 분부대로 하기가 어찌ᄒ겠느냐(하는 것이 어떻겠느냐)?"

"어서 걸랑 그리 ᄒ자."

두 처녀는 하늘로 올라가 옥황상제께 각각 등장을 들었다. 옥황상제는 얼른 판가름하기가 어려워졌다. 시험을 해 보기로 했다.

"너이덜(너희들) 얼굴 보건디는 어느 누게(누구) 구별ᄒ 수 웃어지고(없어지고), 생불(生佛) 환생(還生) 주는디도 어느 누게 구별ᄒ 수 웃어진다. 천계왕을 불르라(불러라), 벽계왕을 불르라. 꽃씨 두 바올을 내여 주건(내어 주거든) 서천서약국(西天西域國) 계모 살왓디(모래밭에) 꽃씨를 싱경(심어서) 꽃 번성ᄒ는 대로 생불왕을 구별하리라."

두 처녀는 각각 모래밭에 꽃씨를 심었다. 움이 돋아나고 가지가 뻗어 갔다.

옥황상제가 꽃 심사를 나갔을 때 이미 승부는 나 있었다. 동해 용궁 따님아기의 꽃은 뿌리도 하나요, 가지도 하나요, 순도 하나가 겨우 돋아나 이울어 가는 꽃이 되어 있고, 명진국 따님아기의 꽃은 뿌리는 하나인데, 가지는 4만5천6백 가지로 번성하고 있는 것이다. 즉석에서 옥황상제의 분부가 내려졌다. 동해 용왕 따님아기 꽃은 이울어 가는 꽃이 되었으니, 저승할망(저승에서 죽어 간 아이의 영혼을 차지하는 神, 구삼싱할망이라고도 함)으로 들어서고, 명진국 따님아기의 꽃은 번성한 꽃이 되었으니 삼승할망(생불왕: 産神)으로 들어서라는 것이다. 이 분부가 떨어지자, 동해 용왕 따님아기는 화를 발칵 내며, 명진국 따님아기의 꽃가지를 하나 오독독 꺾어 가졌다. 명진국 따님아기는

"왜 남의 꽃가지를 꺾어 갖느냐?"
하며 대들었다.

"아기가 태어나서 백 일이 지나면 경풍(驚風)·경세(驚勢) 등 온갖 병이 걸리게 하겠노라."

명진국 따님아기는 어떻게든 달래지 않으면 안 되겠다

고 생각했다. 그래서

"아기가 나면 너를 위해 적삼·머리, 아기 업는 멜빵 등 폐백과 좋은 음식을 차려 줄 테니, 서로 좋은 마음을 갖자."

사정조로 타일렀다. 화의는 이루어졌다. 그래서 오늘날도 아이가 앓으면 이 저승할망을 위해 음식상을 차려 올린다. 두 처녀는 서로 작별잔을 나누고 헤어졌다. 동해 용왕 따님아기는 저승으로 올라가고, 명진국 따님아기는 인간세상으로 내려왔다.

명진국 따님아기는 곧 생불왕으로 취임했다. 우선 아양 안동 금백산 밑에 비자나무를 기둥으로 삼고, 정자나무로 도리를 걸고, 대추나무로 서까래를 걸곤 하여 으리으리한 누각을 짓게 했다. 다락의 네 귀엔 풍경을 달아 놓고, 널찍하게 내성·외성을 둘러 놓았다. 이 안에 생불왕인 삼승할망은 문 밖에 60명의 업저지(아이 업개)와 문 안에 60명의 업저지를 거느려 좌정하였다. 앞에는 1천 장(丈)의 벼루에 3천 장의 먹을 갈아 받아 앉아, 한쪽 손에는 번성꽃을 쥐고 한쪽 손엔 환생꽃을 쥐어, 앉아 천리를 보고 서서 만리를 보며, 하루 만 명씩 잉태를 주고 또 해산을 시키곤 했다. 그래서 매월 초사흘·초이레, 열사흘·열이레, 스무사흘·스무이레에 만민 자손들한테 고마운 사례의 제(祭)를 받는다.

어느 날 삼승할망은 급히 해산을 시켜야 할 자손이 있어, 분주히 서천강 다리를 건너 네거리에 이르렀다. 때마침 마마신인 대별상의 행차와 마주쳤다.

대별상은 앞에 영기(令旗)를 펄럭이며 좌우에 육방관속(六房官屬)들을 거느리고, 별연(別輦)을 타고 인물도감책(人物都監冊)을 한 아름 안고 오는 것이었다. 그 위세는 실로 당당하였다. 만민 자손들에게 마마를 시키러 내려오는 길임이 분명했다.

삼승할망은 길을 조금 비키고, 공손히 꿇어앉아 합장하고 인사를 올렸다.

"대별상님아, 저가 생불(生佛 : 잉태)을 주고 환생을 준 주손에게 고온 얼굴로 호명허여(마마를 시켜) 주십서."

대별상은 무섭게 눈을 부릅뜨고 삼각수(三角鬚)를 거스르며,

"이게 어떤 일이냐! 예성(女性)이라 혼 건 꿈만 시꾸와도(꾸어도) 새물(邪物)인디, 남주(男子) 대장부 행춫길(행차길)에 사망(邪妄)한 예성이라 혼 게 웬일이냐? 쾌씸ᄒ다!"

호령이 이만저만이 아니었다.

세상에 이런 모욕을 당하기는 난생 처음이었지만, 삼승할망은 분을 참고 조심히 지나갔다. 교만한 대별상은 삼승할망이 풀이 죽어 지나가는 것을 보자 더욱 교만해졌다. 마마를 시키되 혹독하게 시켜서 삼승할망에게 본때를 보여 주리라 생각했다.

삼승할망이 내어 준 자손들의 고운 얼굴을 아주 뒤웅박같이 만들어 놓았다. 삼승할망은 분을 참을 수가 없었다.

'쾌씸하다. 나에게도 한 번 굴복, 사정할 때가 있으리라.'

삼승할망은 생각 끝에 생불꽃[生佛花]을 하나 가지고 대별상 집으로 갔다. 대별상의 부인 서신국 마누라에게 이 꽃으로 태기(胎氣)를 불러 줬다. 한 달·두 달……. 열 달이 지나갔다. 열두 달이 지나도 해산을 못한다. 삼승할 망이 해산을 시켜 주지 않으니, 해산할 수 있을 리가 없 는 것이다. 서신국 마누라는 죽게 되었다. 사경을 몇 번 헤매다가 정신을 차려서, '마지막 소원이니, 삼승할마님 이나 한번 청해 달라'고 남편에게 애원했다.

대별상은 도저히 마음이 내키지 않았다. '사내 대장부 가 어찌 여성을 청하러 가겠느냐'는 것이다.

하지만 마누라가 죽게 되고 보니 어쩔 도리가 없었다. 곧 행장을 차렸다. 흰 망건에 흰 도포를 입고 마부를 거 느려 말을 타고 삼승할망 집에 다다랐다.

먼 문 밖에만 가면 정중히 마중을 나오리라 믿었던 삼 승할망은 거들떠보지도 않는다. 대별상은 할 수 없이 댓 돌 밑으로 나아가 무릎을 꿇고 엎디었다. 한참 만에야 삼 승할망의 잔잔한 목소리가 들려왔다.

"날 너의 집에 청ᄒ고 싶으거들랑(싶거든) 어서 바삐 돌아가서, 대공단 고칼로 머리 싹싹 깎아 두고, 흔 침 질 른(고깔의 꼭지가 뾰족한 모양의 표현) 굴송낙(고깔), 두 귀 누른 굴장삼(長衫) 둘러입엉, 맨보선 바랑에(맨 버선 바람으로) 이이(댓돌) 알로(아래로) 왕(와서) 업대ᄒ민 (엎디면) 내가 가리라."

대별상은 도리가 없었다. 곧장 집으로 달려와서, 머리

를 깎고 고깔을 쓰고, 장삼을 입고, 맨 버선 바람으로 댓돌 아래로 가 엎디어 빌었다.

"그만ᄒ난(그만하니) 하늘 높고 땅 느자운(낮은) 줄 알겠느냐? 뛰는 재주가 좋댕(좋다고) 허여도 느는 재주가 싯젠(있다고) 허여라(하더라)."

대별상은 몇 번이고 빌었다. 삼승할망은 '꼭 모셔가고 싶으면 서천강에 명주로 다리를 놓으라'고 했다.

서천강에 명주로 다리가 놓여졌다. 그제야 삼승할망은 서천강의 명주 다리를 건너 대별상의 집으로 행차했다.

서신국 마누라는 사경을 헤매고 있었다. 삼승할망은 은결 같은 손으로 마누라 허리를 두세 번 쓸어 내렸다. 그러자, 이내 구에문(宮의 門:陰門)이 열리고 해산이 되었다. 이런 연유로 해서 오늘날 굿을 할 때 신을 청하려면, 무명 또는 광목을 깔아 놓고 이를 다리[橋]라 하여 청해 들이는 것이다.

(제주시 용담동 박수 안사인(安仕仁) 구연에서)

㊀
 이 신화는 불도맞이(굿)에서 불려진다. 불도맞이란 산신(産神)인 삼승할망에게 자식을 점지하여 주도록 비는 굿이다.
 본래 명진국 따님아기라는 삼승할망은 여러 가지 명칭으로 불리고 있으니, 생불왕·생불할망·인간할망·이승할망·불도할망·불법할망 등 많다. '할망'이란 '할멈'에 해당하는 방언이요 존칭은 '할마님'이다.
 삼승할망과 대별상이 경쟁하는 후반의 이야기는 이를 독립시켜 '마누라 본풀이'라 한다.

4 초공과 유씨부인(초공 본풀이)

초공의 할아버지는 석가여래, 할머니는 석가모니, 외할
아버지는 천하(天下) 임정국대감, 외할머니는 지하(地下)
짐진국부인이다. 초공의 아버지는 황금산 도단 땅의 주자
대선생이고, 어머니는 저 산 줄이 벋고 이 산 줄이 벋어
왕대월석 금하늘 노가단풍 ㅈ지맹왕 아기씨다. 초공의 큰
아들은 구월 초여드렛날 태어난 본맹두요, 둘째아들은 구
월 열여드렛날 태어난 신맹두이며, 막내아들은 구월 스무
여드렛날 태어난 살아살축삼맹두다.

옛날옛적 천하 임정국대감과 지하 짐진국부인이 부부
가 되어 살았다. 논밭이 많고 가장 집물이 좋고, 고대광
실 높은 집에 비복(婢僕)을 갖추어 살림은 태평스러웠다.

그런데 이십 삼십 사십이 넘어 오십이 가까워 가도, 남
녀간에 자식이 하나 없어 근심이 대단했다.

하루는 하도 심심해서 세거리 길에 나가 팽나무 그늘에
서 장기를 두고 있었다. 팽나무 위에서 까마귀 소리가 들
려왔다. 고개를 들어 보니 말 모르는 까마귀도 알을 까서
까옥까옥 울고 있는 것이 아닌가. 자식 없는 서러움이 치
밀어올랐다. 잠시 멍하고 있으니, 어디선가 앙천대소(仰
天大笑) 소리가 들려왔다. 무슨 웃음소리일까. 임정국대
감은 웃음소리를 따라 살금살금 찾아갔다. 웃음소리는 나
무 돌쩌귀에 거적문을 단 형편 없는 초막 속에서 나고 있
었다. 한 눈을 감고 담구멍으로 속을 들여다보았다. 얻어

먹는 거지가 아이의 재롱을 보며 그렇게 웃고 있는 것이다. 정신없이 한참 보고 있노라니, 거지가 임정국대감을 알아봤다.

"ᄌ식(子息) 웃인(없는) 임정국대감이 어찌 담고망으로 눈을 쏘아 보오리까?"

임정국대감은 정신이 아찔했다. 자식 하나 없는 전생 팔자에, 살아서 무엇하랴. 허둥지둥 정신없이 사랑방으로 들어와 문을 잠그고 드러누웠다.

계집종이 진지상을 들고 왔다. 사랑방 문이 꽁꽁 잠겨져 있었다. 계집종은 겁을 내어 곧 짐진국부인에게 알렸다.

"대감님아, 대감님아, 이 방문을 여옵소서. 우리도 앙천(仰天) 웃음 홀 일이 있오리다."

부인의 간곡한 사정에 문을 열었다. 부인은 웃음이 터질 묘안을 생각해 낸 것이다. 곧 은당병(銀唐瓶)을 가져다가 참실로 병 모가지를 묶었다. 그래서 번지르르한 장판 위에 이리저리 병을 마구 굴려 봤다. 웃음이 터질 줄 알았는데, 웃음은 하나도 아니 나왔다. 부부는 마주 앉아 대성통곡하고 있었다. 이때 마침 '소승(小乘) 절이 뵈오' 하는 소리가 들려왔다. 대감은 계집종더러 어느 절 중인지 알아보도록 했다.

"어느 절 대ᄉ네까?"

"어느 절 대ᄉ냐 홀 게 있오리까? 황금상 도단 땅 주ᄌ대ᄉ(朱子大師)님은 푼처(부처)를 직ᄒ고(지키고) 소ᄉ(小師:上佐)가 되옵네다."

"어찌해야 이 국(國)을 근당ㅎ옵데까?"

"헌 당(堂)도 떨어지고 헌 절도 떨어져 인간에 느려상
(내려서서) 권재(勸齋:布施) 삼문(三文) 받아당(받아다
가), 헌 당 헌 절을 수리허영 인간의 명(命) 읏인(없는)
ᄌ손 명을 주곡(주고), 복 읏인 ᄌ손 복을 주곡, 생불(生
佛:자식) 읏인 ᄌ손 생불 환생 주저 권재 삼문 받으레 느
려샀읍네다(내려섰습니다)."

"어서 가까이 들어왕(들어와서) 권재 삼문 받아 가옵소
서."

계집종이 떠 주는 쌀을 받고, 댓돌 아래로 내려서려 할
때 임정국대감이 중을 불렀다.

"소ᄉ 중아, 넌 놈(남)의 쑬 공히 먹고 가겠느냐? 단수
육갑(單數六甲) 가졌느냐? 오형팔괄(五行八封)를 가졌느
냐? 원천강(袁天綱) ᄉ주역(四柱易) 가졌느냐? 우리 부
베간(夫婦間)이 오십 쉰이 근당허여도 남녀 ᄌ식이 읏어
지니, 원천강 ᄉ주역이나 굴려 보라(가리어 보아라)."

"어서 걸랑(그것일랑) 그럽소서(그리 하십시오)."

중은 사주책을 내놓고 한 장 두 장 넘기며 사주를 보고는,

"우리 당(堂)에 영급(영검)이 좋고 수덕(酬德)이 좋으
매(좋으므로), 송낱지(고깔 만들 감)도 구만 장, 가사지
(袈裟地)도 구만 장, 상백미(上白米)도 일천 석(石), 중
백미(中白米)도 일천 석, 하백미(下白米)도 일천 석, 은
(銀)도 만 량(兩:냥), 금도 만 량, 백 근 근량(斤量) 채
와 놓고, 우리 당에 오랑(와서) 석 둘 열흘 백일까지만

원불수룩(願佛水陸齊)드럼시민(드리고 있으면) 남녀 ㅈ
식 이실 듯ㅎ오리다."

"어서 걸랑(그것일랑) 그리 ㅎ라."

그날부터 임정국대감은 중이 말한 대로 상백미·중백미·
금·은을 준비했다. 검은 수소를 끌어내어 주섬주섬 실어
놓고 부부가 황금산으로 떠났다.

절에 다다른 임정국대감 부부는 먼저 머리를 깎고 손톱
을 정(淨)히 했다. 소금에 밥을 먹고 불공은 시작되었다.
대사는 목탁을 치고 소사는 바랑을 치고 아침엔 아침 불
공, 낮에는 낮 불공, 저녁에는 저녁 불공, 하루 세 번의
불공이 연속되었다.

어느덧 백 일이 흘렀다. 불공이 끝나자 대사는 보시(布
施)를 점검했다. 백 근 근량이 차는가 달아 보는 것이다.
보시는 백 근이 안 되었다. 한 근이 모자라 아흔아홉 근
밖에 안 된 것이다. 대사는 아쉽다고 했다. 백 근이 찼으
면 남자자식을 점지할 것인데, 모자라므로 여자아이를 점
지할 듯하다고 했다.

부부는 부처님을 하직하고 집으로 돌아왔다. 합궁일(合
宮日)을 골라 천정배필을 맺었다. 그달부터 태기 있어 태
어난 걸 보니 딸이었다. 앞이마는 해님이요, 뒤통수는 달
님이요, 두 어깨에는 샛별이 오송송 박혀진 듯한 미모의
아가씨가 태어난 것이다.

때는 보니, 구시월이 되어 저 산 줄기줄기마다 단풍이
붉게 물들고 있었다. 그래서 아이 이름을 '저 산 줄이 번

고 이 산 줄이 벋어 왕대월석금하늘 노가단풍 ㅈ지맹왕
아기씨'라고 기다랗게 지었다.

한 살 두 살…… 아이는 잘 자랐다. 열다섯 살이 되는
해의 일이다. 임정국대감은 천하공사 살러오고, 짐진국부
인은 지하공사를 살러오라는, 옥황상제의 분부가 내려왔
다. 거역할 수 없는 분부라 아니 갈 수 없다. 부부는 딸
이 걱정이었다. 남자자식이면 데리고 갈 수도 있지만 여
자아이라 그럴 수도 없다. 한참 의논 끝에 방안에 가두어
놓고 가기로 했다.

쥐도 새도 까딱할 수 없는 방을 꾸며 놓고 딸아이를 들
여 놓았다. 단단한 자물쇠로 잠근 후, 부부는 각각 그 자
물쇠에 봉인을 했다. 그러고는 계집종을 불러 단단히 당
부했다. 결코 문을 열지 말고, 구멍으로 밥을 주고 구멍
으로 옷을 주며 잘 키우고 있으면, 공사(公事)를 살고 와
서 종 문서를 돌려 주겠다고 약속해 주었다.

대감 부부는 집을 떠났다. 계집종은 상전의 지시대로,
구멍으로 밥을 주고 구멍으로 옷을 주며 아기씨를 잘 보
살폈다. 이때, 황금상 도단 땅에서는 삼천 선비들이 글공
부를 하고 있었다. 달이 휘영청 밝은 날 밤이며 선비들은
글읽기를 멈추고 잠시 월색(月色)을 즐긴다.

"아, 저 둘은 초승둘(초생달)이 반둘이라 곱기도 곱구
나. ㅎ주마는(하지만) 주년국 땅 노가단풍 ㅈ지맹왕 아기
씨 얼굴보단 더 고오랴!"

한 선비가 말을 꺼낸 것이다. 이 말끝에 선생인 대사가

말을 하되,

"삼천 선비 가온데(가운데), 노가단풍 ㅈ지맹왕 아기씨 안티(한테) 강(가서) 권재 삼문(勸齋三文) 받아오는 자가 이시민(있으면), 삼천 선비안티서 돈 서 푼씩 삼천 량(냥)을 메와(모아) 주마."

대단한 현상이었다. ㅈ지맹왕 아기씨는 지금 단단히 가두어져 있는 것을 아는 터라 누구도 선뜻 나서지 않았다. 서로들 얼굴을 두리번거리고 있을 때,

"저가 가오리다. 계약을 헤여 주옵소서."

야무지게 일어서는 걸 보니 구석에 앉았던 제자 주자선생이었다.

주자선생은 중의 복장을 단정히 하고 주년국 땅으로 향해 내려왔다. 임정국대감 집 먼 문 밖에 이르자, 잠시 집안의 동정을 살피고는 허리를 굽혀,

"소승(小僧) 절이 뵙네다."

계집종이 나왔다.

"어떵허연(어째서) 이 주당(住堂)을 근당ㅎ데가?"

"예, 그런 것이 아니오라, 우리 법당에 완(와서) 원불수룩(願佛水陸齋) 드련 탄생훈 아기씨가 원명(原命)이 부족훈 듯ㅎ니, 권재 삼문(勸齋三文) 받아당 수룩 드렁(드려서) 원멩을 잇저(잇고자) 권재 받으레 왔수다."

계집종은 곧 쌀을 뜨고 대문 밖에 나와 드리려 했다. 주자선생은 쌀을 받지 않았다. 아기씨 원명을 잇고자 하는 보시니만큼 아기씨가 직접 떠다 주어야 한다는 것이

다. 계집종은 아기씨가 직접 나올 수 없는 사정을 낱낱이 설명했다. 주자선생은 '만일 그 방문 자물쇠가 열려진다면, 아기씨가 손수 보시 쌀을 내올 수 있는가?'를 물어봐 달라는 것이다.

"어서 걸랑 그리 호자."

아기씨는 쾌히 승낙했다.

승낙이 떨어지자, 주자선생은 요령을 들어 한 번을 흔들었다. 요령 소리와 함께 아기씨 방의 살창이 요동을 했다. 두 번을 흔드니 단단히 잠긴 자물쇠가 요동을 하고, 세 번을 흔들어 대니 자물쇠가 저절로 성강 하며 열려졌다.

아기씨는 하늘이 볼까, 청너울을 둘러쓰고 사뿐 걸어 대문 밖에 나왔다. 주자선생은 한쪽 손은 장삼 소맷자락 속에 숨기고, 한쪽 손으로 전대 귀 한쪽을 잡고, 한쪽 귀를 입으로 물어서,

"높이 들어 **놋**이(낮추) 시르르 비옵소서(부으소서)."

보시 쌀을 받으려 하니 아기씨가 욕을 하였다.

"이 중 저 중 양반의 집에 못 댕길 중이로고나. 훈착(한쪽) 손은 어딜 가고 전댓귀는 물었느냐? 늬(너의) 에미 귀라(귀라서) 물었느냐?"

"예, 훈착 손은 하늘 옥황 단수육갑(單數六甲) 짚으레 올라갔습네다."

더 말을 할 수 없어, 아기씨가 쌀을 전대에 붓는데, 주자선생은 소맷자락 속의 손을 꺼내어 아기씨 머리를 세 번 쓸어 댔다. 아기씨는 엄마줌짝 놀라며,

"이 중 저 중 괘씸흔 중이여!"

욕을 해 가니,

"아기씨 상전님아, ᄋᆞᆼ(이렇게) 욕을 마옵소서. 석 돌 열흘 백일만 되염시민(되고 있으면) 날 춫일(찾을) 일이 저절로 나오리다."

그리고 아기씨가 얼른 방안으로 돌아가 생각하니, 아까 중의 말이 꼭 무슨 곡절이 있는 성싶었다. 곧 계집종을 불러 중을 붙잡고 무슨 증거물이라도 확보해 두라고 했다. 종은 얼른 달려가 가는 주자선생을 붙잡고, 고깔 귀도 한쪽 끊어 놓고 장삼 자락도 한쪽 끊어 두었다. 하루 이틀 지나가는 게 달포가 흘러갔다. 아기씨 육신엔 전에 없는 변화가 일기 시작했다. 밥에는 밥 냄새, 국에는 국 냄새, 물에는 개펄 냄새가 나서 음식을 못 먹는다.

"먹구저라(먹고 싶어라), 먹구저라. 새곰새곰 연드래(다래)도 먹구저라. 돌콤돌콤 외미자(오미자)도 먹고저라."

음식은 아니 먹고 날마다 반 노래조로 이렇게 불러 댄다. 계집종을 다래·오미자나 먹으면 아기씨 몸이 회복될까 하고, 깊은 산중에 들어가 고생고생하며 다래며 오미자를 따다 주었다. 아기씨는 한두 바울 먹더니 풀 냄새가 나서 못 먹겠다고 내던지는 것이었다.

아기씨는 점점 사경이 되어 갔다. 계집종은 빨리 상전에게 알리지 않으면 안 되겠다고 생각되었다.

"아기씨가 ᄉᆞ경(死境)에 근당(近當)허여시니, 일 년에 ᄆᆞ칠 일 흔 돌에 ᄆᆞ치곡(마치고), 흔 돌에 ᄆᆞ칠 일 ᄒᆞ를

(하루)에 무창(마쳐서) 어서 바삐 돌아옵서."

편지를 보냈다. 대감 부부는 벼슬을 그만두고 얼른 내려왔다.

부모님이 돌아왔으니 아기씨는 인사를 가야 한다. 먼저 아버지에게 가는데 졸한 마음을 먹고 병풍 뒤로 가 인사를 했다.

"무사 펭풍 뒤로 왐시니?(왜 병풍 뒤로 오느냐?)"

"남ᄌ 앞이난 펭풍 뒤로 선신(現身)이우다(남자 앞이니 병풍 뒤로 현신입니다)."

"느 말도 맞다. 어떤 일로 눈은 흘그산이 갔느냐?(네 말도 맞았다. 어째서 눈은 흘깃흘깃하게 되었느냐?)"

"아바님이 어느 제민 오카, 살장 궁기로 하도 브레여 노난, 춘 ᄂᆞ롯 맞아네 눈은 흘그산이 갔수다(아버님이 언제면 올까, 살창 구멍으로 하도 봐 놓으니, 찬바람을 맞아서 눈은 흘깃흘깃해졌습니다)."

"코는 어찌 물똥코(둥글게 망그러진 코)가 되었느냐?"

"아바님이 보곺아네(보곺아서) 하도 울단보난(울다 보니) 콧물이 ᄂᆞ련(내려서) 하도 닦아 노난(닦아 놓으니) 물똥코가 되었수다."

"배는 어찌 두룽배(둥그렇게 부어 오른 배)가 되었느냐?"

"느진덕정하님이 홉삼시ᄒᆞ렌 ᄒᆞ디, 되삼시허여노난 두룽배가 되었수다(계집종이, 하루 세 끼 한 홉 밥을 먹이라고 했는데, 한 되 밥을 주어 놓으니 뚱뚱배가 되었습니다)."

"야겐 어찌 홍시리 되였느냐?(목은 어째서 홍두깨가 되었느냐?)"

"아바님이 오카 허연 족은 지레 야게 늘루우멍 브래는 게 홍시리 되였수다(아버님이 올까 해서 작은 키에 목을 늘이면서 바라보는 것이 그만 홍두깨가 되었습니다)."

"어서 어머님 선신(現身) 가라."

엄한 아버지에의 인사가 수월히 넘어갔다. 어머니에의 인사는 걱정할 게 없다. 마음을 턱 놓고 자작자작 걸어서 앞에 갔다.

어머니는 딸의 모습을 보더니,

"배는 어찌 두룽배가 되였느냐? 필유곡절(必有曲折) 이상ㅎ다. 날로(나 자신으로) 해 본 일이로다."

얼른 딸의 젖가슴을 풀어 보았다. 젖꼭지가 검어졌고 젖줄이 검게 서 있지 않는가. 어머니는 펄쩍 뛰었다. 양반의 집에 이런 일이 있느냐고 야단이었다.

어머니는 곧 은대야에 물을 떠다 놓고 은젓가락 두 개를 그 위에 걸쳐 놓았다. 그러고는 딸자식을 그 위에 앉혀 은대야를 들여다보았다. 딸의 뱃속을 비춰 보는 것이다. 아니다다를까. 중의 아들 삼형제가 소랑소랑 앉아 있는 것이다.

정말로 큰일이 났다. 곧 대감께 사실을 알렸다.

"앞 밧〔田〕디 버텅(벌틀:刑具) 걸라. 뒷밧디 작두〔斫 刀〕 걸라."

예상대로 벽력 같은 호령이 떨어졌다. 앞밭에 형틀을

걸어 놓고 아기씨를 죽이려 하니, 계집종이 달려 들어 '나를 대신 죽여 주십사'고 몸부림 치고, 종을 죽이려 하면 딸이 달려들어 '죽여 주십사'고 몸부림친다.

도저히 죽일 수가 없었다. 딸 하나 죽이려 하다 다섯 목숨을 앗아야 하게 된 것이다. 할 수 없이 딸과 계집종을 내쫓기로 했다.

아기씨와 계집종은 비옥(翡玉) 같은 얼굴에 염주 같은 눈물을 흘리며, 한두 살 적부터 입던 옷을 거두설러 떠날 채비를 했다.

"아바님아, 살암십서(살고 계십시오). 전승팔ᄌ(前生八字) 좋게 날 나던(낳았던) 어머님아 살암십서."

눈물로 인사하고 떠나려 하니, 아버지가 검은 암소를 내주며 '입던 옷이나 싣고 가라'고 했다. 검은 암소에 의복을 싣고 길을 떠났다.

"검은 암소도 암커로다. 느진덕정하님(종 이름)도 암커로다. 아기씨도 암커로다. 세 암컷이 먼 문 바깥을 나아가니, 내 갈 길이 어딜런고. 해 지는 냥 발 가는 냥 어서 어서 나고 가자."

느진덕정하님이 앞에 서고 아기씨가 뒤에 서서, 어렁떠렁 소를 몰며 남해산도 넘어가고 북해산도 넘어갔다. 가다 보니 칼선다리가 있었다. 아기씨가 그 이유를 물었다. '상전님이 우리를 죽이려 할 때, 칼(枷)을 세워(씌워) 죽이려 하니 칼선다리가 있는 법이라'고 종이 설명한다.

칼선다리를 넘고 가다 보니 애선다리가 있었다. 아기씨

가 그 이유를 물었다.

'부모가 자식을 내보낼 때 애선(애달픈) 마음을 먹으니 애선다리가 있는 것이라'고 종이 설명한다. 더 가다 보니 등진다리가 있었다.

'부모 자식이 이별할 때 등을 지고 나오니 등진다리가 있는 것이라'고 설명을 붙인다.

또 가다 보니 옳은다리가 있었다. 이것은 '부모 자식이 이별할 때, 옳은 마음을 먹으니 옳은다리가 되는 것이라' 한다.

아기씨와 계집종은 말은 나누며 한정 없이 걸었다. 한참 가다 보니 산이 하나 있었다. 산 위에 올라 시원히 바람이나 쐬고 머리나 거둬 올려서 가자고 했다. 산 위에 올라갔다. 계집종은 아기씨의 땋아 늘인 머리를 거둬 올려건지(結髮)를 해 주었다. 성인(成人)의 표시가 된 것이다. 그래서 지금도 대정(大靜邑:南濟州郡)에 가면 '건지오름'이 있다.

건지오름을 내려서 둘은 대정 고을로 들어섰다. 매끄러운 다리에 이르렀다. 계집종이 '상전님아, 상전님아 조심조심히 지나옵소서' 하고 타일렀다. 그래서 지금도 대정 고을에 조심다리가 있다.

조심다리를 지나가니, 청수와당(青水바다)·흑수와당(黑水바다)이 당하였다. 청수 바다를 지나고 흑수 바다를 지나니 수삼천 리 바닷길이 당하였다. 지나갈 도리가 없었다. 둘이는 마주 앉아 대성통곡을 하고 있었다.

무정(無情)눈에 잠이라, 울다가 둘이는 잠이 들었다.
한참 잠이 들었는데, 아기씨는 얼굴에 선뜩선뜩하는 감각
을 느꼈다. 벌떡 깨고 보니, 어떤 백강아지가 꼬리로 물
을 적셔다 얼굴을 쓸고 있는 것이었다.

"너는 어떤 짐승이 되느냐?"

"상전님아, 상전님아, 나를 모르리까?"

강아지는 아기씨를 '상전'이라 부르며 말을 이었다. 본
래 아기씨가 사랑하여 기르던 강아지인데, 병이 들어 죽
으니 바다에 던져 버리자, 용왕국에 들어가 거북사자가
되었다는 것이다. 거북사자는 용왕의 사자인데, 이번 아
기씨가 추방되는 것을 미리 알고 구하러 나왔다는 것이
다. 백강아지는 잠시 용왕국으로 들어가더니, 거북 몸이
되어 나와서 아기씨더러 등에 타시라고 한다. 아기씨와
계집종과 검은 암소까지 거북사자의 등에 올라탔다. 거북
사자는 단숨에 수삼천 리 바닷길을 넘게 해 줬다.

바다를 건넌 일행은 다시 한참 걸었다. 어떤 절의 문앞
에 다다랐다. 이상한 일이었다. 절문을 바라보니 한쪽 귀
가 없는 고깔과 한쪽 자락이 없는 장삼이 걸려 있는 것이
아닌가. 아기씨와 계집종은 뚫어지게 한참을 들여다보았
다. 먼젓번 머리를 쓸어 임신시킨 중의 고깔이요 장삼임
에 틀림이 없다.

아기씨는 명함을 한 장 들여보냈다. 얼마 안 되어 주자
선생이 나왔다. 그때 그 스님이었다. 아기씨는 눈물이 먼
저 나왔다.

주자선생은 증거물을 내놓으라 한다. 고깔 귀와 장삼 자락을 내놓았다. 서로 맞대어 보니 꼭 들어맞았다. 아기 씨는 날듯이 기뻤다. 그런데 주자선생은 얼싸안고 맞아 줄 줄 알았더니 그렇지 아니했다.

주자선생은 벼를 두 동이나 가져왔다. 나를 찾아온 인 간이면 이 벼를 손톱으로 다 까올리라는 것이다.

아기씨와 계집종은 절문 밖에 앉아서 벼를 까기 시작하 였다. 손톱으로 까자 하니 손톱 아파 못 까고, 발톱으로 까자 하니 발톱 아파 깔 수가 없다. 둘이 마주 앉아 한참 을 울다 보니, 무정눈에 잠이라 잠이 문득 들었다.

얼마나 잤을까. '오조조조' 참새 소리가 잠결에 들려왔 다. 벌떡 깨고 보니 참새가 모여들어 벼를 까먹고 있는 것이다.

"이 새 저 새 주어 저 새."

새를 쫓았더니, 참새들은 파르릉 달아나며 날개로 겨를 모조리 날렸다. 자세히 보니 참새들은 벼를 까먹은 것이 아니라, 오골오골 다 까놓고 날아간 것이었다.

주자선생은 그제야 인정을 해 주었다. 그러나 '중은 부 부 살림을 하는 법이 없어 여기서 살 수 없으니, 불도 땅 에 내려가서 살라'고 하는 것이다.

아기씨는 불도 땅으로 내려갔다. 삼간 집을 지어 놓고 살림을 시작하였다.

구월이 되었다. 초여드레가 되니 '아야 배여, 아야 배 여' 산기가 일기 시작했다. 큰아들이 태어나려는 것이다.

큰아들은 어머님의 아래쪽[陰門]으로 나오고 싶되, 아버님도 아니 보았던 길이라 거기로 나올 수가 없고, 어머님의 오른쪽 겨드랑이를 허위뜯어 솟아나왔다.

열여드레가 당하니 '아야 배여, 아야 배여', 둘째아들이 태어나게 되었다. 둘째아들은 어머님의 아래쪽으로 나오고자 하되, 아버님도 아니 보았던 길일 뿐 아니라 형님도 아니 나왔던 길이다. 차마 그 길로 나올 수 없어, 왼쪽 겨드랑이를 허위뜯어 솟아나왔다.

스무여드레가 당하니 '아야 배여, 아야 배여', 막내아들이 태어나게 되었다. 막내아들도 어머님 아래쪽으로 나오고자 하되, 아버님도 아니 보았던 길이라 나올 수 없었다. '어머님 가슴인들 얼마나 답답하랴.' 어머님의 애달픈 가슴을 허위뜯어 솟아나왔다.

초사흘이 되니, 목욕상잔을 내놓아 목욕을 시키고, 아기구덕을 차려 놓아 흔들면서 키웠다.

"초여드레 본맹두도 웡이자랑, 열여드레 신맹두도 웡이자랑, 스무여드레 살아살축삼맹두도 웡이자랑, 자는 것은 글소리요 노는 것은 활소리라."

자장가 소리에 한두 살이 지나가고 대여섯 살이 되었다.

남의 집 아이들은 좋은 옷을 입고 활기차게 놀건만, 가난한 삼형제는 옷이 남루하여 벗이 될 수 없었다. 더덕더덕 기운 누비바지 저고리를 입고 같이 놀려고 하면, '아비 없는 호래자식'이라 구박을 하는 것이었다.

삼형제는 어머니한테 아버지를 찾아 주십사고 애원했

다. 어머니는 좀더 자라면 찾을 수 있다고 위로하는 것이 었다.

여덟 살이 되었다. 서당에 갈 연령이다. 이웃집 아이들은 다 산천(山泉)서당에 가서 공부를 하는데, 삼형제는 가난하니 서당에 갈 수가 없었다.

삼형제는 의논 끝에, 하루는 서당에 가서 선생님께 애원을 했다. 서당의 심부름꾼으로 써 주면 어깨 너머로나마 글공부를 하겠다는 것이다. 선생님은 가상한 일이라 하여 받아 주었다. 맏형은 선비들의 벼룻물 떠놓는 일을, 둘째는 선생님 방의 재떨이 청소하는 일을, 막내동생은 선생님의 방에 불 때는 일을 맡아 일하게 되었다.

삼형제는 부지런히 맡은 일을 하며 어깨 너머로 글을 배웠다. 종이나 붓이 있을 리 없다. 온돌 아궁이의 재를 모아 놓고 손가락으로 글씨를 공부해 갔다. 글공부는 일취월장하여 서당 안에서 글도 장원, 활도 장원이 되어 갔다. 삼천 선비들은 삼형제를 '잿부기 삼형제'라는 별명으로 불렀다. 재 위에서 공부했기 때문이다.

잿부기 삼형제가 열다섯 살이 되는 해였다. 서당의 선비들이 서울로 과거 보러 가게 되었다. 모두들 자신만만한 기개로 장도에 오르는 것이다. 삼형제도 한 번 과거나 보아 봤으면 싶었으나, 입고 갈 옷도 없고 노자도 없어 갈 수가 없었다. 마침 선생님으로부터 선비들의 짐꾼으로 따라가라는 지시가 내렸다.

삼형제는 더덕더덕 기운 옷에 선비들의 짐을 지고 집을

나섰다. 서울 길은 멀었다. 처음은 가벼운 것 같던 짐이 갈수록 점점 무거웠다. 땀으로 목욕하며 온힘을 다 내어 걷는데, '혼저(어서) 글라(걸어라), 뽈리 글라, 어떤 일로 떨어지느냐!' 삼천 선비의 발길이 올라오는 것이다. 삼형제는 염주 같은 눈물로 다리를 놓으며 서울로 서울로 걸었다.

서울이 거의 눈앞에 보일 무렵이었다. 삼천 선비들은 잿부기 삼형제를 여기서 떨어뜨려 두고 가자고 의견을 모았다. 만일 그대로 데리고 갔다가 이놈들이 과거를 같이 보는 날이면, 우리들은 낙방하고 저놈들이 급제할 우려가 있다는 것이다.

의논 끝에 한 선비가 삼형제에게 말을 해 왔다.

"느네딜(너희들) 노수(路需)도 읏인(없는) 것 닮으니, 배나무 배좌수 집(裵座首家)의 강(가서) 저 배 삼천 방올만 땅 오민(따 오면), 우리가 혼 방올 썩 먹곡(먹고) 돈 삼천 량을 모다 주커메(모아 줄 테니) 배 삼천 방올 땅 오기 어떠ᄒ냐?"

"어서 걸랑(그것일랑) 그리 ᄒ서."

삼천 선비들은 배나무 배좌수 집의 배나무 위에 삼형제를 엉덩이 받아 올리며 발 받아 올리며 올려 놓았다. 삼형제는 부지런히 배를 따서 바짓가랑이 속에 담았다. 한참 동안 따 놓으니 바짓가랑이가 가득했다. 밑을 내려다보니 배를 따서 내려오기를 기다리고 있는 줄 알았던 삼천 선비들은 한 사람도 없었다. 자기네를 떨어뜨리고 저

들만 서울로 올라가 버린 것을 그제야 알았다. 바짓가랑
이에 배를 가득 담아 놓은 삼형제는, 올라가지도 내려오
지도 못하여 배나무 위에서 울고 있었다.

이때 배좌수는 이상한 꿈을 꾸었다. 배나무 위에 청룡
(靑龍)·황룡(黃龍)이 얽혀지고 틀어져 있는 꿈이었다. 배
좌수는 얼른 바깥에 나와 배나무를 살펴보았다. 머리를
풀어헤친 어떤 총각놈 셋이 나무 위에서 울고 있는 것이
아닌가. 어둠 속에 자세히 보니 바짓가랑이에 배까지 가
득 따 담고 있는 것이었다. 배좌수는 무슨 곡절이 있음을
직감했다. 바짓가랑이의 배는 대님을 끌러 아래로 떨어뜨
려 두고, 어서 내려오라고 타일렀다.

"우리 삼성제(三兄弟) 목숨은 매기(끝)로고나. 설운 어
머님도 이별이로고나."

배좌수는 사실을 낱낱이 물어보고는,

"이 아이덜 삼성제 과거 띠울 아이로다."

저녁밥을 하여 잘 먹이고, 삼형제에게 돈 열 냥씩을 내
주며 격려했다.

"어서 가서 과걸 보라. 종이전〔紙廛〕에 가민 종이 준
다. 먹전〔墨廛〕에 가민 먹 준다."

삼형제는 용기백배하여 서울로 올라갔다. 벌써 동·서·
남대문이 꽉 잠겨 있었다. 삼형제는 성 안으로 들어갈 수
가 없어 한참 울고 있었다.

마침 문 밖에서 팥죽 파는 할머니가 있었다. 할머니는
삼형제의 딱한 사정을 듣고는 방법을 가르쳐 주었다. 자

기 딸이 지금 선비들의 벼룻물을 떠놓는 일을 하고 있으
니, 글을 지어 주면 딸로 하여금 상시관(上試官)에게 넘
기도록 해 주겠다는 것이다.

삼형제는 허우덩싹 웃으면서, 먹전에 가서 먹을 사고
붓전에 가서 붓을 샀다. 종이를 펴놓고 발가락에 붓을 끼
고서, 맏형은 '천지혼합(天地混合)', 둘째형은 '천지개벽
(天地開闢)', 막내동생은 '삼경개문(三更開門)'이라 갈겨
써서 할머니의 딸에게 넘겼다.

팥죽 장수 할머니 딸은 선비들의 벼루에 물을 떠놓다
가, 돌에 시지(試紙)를 돌돌 말아 상시관을 향해 던졌다.
돌은 상시관의 가슴에 맞았다. 상시관은 깜짝 놀라며 시
지를 펴 보고는, 아무 일도 없는 듯이 살짝 방석 밑으로
넣는 것이었다.

삼천 선비들의 글이 올라왔다. 상시관이 보더니 '낙방'
이다 해 놓고, 방석 밑의 시지를 내놓고, '이거 누게(누
구) 글이냐?'고 소리쳤다. 아무도 대답이 없었다.

연추문(延秋門)을 열고 글 임자를 찾고 보니 잿부기 삼
형제였다.

"잿부기 삼성제 과거여!"

우레 같은 소리가 울려 퍼졌다. 삼형제는 누비 바지를
벗어 던지고 관복을 갈아입고 나서니, 일월(日月)을 희롱
하는 듯했다.

"이만하면 우리 어머님 언매나(얼마나) 반갑고 지꺼지
랴(기쁘랴)!"

삼형제가 장원급제하자 삼천 선비들은 배가 아팠다. 의논 끝에 상시관에게 탄원을 하는 것이었다.

"중의 아둘(아들) 삼성제는 과걸 주고, 양반의 주식(子息)은 무사(왜) 과거 낙방시깁네까?"

"어찌 중의 주식인 중(줄) 알겠느냐?"

"도임상(到任床)을 출려(차려) 줘 보옵소서. 알 도레(道理) 있오리다."

중의 자식에게 과거를 줬다면 도시 안 될 일이다. 중의 자식인지 아닌지를 일차 시험해 보기로 하였다.

삼천 선비들의 말대로 음식상을 잘 차려 내주었다. 음식 먹는 행동을 보자는 것이다. 과연 삼형제는 고기를 먹지 않았다. 제육 안주는 먹는 척해 가며 밥상 밑으로 살짝살짝 숨기는 것이 아닌가.

"잿부기 삼성제 과거 낙방이여!"

상시관의 한 마디에 삼형제는 관복을 벗어 놓고 누비바지를 다시 입지 않을 수 없었다.

이때, 상시관은 삼천 선비들에게 과거를 줄 구실을 만드느라고, 활 잘 쏘는 자에게 과거를 주겠다고 영을 내렸다. 과녁은 연추문이었다. 삼천 선비들은 모두 죽을 힘을 내어 쏘았으나 맞는 자가 없었다.

울고 있던 삼형제가 나섰다. 맏형이 쏘니 연추문이 요동을 하고, 둘째형이 쏘니 연추문이 열려지고, 막내동생이 쏘니 연추문이 저절로 성강 자빠졌다.

"하늘에서 태운(내려 준) 과거로다. 과거를 내여 주라.

청일산(靑日傘)도 내여 주라, 흑일산도 내여 주라, 백일
산(白日傘)도 내여 주라. 벌련뒷개(別輦獨轎) 쌍가매(쌍
가마), 어수애(御賜花) 비수애(妃賜花), 삼만관숙(三萬
官屬) 육방하인(六房下人), 일갈리(一官奴) 일제석(一妓
生), 춤 잘 추는 저 광대(廣大), 줄 잘 타는 저 ᄉ령(使
令) 다 내여 주라."

"비비둥둥 비비둥둥……."

이만하면 어머니가 얼마나 기뻐할 것인가! 삼형제는 곧
어머니에게로 발걸음을 재촉하였다.

과거를 못한 삼천 선비들은 다시 묘한 흉계를 생각해
냈다. 삼형제가 격식을 갖춰 내려오는 사이에 삼천 선비
들은 이미 앞질러 내려온 것이다. 그래서 노가단풍 아기
씨의 계집종에게, 이리저리 해서 삼형제 과거 낙방만 시
켜 놓으면 종 문서를 돌려 주겠다고 꾀었다. 종 문서를
돌려 준다는 말에 솔깃해진 계집종은 곧 응낙했다.

삼천 선비들은 먼저 노가단풍 아기씨를 명주 전대로 목
을 묶어 삼천천제석궁(三天天帝釋宮)의 깊은 궁에 가두
었다. 그러고서 계집종더러 시키는 대로만 하도록 했다.
계집종은 머리를 풀어 짚으로 묶어 놓고, 상사가 난 것처
럼 아이고대고 울고 있었다. 삼형제 행차가 당도했다.

"상전(上典)님아, 상전님아. 어멍국(어머니)은 죽어네
(죽어서) 앞의 출병[臨時葬]만 허여 둔디(두었는데) 과
걸ᄒ민 뭣ᄒ리까?"

삼형제는 맥이 풀렸다. 어머님이 세상을 버렸는데 과거

를 하면 무엇할 것인가.

"삼만관숙(官屬)·육방하인·일갈리(一官奴)·일제석(一妓生)……. 다 돌아가라."

삼형제는 행전을 벗어 통두건(윗부분을 접지 아니한 두건으로 성복제 전에 쓰는 건)으로 하여 쓰고, 아이고대고 울면서 어머니의 임시 매장한 곳을 가보았다. 아무것도 없는 헛 봉분이었다.

삼형제는 삼천 선비들의 간계임을 알고, 우선 어머니를 찾아야겠다고 나섰다. 어머니를 찾으려면 먼저 외할아버지를 찾아가서 의논하는 게 좋겠다고 생각했다.

외할아버지를 찾아갔더니, 할아버지는 먼저 돗자리를 깔아 주며 앉으라고 했다. 그 법으로 오늘날도 심방(무당)이 굿을 하러 어느 집안에 가면, 먼저 신(神) 자리라 해서 돗자리를 깔아 주는 법이다.

삼형제는 '어머니를 찾아 주십사'고 애원했다. 외할아버지는,

"황금산 도단 땅의 주자대선생이 너희 아버지가 되니, 아버지를 찾아가라."
하고 가르쳐 주었다.

삼형제는 단숨에 황금산 도단 땅을 찾아갔다. 아버지는 그들을 반가이 맞아 주며, '어멍국(어머니)을 촞아가젱 ᄒ민(찾아가려고 하면), 전승팔줄(前生八字)를 그르쳐사 어멍국을 촞으리라(前生八字를 그르쳐야 찾는다 함은 무당이 되어야 찾는다는 말)' 하는 것이었다.

"어서 걸랑(그것일랑) 그럽소서."

"설운 아기덜 체얌의(처음에) 날 춫아올 때 질(제일) 몬저 무스걸(무엇을) 보았느냐?"

"하늘을 보고 왔수다."

"두번챈 무스걸 보았느냐?"

"땅을 보고 왔수다."

"싯찻번(세번째)엔 무스걸 보았느냐?"

"올래문(門)을 보고 왔수다."

아버지는 이 말을 듣고, 동그란 놋쇠에 '천지문(天地門)'이라 새겨서 천문(점치는 기구)을 만들어 주었다. 그러고는 다시 삼형제에게 묻는 것이었다.

"설운 아기덜 과거 띠완(하고) 올 때 쳇차에(첫째) 무스게(무엇이) 좋아니(좋더냐)?"

맏아들이 말을 하되,

"도임상(到任床)이 좁데다."

"큰아돌랑 초감제(初監祭 : 굿의 첫머리에 하는 祭次) 상(床) 받아 보라."

"샛아돌(둘째아들)은 무스게(무엇이) 좋아니?"

"벌런뒷게(別輦獨轎) 쌍가매(쌍가마) 좋습데다. 육방 하인 좋습데다."

"초신맞이(조감제 다음의 祭次) 받아 보라. 더더구나 좋아진다."

"족은아돌(末男)은 무스게 좋아니?"

"남수와지(藍水禾紬) 적쾌지(赤快子)에 늘롸브뜬 조심

친(密花로, 죄었다 느즈려졌다 하게 꾸민 갓끈)에 관복이
좋습데다."

"시왕맞이(굿 이름) 마련ㅎ라. 더더구나 좋아진다."

이렇게 하여 여러 가지 굿을 마련했다. 과거를 하여 호
화롭게 차리고 먹고 하는 것보다, 무당이 되어 잘 차려
입고 먹고 하는 것이 더욱 좋다는 아버지의 분부였다.

그런 후, 아버지는 어머니를 찾는 방법을 가르쳐 주었
다. 어머니는 삼천천제석궁(三天天帝釋宮)의 깊은 궁에
갇혀 있으니, 쇠가죽을 벗겨다 북을 만들고, 계속 북소리
를 울리면 찾을 수가 있다는 것이다.

북·장고를 만들려면 너사메너도령의 도움을 얻어야 한
다. 삼형제는 불도땅으로 들어가서 너사메 아들 너도령을
만났다. 의형제를 맺기로 했다.

그리하여 우선 어머니가 입던 속옷을 가져왔다. 삼형제
와 너도령은 차례차례 왼쪽 가랑이로 들어가서 오른쪽 가
랑이로 나왔다. 이렇게 하니, 한곳에서 태어난 사형제나
다름없이 된 것이다.

사형제는 깊은 산에 올라가서 오동나무를 끊어오고, 말
가죽을 벗겨다가 북과 장고를 만들었다. 이 북과 장고를
가지고 삼천천제석궁으로 들어갔다.

"설운 어머님 짚은(깊은) 궁 들었건(들었거든) 야픈(얕
은) 궁으로 살려옵서."

삼형제는 두 이레 열나흘 동안 북소리를 마구 울려 댔
다. 삼천천제석궁에서는 이 북소리가 무엇 때문인가를 조

사하게 되었다.

결국 노가단풍 아기씨는 풀려 나오게 되었다. 어머니를 살려 내온 삼형제는 큰 집을 지어 어머니를 모시고, 북·장고 등 악기는 너사메너도령에게 지키도록 했다. 그래서 너사메너도령은 악기의 신(神)이 된 것이다.

삼형제는 이어서 동해 바다의 쇠철이(대장장이) 아들을 불러와서 여러 가지 기구를 만들게 했다. 쇠철이 아들은 흰 모래로 본을 떠서 먼저 요령을 만들고, 다음에 점을 치는 기구인 '천문'과 '상잔'을 만들었다.

그리고 마지막으로 일흔다섯 자 되는 칼을 만들었다. 하인(下人)을 죽이는 칼은 다섯 자 칼이면 되고, 중인(中人)을 죽이는 칼은 서른다섯 자 칼이면 되며, 양반을 죽이는 칼은 일흔다섯 자의 칼이어야 한다. 이 칼을 한 번 내두르면 하루 천 명씩 양반의 모가지가 떨어진다.

삼형제는 이 칼을 들고 삼천 선비에게로 갔다. 삼천 선비의 모가지는 일시에 댕강 떨어졌다. 천추의 원수를 갚은 것이다.

이렇게 양반의 원수를 갚느라고 삼형제가 무당의 기구를 만들고 굿하는 법을 시작했다.

그 시절에 아랫녘에 사는 유정승이 딸을 낳았다. 여섯 살이 되었다. 어느 날 유정승 따님아기는 삼거리에서 놀고 있었다.

마침 육관대사가 지나가다가 아기씨를 보고는 '이 아기씨 팔자를 그르쳐야 하겠구나(무당이 되어야 하겠다는 말)' 하며 엽전 여섯 푼을 주었다. 아기씨는 좋아라고 그것을 가지고 놀았다. 집에 들어가게 되자, 엽전을 가지고 들어가면 부모님이 욕하리라 생각하고, 아기씨는 그 엽전을 노둣돌〔下馬石〕 밑에 숨겨 두고 들어갔다.

일곱 살이 되자, 유정승 따님아기는 앓아 눕기 시작했다. 눈이 어두워지고 죽었다 살았다 하는 것이다. 병이 조금 나아지는가 했더니 열일곱 살이 되자, 다시 신병이 무거워져 죽었다 살았다 한다. 스물일곱 살에 죽었다 살았다, 서른일곱 살에 죽었다 살았다, 마흔일곱 살에 죽었다 살았다 하여, 이렇게 쉰일곱, 예순일곱까지 죽을 고비를 넘기는 것이었다. 이게 무엇 때문인가. 유정승 따님아기는 지난일을 곰곰이 생각하다가, 여섯 살에 숨겨 두었던 엽전을 찾아냈다. 그게 꼭 일흔일곱 살이 되는 해였다. 엽전을 찾아 가지자 몸은 씻은 듯이 좋아지고, 세상 모든 일이 눈으로 보는 듯이 영감으로 알아지기 시작했다.

하루는 집에 가만히 있는데, 자부장자집 딸아기가 신병이 위독하여 죽어 가는 것 같은 예감이 들었다. 유씨부인(유정승 따님아기)은 자부장자의 집에 가 보았다. 자부장자는 딸아기가 죽었다고 일곱 마디로 묶어 놓고 울고 있었다.

"어떤 일로 황천(仰天) 울음이 됩네까?"

유씨부인의 물음에 자부장자는 '무남독녀 외딸아기가 죽어 대성통곡으로 운다'고 하는 것이었다.

"지나가는 여성이라도 죽은 아기씨 설맥(血脈)이나 짚

어 보는 게 어찌 흐오리까?"

혈맥을 짚어 보더니 유씨부인은 '이 아기씨는 삼시왕(三十王)에 걸렸으니, 소지나 올려 축원이나 해 보면 알 도리가 있습니다'고 하는 것이다. 자부장자는 '그리하면 살아날 수 있겠느냐?'고 다그쳐 물었다. 유씨부인은 얼른 대답하는 것이 '해 봐야 알겠습니다'고 말해 버렸다.

만일 그때, 유씨부인이 '소지 올려 축원하면 살아납니다'고 확답을 했더라면 심방(무당)이 오늘날 하늘 일, 땅 일을 모두 귀신같이 알아낼 것이다. 아깝게도 '해 봐야 알겠다'고 애매한 대답을 해 버렸기 때문에, 오늘날 반은 알고 반은 모르게 되어 버린 것이다.

소지를 올리고 축원을 했더니, 죽었던 자부장자 딸아기가 생기 있게 살아났다. 유씨부인은 '두 이레 열나흘의 큰 굿을 하면 완쾌되겠다' 하고 돌아왔다.

곧 큰굿을 해 주도록 전갈이 왔다. 유씨부인은 말은 해 놓았지만, 굿을 하려 해도 기구가 없다. 삼시왕에게 가서 기구를 내주도록 소원하니, 너사메너도령이 지키는 북·장고·징 따위 악기와 요령·천문·상잔·신칼 등속 기구를 내 주었다.

그래서 유씨부인은 이들 기구를 받아와서 처음으로 굿을 하여 무당으로 천하를 울렸다. 그래서 굿법을 마련한 심방선생(무당선생)이 되고, 오늘날도 그 굿법이 이어져 내려오게 된 것이다.

(제주시 용담동 박수 안시인 구연(口演)에서)

㈜

이 신화는 큰굿의 '초공 본풀이' 제차(祭次)에서 불려진다. '초공 본풀이'는
무조신(巫祖神)의 신화를 노래하고 그 신에게 축원하는 제차이다. 따라서 '초공
본풀이'는 제차의 이름이며 신화의 이름이다. 심방은 제상 앞에 앉아 시종 장고
를 치며 이 신화를 노래하고 축원한다.

5 꽃감관(이공 본풀이)

옛날옛적 김진국과 임진국이 한 마을에 살았었다. 김진
국은 몹시 가난했고 임진국은 천하 거부로 잘 살았다.

김진국과 임진국은 이십 스물, 삼십 서른, 사십 마흔이
가까워도 남녀간에 자식이 하나 없어, 허허탄식하며 나날
을 보내고 있었다.

어느 날, 영급(영검) 좋은 동개남절당(東觀音寺)에 들
어가, 석 달 열흘 백 일 동안 불공을 드리면 자식을 얻으
리라는 소문이 들려왔다. 이들은 함께 불공을 드리러 가
기로 했다.

백 일 불공이 진행되었다. 대사[大師僧]중은 염불하고
소사[小師僧]중은 목탁 치고, 아침이면 아침 불공, 저녁
이면 저녁 불공, 백 일이 하루같이 지나갔다.

백 일 정성을 마친 김진국과 임진국은 각각 합궁일을
받아서 천생배필을 맺었다.

김진국은 아들을 낳고 임진국은 딸을 낳았다. 김진국
아들은 사라도령이라 이름 짓고, 임진국 따님은 원강암이
라 이름이 지어졌다.

　김진국과 임진국은 사돈을 맺어 '구덕혼사'를 지내었다 (아기구덕에 눕혀 키우는 어린아이 때 부모의 의사에 따라 결혼을 시키는 일).

　사라도령과 원강암이는 무럭무럭 잘 자랐다. 열다섯이 지나 스무 살이 가까워 갈 때 원강암에게 태기가 있었다. 한 달 두 달 지나가 몸은 항아리처럼 무거워 갔다.

　이때, 사라도령한테 서천꽃밭〔西天花田〕 꽃감관〔花監官〕을 살러 오라는 옥황의 전갈이 내려왔다. 어디 영이라 거절할 도리가 없다. 사라도령은 곧 채비를 하고, 꽃감관을 살고 올 테니 부모님을 모시고 잘 있도록 부인을 위로했다. 원강암이는 죽으나사나 같이 따라가겠다고 졸라 댔다.

　부부는 함께 서천꽃밭으로 향해 출발했다. 서천꽃밭으로 가는 길은 멀고도 험난했다. 연약한 여자인 원강암이는 아이를 항아리처럼 배어 놓고, 발은 콩구슬같이 부풀어 걸을 수 없었다. 가다가 날이 저물면 억새 포기 속에 밤을 새고, 날이 밝으면 다시 아픈 다리를 이끌고 끝없이 험한 길을 걸어갔다.

　며칠이나 걸었을까. 하루는 어떤 언덕 밑에 팽나무를 의지하여 밤을 새노라니, 초경 이경 삼경이 넘어가자 닭 울음소리가 자지반반 들려왔다.

　"저 독(닭)은 어디서 우는 독이리까?"

　"제인 들어 제인장재(子賢長者), 만년 들어 만년장재칩(萬年長者家) 독 우는 소리가 된다."

　원강암이는 눈물을 흘려 가며 남편에게 애원했다.

"남인(男人)님아, 남인님아, 난 이제 더 걸을 수가 읏 이매(없으므로) 저 둑 소리 나는 장재 칩(長者家)의 강(가서) 종으로 풀아 뒁(팔아 두고) 가기 어찌홉네까?"

사라도령은 기가 막혔다. 부부는 서로 팔목을 잡고 한참 울었다. 그러나 어쩔 도리가 없었다. 종으로 팔아 두고 가기로 하는데, 어머니는 얼마를 받고, 뱃속에 들어 있는 아이는 얼마를 받으면 좋을까를 우선 상의했다. 어머니는 삼백 냥, 뱃속의 아이는 백 냥만 받자고 합의가 되었다.

부부는 울던 눈물을 거두고 제인장재 집으로 갔다.

"종이나 삽서(사십시오)."

먼 문 밖에서 소리 지르니, 제인장재 알아듣고 곧 딸들을 불렀다.

"큰 뚤아기 나고 보라. 저 종 어떵 허염 직호니?(어떨 것 같으냐?)"

큰 딸아기 말을 하되,

"그 종 사지 맙서(마십시오). 집안 망홉네다."

"샛 뚤아기(둘째 딸아기) 나고 보라. 저 종 어떵 허염 직호니?"

"그 종 사지 맙서. 집안 망홉네다."

"족은 뚤아기(작은 딸아기) 나고 보라. 저 종 어떵 허염 직호니?"

작은딸은 보고 와서,

"아바지 그 종 사옵소서. 우리 집안 이(利)홀 종인지,

해(害)홀 종인지 모르나네(모르니까), 그 종 사 둡서."

"어서 걸랑(그것일랑) 그리 ᄒ자."

작은딸의 제언으로 흥정이 되었다. 어머니는 삼백 냥, 뱃속의 아이는 백 냥을 받았다.

제인장재는 사라도령을 사랑방으로 불러들여 밥상을 차려 내어 오고, 원강암이는 부엌에 들여보내 식은밥에 물을 말아 주게 했다.

사라도령은 수저를 들고 눈물을 잠시 흘리다가 제인장재에게 말을 했다.

"이 ᄆᆞ을(마을) 풍십(風習)은 어떵 ᄒ는지(어떻게 하는지) 모르쿠다마는, 우리 ᄆᆞ을 풍십은 서로 이별홀 땐 맞상을 출려(차려) 주는 법이외다."

그제야 맞상이 차려져 나왔다. 부부는 마주 밥상을 받아 앉았다.

원강암이는 우선 뱃속에 있는 아이의 이름이라도 지어 주고 가시라 했다. 사라도령은 "만일 아들을 낳으면 '신산만산할락궁이'라 이름하고, 딸을 낳거든 '할락댁이'라 이름 지으라'고 했다.

그러고는 가지고 있던 얼레빗을 반으로 꺾어, 한쪽을 부인에게 증거물로 넘겼다. 다시 만날 날을 굳게 기약하고, 사라도령은 서천꽃밭으로 훌훌이 떠났다.

그날부터 원강암이의 종살이가 시작됐다. 초조한 하루가 지나갔다. 날이 저물어 초·이경을 당하니, 원강암이의 방문을 두들기는 자가 있었다.

"이 문 열라, 이 문 열라."

말할 것도 없이 제인장재였다.

"이 고을 풍십(風習)은 어찌ㅎ나 모르되, 우리 ㅁ을 풍십은 밴 아기가 나사(나야) 몸 허락을 ㅎ는 법입네다."

"어서 걸랑(그것일랑) 그리 ㅎ자."

제인장재는 순순히 돌아갔다.

얼마 안 되어 아이를 낳았다. 아들이었다.

'신산만산할락궁이'로 이름을 지었다.

오늘을 기다렸다는 듯이, 그날 밤부터 제인장재는 다시 와 문을 두들겼다.

"이 고을 풍십은 어찌ㅎ나 모르되, 우리 ㅁ을 풍십은 낳은 아기 백 일이 넘어사(넘어야) 몸 허락을 ㅎ는 법입네다."

"어서 걸랑 그리 ㅎ자."

백 일이 넘었다. 제인장재가 다시 와 문을 두들겼다.

"이 고을 풍십은 어찌ㅎ나 모르되, 우리 ㅁ을 풍십은 낳은 아이가 걸음바(걸음마)를 ㅎ고, 금마답(마당)에서 노념놀일(놀음놀이를) 허여사 몸 허락을 ㅎ는 법입네다."

"어서 걸랑 그리 ㅎ자."

할락궁이는 제법 자라서, 막대기로 말타기를 하며 마당에서 놀게 되었다.

어느 날 초·이경이 되니, 다시 제인장재가 와서 문을 두들겼다.

"이 고을 풍십은 어찌ㅎ나 모르되, 우리 ㅁ을 풍십은

낳은 아기 열다섯 십오 세가 되어사 몸 허락을 ᄒ는 법입
네다."

"어서 걸랑 그리 ᄒ자."

의외로 제인장재는 순순히 돌아갔다. 무슨 일이 일어날
것이라 생각됐다. 아니나다를까 이튿날부터 모자에겐 고
역이 떨어졌다. 할락궁이에게는 낮에는 소 쉰 마리를 몰
고, 심심산중에 들어가 나무 쉰 바리를 해 오고, 밤에는
새끼를 쉰 동을 꼬아 놓게 하고, 원강암이더러는 낮에 명
주 다섯 동, 밤엔 명주 석 동을 짜 올리도록 하는 것이다.
매일매일 계속되는 이 고역은 참으로 힘겨운 것이었다.
눈물로 세수하는 하루하루였다.

세월은 흘러서 할락궁이도 열다섯 살이 되었다. 할락궁
이도 이젠 자랄 만큼 자랐으나 집안의 눈치를 알게 되었
다. 어느 날 할락궁이는 새삼스레 어머니 곁에 다가와 캐
묻는 것이었다.

"우리 아버지는 어디 갔습니까?"

어머니가 대답했다.

"제인장재가 너희 아버지 아니냐."

그로부터 얼마 뒤 가랑비가 포근히 내리는 날이었다.
할락궁이는 어머니에게 콩을 한 되만 볶아 달라고 졸랐
다. 어머니는 콩이 어디 있어 볶겠느냐고 하자, 장자집
장막을 털어 보면 콩 한 되는 나오고도 남을 것이라고 하
는 것이었다.

할 수 없이 어머니는 장막을 털어 콩 한 되를 모아 볶

기 시작했다. 한참 볶노라니, 할락궁이가 급히 달려오며 저 먼 문에 누가 와 부르니 어서 나와 보시라고 한다. 볶던 콩을 놓아 두고 어머니는 얼른 나가 보았다. 아무도 없었다. 무슨 일이 일어날 것만 같은 예감이 들었다. 할락궁이는 콩 젓던 죽젓광이를 부엌 방석 밑으로 얼른 감추고 어머니를 불렀다.

"어머님아, 어머님아. 콩이 믄딱(모두) 캄시메(타고 있으므로) 혼저 젓입서(어서 저으십시오)."

죽젓광이를 못 찾아 이리저리 헤매니,

"아이고, 어머님. 콩 믄딱 캄수게(모두 타지 않습니까). 손으로라도 혼저 젓입서(어서 저으십시오)."

하도 급히 서두르는 바람에 손으로 콩을 저으려고 했다. 순간 할락궁이는 어머니 손을 꼭 눌렀다.

"어머님아, 어머님아. 이제도 바른 말 못ㅎ쿠까?(못 하겠습니까?) 아바지 간 딜(간 데를) 굴아 줍서(말해 주십시오)."

"이 손 노라(놓아라) 굴아 주마."

어머니는 사실을 털어놓았다. 이제는 때가 온 것이라 하여, 아버지가 주고 간 얼레빗 한쪽도 아들에게 넘겨 주었다.

할락궁이는 아버지를 찾아가겠다고 했다. 어머니더러 장자집 메밀 장막을 털어 메밀 범벅 세 덩이만 해 주시도록 부탁했다.

할락궁이는 아버지가 두고 간 얼레빗 한쪽과 메밀 범벅

세 덩이를 가지고 어머니를 작별했다. 아무도 몰래 집을 떠나는데, 장자집 개가 먼저 알고 쫓아온다. 먼 문 밖에 나서니 먼저 천리둥이가 짖어 대며 쫓아오기 시작했다. 천 리를 달리는 날쌘 개다. 할락궁이는 얼른 메밀 범벅 한 덩이를 잡아 던졌다. 그것을 먹는 새에 천 리를 뛰어 갔다. 뒤따라 만리둥이가 뛰어오니, 한 덩이를 내던져서 먹는 틈에 만 리를 뛰어가고, 또 한 덩이 내던져 먹는 틈에 수만 리를 지나갔다.

한참 가다 보니 무릎에 치는 물이 있어 그 물을 지나가 고, 또 한참 가다 보니 잔등이에 치는 물이 있어 그 물을 넘어갔다. 또 한참 가다 보니 목까지 치는 물이 있어 그 물을 넘어가니 서천꽃밭이 보였다.

할락궁이는 먼저 서천꽃밭의 동정을 살피기로 했다. 서천꽃밭 입구에는 커다란 수양버들이 늘어졌고, 그 밑에 맑은 연못이 있었다. 할락궁이는 수양버들 맨 윗가지에 올라 서천꽃밭을 바라보고 있었다. 서천꽃밭은 고요했다.

잠시 후에 꽃밭에선 궁녀들이 삼삼오오 물동이를 이고 입구 쪽으로 걸어왔다. 꽃밭에 줄 물을 뜨러 연못으로 오 는 것이었다.

할락궁이는 얼른 손가락을 깨물어, 붉은 피를 두세 방울 연못에 떨어뜨렸다. 연못은 그만 부정(不淨)해진 것이 다. 궁녀들이 다가와서 물을 뜨려고 하니, 연못의 물은 순식간에 말라 버렸다.

"쉬양버드낭(수양버드나무) 상가지에 무지럭 총각(머

리를 풀친 총각)이 앉아서, 연못디 풍운조화(風雲造化)를 줍수다(주고 있습니다)."

궁녀들의 보고가 들어갔다. 꽃감관이 곧 밖으로 나왔다.

"너는 귀신이냐, 생인이냐?"

"귀신이 어찌 날 수 있으리까? 생인이 되옵네다. 신산만산할락궁이가 되옵네다."

꽃감관이 깜짝 놀라며,

"너 본메본장(증거가 될 물건) 가졌느냐?"

할락궁이가 내놓는 것을 보니 얼레빗 반쪽이었다. 꽃감관은 자신이 가지고 있는 반쪽하고 맞대어 보았다. 빈틈없이 맞았다.

"내 ᄌᆞ식이 분명ᄒᆞ다. 나를 촛아올 때에 독 ᄆᆞ립(무릎) 치는 물이 읏어냐(없더냐)?"

"이십데다(있습데다)."

"그것이 느네(너희) 어머님 초대김(첫 다짐) 받은 물이로다."

"ᄌᆞ동(잔등이) 친 물 읏어냐?"

"이십데다."

"그것이 느네 어머님 이대김(둘째 다짐) 받은 물이로다."

"목 친 물이 읏어냐?"

"이십데다."

"그것이 느네 어머님 삼대김(세번째 다짐) 받은 물이로다."

할락궁이는 아버지 말을 듣고, 어머니가 이미 장자에게 고문을 받고 돌아가신 것을 알았다. 아버지는 서천꽃밭에 있으면서도 모든 일을 다 알고 있는 것이었다.

난생 처음 만나는 부자상봉이지만 정담을 나눌 겨를도 없었다. 아버지는 곧 할락궁이를 데리고 꽃밭으로 들어갔다. 널찍한 꽃밭엔 이름 모를 꽃들이 난만하여 있었다. 사람을 죽여 멸망시키는 수레멜망악심꽃, 죽은 사람을 다시 살려 내는 환생꽃, 앙천(仰天) 웃음이 터지게 하는 웃음웃을꽃, 아버지는 하나하나 설명하여 그 꽃들을 따 주었다. 어서 바삐 내려가서 어머니의 원수를 갚으라는 것이다. 이제 내려가면 제인장재는 죽이자고 달려들 게 뻔하니, 그때엔 일가친족을 다 모아 놓으면 할 말이 있다 하여, 일가친족 앞에 웃음웃을꽃을 먼저 뿌리라고 가르쳐 줬다. 한참 웃음이 벌어지거든 다음에 싸움싸울꽃을 뿌려 친족간에 패싸움을 일으키고, 그 다음에 수레멜망악심꽃을 뿌려 원수를 갚으라는 것이다. 그리고 제인장재의 작은딸만 살려 두었다가, 어머니 죽은 데를 찾아 환생꽃을 뿌려 어머니를 살려 내라는 것이다.

할락궁이는 아버지를 이별하고 집으로 내려왔다. 예상했던 그대로 제인장재는 할락궁이를 보자마자 죽일 판이었다.

"저가 죽는 건 소원이 웃이나(없으나) 삼당(三堂) 외당(外堂)이나 다 불러 주옵소서. 홀 말이 있오리다."

"어서 걸랑(그것일랑) 그리 ᄒ라."

일가친족들이 다 모여들었다. 웃음웃을꽃을 뿌려 댔다. 일가친족들이 뒹굴어 가며 웃음판이 벌어졌다. 그때 싸움싸울꽃을 뿌려 댔다. 패싸움판이 벌어졌다. 또 수레멜망악심꽃을 뿌려 놓았더니 일가친족이 모조리 죽어 갔다.

작은딸이 나서며 '날랑 살려 줍서' 하고 애원했다.

"계건(그렇거든) 널랑 살려 주커메(살려 줄 테니) 우리 어머님 죽여다 데껴 분 딜(던져 버린 데를) 그리치라."

"어서 걸랑 경(그리) 홉서(하십시오)."

머리는 끊어 청대밭[靑竹田]에 던져 놓고, 잔등이는 끊어 흑대밭에 던져 놓고, 무릎은 끊어 푸른 띠밭에 던져 놓았다. 벌써 뼈만 살그랑하게 있는 것이다. 할락궁이는 어머니의 뼈를 차례차례 모아 놓고 환생꽃을 뿌렸다.

"아이고, 봄줌이라 오래도 잤저(잤다)."

머리를 긁으며 어머님이 살아났다.

그때 할락궁이 어머니를 대밭·띠밭에 죽여 던졌던 법으로, 오늘날도 굿을 할 때 대 한 줌, 띠[茅] 한 줌을 두 손에 들어 이를 수레멜망악심꽃이라 하고, 이 꽃이 갖은 사악한 재해(災害)를 준다고 한다.

할락궁이는 어머니가 죽었던 그 자리에 제인장재 작은딸을 죽여 묻어 두고, 어머니를 모셔 서천꽃밭으로 들어갔다. 아버지를 상봉하고 꽃감관 자리를 물려받아 잘 살았다.

(제주시 용담동 박수 안사인 구연에서)

㊟

이 신화는 불도맞이굿에서도 불려지고, 큰굿 때의 '이공 본풀이' 제차(祭次)
때에도 불려진다.

6 가믄장아기(삼공 본풀이)

옛날옛적 강이영성이서불이라는 사내 거지는 윗마을에
살고, 홍은소천궁에궁전궁납이라는 여자 거지는 아랫마
을에 살았다. 때마침 흉년이 들어 두 거지는 제 마을에서
얻어먹기가 어렵게 되었다.

풍문이란 이상하게 도는 것이었다. 윗마을의 강이영성
은 아랫마을에 시절이 좋다는 소문을 듣고, 아랫마을의
홍은소천은 윗마을에 풍년이 들었다고 들었다. 서로 시절
이 좋은 마을을 찾아 얻어먹으려 했다. 강이영성은 아랫
마을을 향해 나서고 홍은소천은 윗마을로 향해 떠났다.

길에 구르는 돌멩이도 연분이 있는 법이라, 두 거지는
도중에서 만나 부부가 되었다.

부부는 삶에 희망이 솟았다. 얻어먹기를 그만두고 힘을
합쳐 남의 품팔이를 나섰다. 그럭저럭 먹고 살 수는 있었다.

얼마 안 되어 홍은소천은 태기가 있었다. 만삭이 되어
딸아이가 태어났다. 일가친족이 없는데다 먹을 쌀도 입을
옷도 없는 가난한 부부로서는 어찌해 볼 도리가 없었다.
강이영성은 주저앉아 탄식을 하고 있었다. 이것을 본 동
네 사람들이 불쌍하다고 일어섰다. 거지를 그만두고 바르
게 살아 보려고 품팔이를 나서서 애쓰는 이 부부를 이때

도와 주어야 할 것이 아니냐는 것이다. 동네 사람들은 정
성을 들여서 은그릇에 죽을 쑤어다 먹이고, 밥을 해다 먹
이며 이 딸아이를 키워 주었다. 은그릇으로 밥을 먹여 키
웠다 해서 아이 이름을 '은장아기'라 지었다.

이 아이가 두 살이 넘어가자, 부인은 다시 아이를 가졌
다. 낳고 보니 딸이었다. 이번에도 동네 사람들이 도와
주었다. 그러나 처음만큼 성의는 없었다. 이번은 놋그릇
에 밥을 해다 주어 키워 주는 것이었다. 그래서 이 둘째
딸은 '놋장아기'라 이름 지어졌다.

다시 셋째딸이 태어났다. 이번도 동네 사람들이 전과
같이 도와 주었으나 성의는 식어 있었다. 나무 바가지에
밥을 해다 먹여 키워 주는 것이다. 그래서 '가믄장아기'라
이름이 지어졌다.

은장아기·놋장아기·가믄장아기……. 세 딸이 태어나 한
두 살이 되어 가니, 이상하게도 운이 틔어 하는 일마다
척척 들어맞아 갔다. 하루하루 돈이 모아졌다. 없던 전답
이 생기고 마소가 우글대고, 고래등 같은 기와집에 풍경
을 달고 살게 되었다. 가믄장아기를 낳고서 잠깐 사이에
천하 거부가 된 것이다. 상다락·중다락·하다락을 지어 놓
고, 딸 셋을 놀음놀이 시키며 태평스럽게 키웠다. 세월은
흘러 딸들도 열다섯 살이 넘어갔다. 호강스러운 세월이
흐르다 보니, 부부에겐 거지 생활을 하며 얻어먹던 그날
이 남의 일처럼 잊혀져 갔다. 품팔이하던 그날의 고생들
이 언제 있었더냐고 오만하게 되었다.

가랑비가 촉신촉신 내리는 어느 날이었다. 부부는 심심하기 이를 데 없었다. 딸들이나 불러 앉혀 호강이나 피우고 싶어졌다. 먼저 맏딸부터 불러들였다.

"큰 똘아기 이레(이리) 오라. 은장아기, 너는 누게(누구) 덕에 먹고 입고 행우발신(行爲發身)ㅎ느냐?"

"하늘님도 덕이외다, 지애(地下)님도 덕이외다. 아바님도 덕이외다, 어머님도 덕이외다."

"큰 똘아기 기뜩(奇特)ㅎ다. 어서 느(네) 방으로 가라."

"샛 똘아기(둘째 딸아기) 이레 오라. 놋장아기, 너는 누게 덕에 먹고 입고 행우발신ㅎ느냐?"

"하늘님도 덕이외다, 지애님도 덕이외다. 아바님도 덕이외다, 어머님도 덕이외다."

"큰 샛 똘아기 기뜩ㅎ다. 어서 느 방으로 가라."

두 딸이 부모의 덕을 칭송하매 부부 마음은 흡족했다. 이번엔 막내딸을 불렀다.

"족은 똘 아기 이레 오라. 가믄장아기, 너는 누게 덕에 먹고 입고 행우발신ㅎ느냐?"

가믄장아기의 대답은 딴판이었다.

"하늘님도 덕이외다, 지애님도 덕이외다. 아바님도 덕이외다, 어머님도 덕이외다마는, 나 배또롱(배꼽) 아래 선그믓(배꼽에서부터 음부 쪽으로 내리 그어진 선)의 덕으로 먹고 입고 행우발신ㅎ네다."

부모님의 덕이라고 칭송할 줄 알았던 부모는 화가 발칵났다.

"이런 불효막심호 예ᄌ식(女子息)이 어디 있겠느냐? 어서 뿔리 나고 가라!"

벼락 같은 호통이 떨어졌다. 이런 자식은 일시도 그냥 둘 수가 없다는 것이다.

가믄장아기는 입던 옷들을 모아 놓고, 얼마간의 양식을 검은 암소에 실어 집을 나섰다.

"어머님아 잘 살암십서(살고 계십시오), 아바님아 잘 살암십서."

인사말을 남기고 먼 문 밖으로 사라진다. 불효의 딸자식이기는 하나 내보내고 보니 부모의 마음은 섭섭해졌다. 그냥 앉아 있을 수가 없었다. 가믄장아기를 다시 불러들이기로 했다. 맏딸을 불렀다.

"큰 똘아기 나고 보라. 설운 똘아기 식은밥에 물줌이(물 말아 놓은 것)라도 먹엉 가랭(먹어 가라고) 굴으라(말해라)."

맏딸 은장아기는 부모가 가믄장아기를 다시 불러들이려는 속셈을 곧 알았다. 똑똑한 가믄장아기를 다시 불러들이면 부모의 사랑이 거기로 옮겨질 우려도 있고, 장차 재산을 가르는 데 이로울 것이 하나도 없다. 시기심이 치밀어올랐다.

은장아기는 문 밖으로 내달아 노둣돌 위에 올라서서 큰 소리로 외쳤다.

"설운 아시(아우)야, 혼저(어서) 가불라(가 버려라). 아방(아버지), 어멍(어머니) 늘(너를) 뚜리레(때리러)

나왐쩌(나온다)."

가믄장아기는 이렇게 외치는 언니의 속셈을 모를 리가 없다. 고약하다는 생각이 들었다.

"설운 큰성님, 물팡돌(노둣돌) 알로(아래로) 느려사건(내려서거든) 청주넹이(靑지네) 몸으로나 환생헙서."

이렇게 중얼거리니, 은장아기가 노둣돌[下馬石] 밑으로 내려서자, 지네 몸이 되어 노둣돌 밑으로 들어가 버리는 것이었다.

부모는 가믄장아기를 데리고 들어오는가 한참 기다렸다. 데리러 나간 은장아기도 어디 갔는지 소식이 없다. 이번은 둘째딸을 불렀다. 마찬가지로 가믄장아기를 불러 오라고 했다. 둘째딸 놋장아기도 시기심이 우러났다. 문 밖에 나와 두엄 위에 올라 서서 은장아기와 똑같은 소리를 질렀다. '어머니, 아버지가 때리러 오니 빨리 가 버리라'는 것이다. 놋장아기의 고약한 마음씨를 아는 가믄장아기는 괘씸한 생각이 들었다.

"두엄 아래로 내려서거든 버섯 몸으로나 환생하라."

이렇게 중얼거리더니, 놋장아기가 두엄 아래로 내려서자, 버섯이 되어 두엄에 뿌리를 박고 서 버렸다.

부부는 방안에 마주 앉아 한참을 기다렸으나, 데리러 간 놋장아기마저 소식이 없다.

'이게 어떤(어쩐) 일인가?'

순간 불길한 예감이 머리를 스쳤다. 얼른 나가 봐야겠다고 생각하여 문을 밀치며 밖으로 내달았다. 순간 액방

(윗중방)에 눈이 부딪혀 부부는 봉사가 되어 버렸다. 그 날부터 부부는 가만히 앉아서 먹고 입고 쓰게 되었다. 하루하루 세월이 흘러가니 재산은 탕진되고, 부부는 다시 거지로 나서지 않으면 안 되었다.

한편, 집을 나간 가믄장아기는 검은 암소에 옷과 쌀을 싣고 정처없이 길을 걸었다. 이 재 넘고 저 재 넘어, 어렁떠렁 소를 몰며 닥치는 대로 길을 가는 것이었다. 가도 가도 허허벌판인데 해는 서산에 기울어 간다. 어디 인간처(人間處)를 당겨야 이 밤을 샐 텐데 집 한 채 보이지 않았다. 한참 걸음을 재촉하다 보니, 다 쓰러져 가는 초가가 하나 멀리 보였다. 저녁 놀을 뒤로 받으며 그 집으로 들어갔다. 집에는 머리가 허연 할머니와 할아버지만이 있었다.

가믄장아기는 소를 매어 놓고 말했다.

"지나가는 행인인데, 날이 저무니 하룻밤만 머물러 가게 해 주십서."

할머니·할아버지는 난처한 표정을 지었다.

"이 집엔 아들이 삼형제나 있어 누워 잘 방이 없으니 딱하다."

가믄장아기는 또 사정을 하였다.

"부엌이라도 좋으니, 하룻밤만 머물러 가게 해 주십서."

겨우 허락이 되었다.

부엌에 들어가 조금 앉았더니, 바깥에서 와당탕와릉탕 하는 소리가 들려왔다.

"이건 무슨 소리우까?"

"우리 집의 큰 마퉁이 마 판(파서) 울러오는 소리우다."

알고 보니 마퉁이네 집이었다. 아들 삼형제가 마를 파다가 그것으로 구명하여 살아가는 것이다. 얼마 후에 큰마퉁이가 들어왔다. 부엌 쪽을 힐끗 보더니 고래고래 욕을 퍼붓는다.

"요 우리 어멍(어머니) 아방(아버지), 우린 애쓰게 마파당(파다가) 배불게 멕이당 보민(먹이다 보면), 넘어가는 떼간아이 드려당(데려다가) 노념(놀이)허염구나."

조금 있더니, 다시 바깥에서부터 와당탕와당탕 소리가 들려왔다.

"이건 무슨 소리우까?"

"우리집의 샛마퉁이(둘째 마퉁이) 마 판 들어오는 소리우다."

둘째 마퉁이도 들어와서 한번 휘둘러보더니 욕을 해댔다.

다시 조금 있더니, 와당탕와당탕 소리가 들려왔다. 이것은 작은 마퉁이가 마를 파서 들어오는 소리라 했다. 작은 마퉁이는 들어오면서 한번 휘둘러 보더니 허우덩싹 웃으면서,

"하, 이거 우리집의(집에) 난듸웃이(난데없이) 감은 암쇠여, 사름이여, 믄(모두) 들어오란(들어와서), 어느 하늘에서 도외는(도우는) 일이나 아니가(아닌가)?"

매우 반가워하며 들어오는 것이었다. 가믄장아기는 부엌 구석에 앉아 세 형제의 행동을 곁눈으로 살폈다. 세 형

제는 각각 파 가지고 온 마를 삶아 저녁을 먹는 것이었다.

먼저 큰 마퉁이가 마를 삶았다.

"어멍(어머니) 아방(아버지)은 몬저(먼저) 난(나서) 하영(많이) 먹어시메(먹었으니) 마야개기(모가지)나 먹읍서."

마를 꺼내어 모가지 쪽으로 몇 개 뚝뚝 꺾어 부모에게 넘기고, 자기는 살이 많은 잔등이 쪽을 우막우막 먹고, 꼬리는 끊어 손님에게 주는 것이다.

조금 있더니 둘째 마퉁이가 마를 삶았다. 그도 또한 다르지 않았다. '어머니 아버지는 오래 살면서 많이 먹었으니 꼬리 쪽으로나 먹읍서' 하면서, 꼬리를 몇 개 끊어 부모에게 넘기고, 대가리 쪽은 끊어 손님에게 주었다. 그러고는 살이 많은 잔등이 쪽은 자기가 우막우막 먹는 것이었다.

다음에는 작은 마퉁이 차례다. 작은 마퉁이는 마를 삶더니,

"설운 어머님, 아바님. 우리덜 난(낳아서) 키우젠(키우려고) 흔 게(한 것이) 얼매나 공이 들고, 이제 살민(살면) 몇 헬 살 거우까?"

양쪽 끝을 꺾어 두고 살이 많은 잔등이 부분을 부모에게 드리는 것이다. 가믄장아기는 '쓸 만한 사람은 작은 마퉁이밖에 없구나' 하고 생각했다.

마를 다 삶아나니, 가믄장아기는 솥을 빌려 저녁을 지어 먹기로 했다. 솥은 마만 자꾸 삶아 놓으니 마 껍질이

잔뜩 눌어 있었다. 수세미를 가지고 깨끗이 씻은 후 나락 쌀을 씻어 놓아 밥을 했다.

"문전(門前:門神) 모른 공스(共神:祭儀) 시멍(있으며), 주인 모른 나그네 있오리까?"

기름이 번질번질한 이밥을 떠서 한상을 차리고, 우선 할머니·할아버지에게 들어갔다. 할머니·할아버지는 조상 대에도 아니 먹었던 것이라면서 먹지 아니한다. 가믄장아기는 큰 마퉁이에게 상을 들여갔다. 큰 마퉁이도 '조상 대에도 아니 먹었던, 이런 벌레 밥 아니 먹겠다'면서 오히려 화를 냈다. 둘째 마퉁이에게 밥상을 들여가도 역시 마찬가지였다.

가믄장아기는 마지막으로 작은 마퉁이에게 밥상을 들여 갔다. 작은 마퉁이는 서른여덟 잇바디를 허우덩싹 웃으면서, 병아리만큼씩 우막우막 밥을 떠 먹어 가는 것이었다.

큰 마퉁이·둘째 마퉁이가 창 구멍으로 동생의 밥 먹는 것을 보니, 여간 맛이 있어 뵈는 것이 아니었다. 침을 삼키면서,

"설운 아시(아우)야, 우리도 혼 숟가락 도라(달라)."

"자십셍(자십사고) 홀 땐 말았다그네(말았다가), 담읍셍(담으십사고) 홀 땐 무사(왜) 먹쿠가(먹겠습니까)?"

이렇게 나무라면서, 가운데의 더운 밥을 떠서 형들의 손바닥에 놓아 주었다. 형들은 뜨거워서 푸푸 불면서 할쭉할쭉 먹는 것이었다.

저녁이 끝났다. 모두들 잠자리에 들게 되었다. 가믄장

아기는 혼자 자는 것이 섭섭했다. 할머니·할아버지더러 '나하고 발 막아 누울 아들이나 하나 보내십사'고 했다. 할머니·할아버지는 큰 마퉁이더러 가라고 했다. 아니 갔다. 둘째 마퉁이더러 가라고 해도 아니 갔다. 하릴없이 작은 마퉁이더러 가라고 하니, 작은 마퉁이는 기뻐하면서 들어가는 것이었다.

길에 구르는 돌멩이도 연분이 있는 법. 둘이는 꽃을 본 나비라 백년가약이 맺어졌다. 가믄장아기는 작은 마퉁이를 목욕시키고, 새옷을 갈아입혀 갓·망건을 씌워 놓으니 절세미남이 분명했다.

이튿날 아침엔 작은 마퉁이가 새옷 차림으로 외출하니, 큰형이 절을 꾸뻑 하는 것이었다. '성님(형님) 이거 어떤 일입네까?' '아이고, 몰랐노라', 둘째형도 절을 꾸뻑 하며 '아이고, 몰랐노라' 한다.

가믄장아기는 낭군더러 마 파던 데 구경이나 가자고 했다. 둘이는 손목 잡고 마 파던 들판에 구경을 나갔다.

큰 마퉁이가 마 파던 구덩이를 먼저 보았다. 거기에 누릇누릇한 것이 있길래, 무엇인가 하여 쥐어 보니 똥만 물락물락 쥐어졌다. 둘째 마퉁이가 마 파던 구덩이를 가 보았다. 무엇인가 길쭉길쭉한 것들이 있었다. 가만히 보니 지네·뱀 따위 동물만이 우글거리고 있는 것이었다.

마지막으로 작은 마퉁이가 마 파던 데를 가 보았다. 자갈이라 해서 던져 버린 것을 주워서 싹 쓸어 보니, 번쩍번쩍하는 금덩이요 은덩이였다. 검은 암소에 실어 집에

가니, 저절로 마소가 나오고 전답이 나와 일시에 거부가
되었다. 처마 높은 기와집에 풍경을 달고 와라치라하며
잘살게 되었다.

살림이 좋아지면서 가믄장아기는 부모 생각이 간절했
다. 자기가 집을 나오자 부모는 봉사가 되고 거지가 되
어, 이집 저집을 돌면서 얻어먹고 있으리라는 것을 가믄
장아기는 잘 알고 있었다. 어쨌든 부모를 찾아봐야 하겠
다고 마음을 정했다.

하루는 남편에게 사실을 털어놓고 의논했다. 남편은 쾌
히 허락해 주었다. 부모가 거지가 되었다면 거지 잔치를
석 달 열흘 백일 간만 열고 있으면 틀림없이 찾아올 것이
다. 백 일 동안 거지 잔치를 열기로 했다.

잔치는 시작되었다. 소문에 소문이 번져 날이 갈수록
모여드는 거지의 수는 늘어갔다. 가믄장아기는 거지 잔치
대접을 지휘하면서 들어오는 거지마다 똑똑히 살폈다. 그
러나 한 달이 흘러도 두 달이 흘러도 어머니 아버지는 보
이지 않았다. 적이 초조해졌다.

석 달 열흘 백 일이 되었다. 잔치의 마무리를 짓는 날
이었다. 아침부터 거지들이 얻어먹으러 모여드는데, 가믄
장아기는 초조한 마음을 누르며 지켜 보고 있었다.

날이 거의 저물 무렵이 되어 저만치서 눈 익은 거지가
보였다. 할머니 거지와 할아버지 거지가 막대기 하나를
같이 짚고 더듬더듬 들어오는 것이었다. 가믄장아기는 순
간 줌짝 놀라고는 곧 예사 표정으로 돌아갔다. 이어서 역

군들을 불러서 조용히 지시했다. '저 거지는 위쪽에 앉아 얻어먹으려고 하거든, 아래쪽으로 먹여 가다가 떨어 버리고, 아래쪽으로 앉아 얻어먹으려고 하거든 위쪽으로 먹여 오다가 떨어뜨리고, 가운데쪽에 앉거든 양쪽 끝에서부터 먹여 오다가 떨어 버리도록 하라'는 것이다.

이 부부 봉사 거지는 먼저 얻어먹어 보려고 위쪽으로 가서 자리를 잡았다. 그릇 소리는 달각달각 나지만 자기 차례까지는 돌아오지 않았다. 아래쪽으로 자리를 옮겨 보고, 가운데쪽으로 자리를 옮겨 봐도 역시 마찬가지였다. 이리저리 자리를 옮기다 보니, 날이 저물고 거지 잔치가 끝장이 나게 되었다. 부부 거지는 거지 잔치도 복이 있어야 얻어먹는 것이라고 탄식하며 그냥 나가려고 했다.

모든 거지가 다 먹고 나가자, 가믄장아기는 계집종을 시켜 이 부부 거지를 사랑방으로 모시게 했다. 통영칠반에 상다리가 부러지도록 잘 차리고 귀한 약주로 대접하는 것이다. 영문도 모르고 부부 거지는 우선 배가 고프니 허웃허웃 먹어댔다.

얼마 있자 가믄장아기가 와서 말을 걸었다.

"이 게와시(거지)덜 옛말이나 굴읍서, 듣저(말하십시오, 들을 테니까)."

"들은 옛말도 읏수다(없습니다)."

"계건(그렇거든), 들은 말, 본 말이나 굴읍서."

"들은 말, 본 말도 읏수다."

"계건, 살아난 말이라도 굴읍서, 듣저."

"살아난 말은 굴을 거(말할 것) 잇수다(있습니다)."

"오늘 오늘 이여, 날도 좋아 오늘이여, 옛날옛적……."

거지는 옛날 이야기하듯 살아온 이야기를 반 노래조로 불러 가는 것이었다. 거지로 얻어먹으러 다니다가 부부가 된 젊은 시절, 은장아기·놋장아기·가믄장아기를 낳고 일약 거부가 되어 호강한 시절, 가믄장아기를 내쫓고 봉사가 되어, 다시 거지로서 얻어먹으러 헤매는 신세 타령……. 거침없이 노래는 흘러나왔다.

눈물을 흘리며 듣고 있던 가믄장아기는 약주를 잔이 넘치게 부어 들었다.

"이 술 훈잔 들읍서(드십시오). 천년주(千年酒)우다, 만년주우다. 설운 어머님아, 아바님아, 내 가믄장아기우다. 나 술 훈잔 들읍서."

"이! 어느 거 가믄장아기?"

부부는 깜짝 놀라며 받아 든 술잔을 털렁 떨어뜨리는 순간 눈이 팔롱하게 밝아졌다.

〈조천면 함덕리 박수 김만보(金萬寶) 구연에서〉

㊟

이 신화는 큰굿의 한 제차(祭次)인 '삼공 본풀이' '삼공맞이'에서 불려진다. '삼공 본풀이' 때는 심방[巫]이 제상 앞에 앉아서 장고를 치며 노래하고, '삼공맞이' 때는 위의 신화 내용을 연극적으로 연출하여, 부부 거지가 거지 잔치의 술상을 받아 앉아, 살아온 과정을 이야기하는 장면에서 불려진다.

'삼공 본풀이'는 제차명(祭次名)임과 동시에 신화명(神話名)이 된다.

'삼공맞이'는 일명 '전상놀이'라고도 한다. '전상'이란 '전생(前生)'의 와음(訛音)인 듯한데, 그 의미는 아주 다르게 쓰이고 있다. '전상'의 일반적인 뜻은 평

상시와 달리 이상하게 술을 마구 먹거나, 도박·도둑질 등을 하여 가산을 탕진하는 행위나, 그러한 행위를 일으키는 마음가짐의 뜻으로 쓰이고 있다. 예를 들면, 몇 번 감옥에 출입해도 역시 도둑질을 계속하는 것이나, 가산이 탕진되어가도 자꾸 노름판에 가고 싶어지는 것 따위가 전상이라는 것이다. 이런 행위를 할 때, 주위 사람들은 '저거 전상이다' '전상 붙어서 저런다'고 말한다. 한편, 사람에 따라 농업·어업·상업 등 다른 직업에 열중하여 살아가는 것도 전상 때문이라 한다.

'삼공'은 이런 '전상'을 차지한 신이라 한다. 이런 점으로 미루어 보아 '전상'은 '전생인연(前生因緣)'의 뜻인 듯하며, 따라서 '삼공'은 이 '전생인연을 차지하고 있는 신'인 듯하다.

7 인간차사 강님(차사 본풀이)

옛날옛적 동경국에 버무왕이 살았었다. 풍경 소리 울리는 기와집에 비복을 거느리며 살림이 유족했다.

아들을 낳은 것이 하나, 둘, 셋……. 일곱 형제를 낳았다. 위로 네 형제는 사주팔자(四柱八字)가 좋아서 장가 들어 잘살고, 밑으로 세 형제는 아직 장가를 들이지 못했다.

그때, 동개남절[東觀音寺]에 대사(大師)중이 있었다. 칠십이 지나고 팔십이 가까워 머리에는 백발이 펄펄하고 있었다.

어느 날 대사님은 ≪주역(周易)≫을 펴 놓고 자신의 사주를 보았다. 여든 살이 정명(定命)으로, 내일 모레 사·오시(巳午時)가 되면 이 세상을 하직할 듯했다. 대사님은 곧 소사(小師 : 上佐)중을 불러 자상하게 지시했다.

"소사중아, 소사중아. 나는 모레 사·오시가 되면 이 세상을 하직하게 될 것이다. 내가 죽거든 나무 천 바리를 들여 화장해 가지고 금법당(金法堂)에 모셔 왕생극락(往生極樂)시키고, 너는 동경국으로 내려가거라. 동경국엔 버무왕의 아들 일곱 형제가 있느니라. 위로 네 형제는 사주팔자가 좋아 장가 들어 잘살지만, 밑으로 세 형제는 사주팔자가 기구하여 열다섯 십오 세가 정명이 된다. 이 아이 세 형제를 우리 법당에 데려다, 법당공양(法堂供養)을 시켜 명과 복을 이어 줘라. 그래서 너는 대사가 되고, 세 형제를 소사로 삼아 우리 법당을 공양하여라."

아닌게아니라, 그날 사·오시가 되니 대사님이 세상을 떠나는 것이었다. 소사중은 대사의 유언대로 나무 천 바리를 들여 화장시켜 금법당에 모셨다.

장례를 치르고 나니 소사중은 피곤해졌다. 잠시 누워 눈을 붙인 것이 날이 밝는 줄도 모르고 깊은 잠이 들었다. 죽어서 저승으로 가던 대사님이 나타났다.

"애야, 소사중아. 너는 어찌 무정눈에 잠을 자겠느냐? 어서 빨리 일어나 보아라. 새벽닭이 자지반반 울어 간다. 어서 빨리 동경국으로 향하여라."

벌떡 깨고 보니, 새벽 닭이 자지반반 울고 먼동이 터 가고 있었다. 소사중은 얼른 채비를 하여 동경국으로 향하여 소곡소곡 내려갔다.

그는 동경국 네거리에 이르렀다. 버무왕 아들 세 형제가 팽나무 그늘에서 장기를 두고 있었다.

"애들아, 너희들 세 형제가 장기 두며 놀음놀이하고 있지만, 관상을 보건대 열다섯 십오 세가 정명인 듯하구나."

한 마디를 던지고, 소사중은 동북방 쪽으로 훌훌 가 버렸다.

세 형제는 두던 장기를 던져 두고 집으로 달려갔다.

"아버님아, 어머님아. 어찌 우리 삼형제 명과 복을 짧게 낳으십디까?"

"이게 무슨 말일러냐?"

자초지종 이야기를 들은 버무왕은, 곧 종들을 불러 그 중을 찾아오라고 재촉했다. 중은 벌써 그럴 줄 알고 먼 문 밖에 와 있었다.

"소승 뵈옵니다."

"어느 절 대사일러냐?"

"어느 절 대사라 할 게 있으오리까? 동개남절은 은중전(恩重殿), 대사님은 부처를 지키고 소사가 되옵니다."

"어찌하여 이곳에 근당(近當)하였느냐?"

"당(堂)도 헐어 떨어지고 절도 헐어 떨어져, 권재(勸齋) 삼문(三文 : 서 푼, 곧 조금) 받아다 헌 당 헌 절을 수리하고, 명 없는 자손 명도 주고, 복 없는 자손 복도 주고, 자식 없는 자손 자식도 주고자 권재 받으러 내려섰습니다."

"어서 가까이 들어와서 받아가라."

"높이 들어서 낮게 시르르시르르 부으옵소서. 한 알이 떨어지면 명과 복이 떨어지는 법이옵니다."

이렇게 하며 쌀을 받아 지고 문 밖으로 나가려 하니,

버무왕이 소사중을 불렀다.

"소사중아, 소사중아. 너는 남의 쌀을 공히(공짜로) 먹고 가겠느냐? 우리집에 아들 일곱 형제가 되니, 사주팔자나 가려 보아라."

"어서 그럽소서."

소사중은 《주역》을 꺼내어 한 장 두 장 펴 보고 고개를 끄덕이며 말하였다.

"오행(五行)·팔괘(八卦)를 가리어 보니, 위로 사 형제는 사주팔자가 좋아서 장가 들어 잘사는 듯하옵고, 밑으로 삼형제는 사주팔자가 사나워 열다섯 십오 세가 정명인 듯합니다."

"애야, 소사중아. 너는 남의 자식 명과 복이 떨어질 줄은 알고, 명과 복을 이을 수는 없겠느냐?"

"예, 이을 수 있습니다. 이 아이들 세 형제가 중의 차림새를 해 가지고, 우리 법당에 와서, 연 삼 년 법당 공양을 한다면 명과 복이 이어질 듯합니다."

"이게 무슨 말일러냐! 양반의 집에 큰일이 났구나."

버무왕은 곰곰이 앉아 생각했다. 양반이고 뭐고 죽음과 삶이 맞서랴 하는 생각이 들었다. 중으로 보내더라도 목숨만은 살려 놓고 보자 했다.

아들 세 형제를 불러 놓고 우선 머리를 박박 깎았다. 장삼을 입히고 가사를 걸쳐 놓았다. 염주와 목탁을 쥐여서 마당에 내세우니 중의 모습이 완연했다. 버무왕은 아들을 떠나 내보려 하니 기가 막혔다. 어쩔 수가 없다. 급

히 명주와 비단을 꺼내어 아홉 필을 삼형제의 손에 쥐여
주었다. 목이 메어 말이 나오지 않아 손짓으로 가라고 했
다. 삼형제는 염주 같은 눈물을 흘리며,

"아버님, 어머님. 무슨 날에 우리 세 형제를 낳아서 명
과 복을 짧게 하셨습니까. 아버님, 안녕히 계십시오, 어
머님, 안녕히 계십시오."

부모 형제를 작별하고, 삼형제는 소사중을 따라 동개남
절로 올라갔다.

가는 날부터 삼형제는 목욕재계하고 불공을 드리기 시
작했다. 날이 지나고 달이 지나고 해가 지나갔다.

삼 년이란 세월이 흘러 불공을 끝맺는 날이 되었다. 법
당 안에서만 꼬박 삼 년을 보낸 삼형제는, 이제는 바람이
라도 좀 쐬어야겠다는 생각이 들었다. 삼형제는 들판으로
나갔다. 드높은 하늘 아래 단풍이 활짝 물들어 있었다.
삼형제는 단풍을 한참 즐겼다. 긴장이 풀린 탓일까. 이제
까지 까맣게 잊었던 부모님이 물밀듯이 생각났다. 생각에
생각이 꼬리를 물어, 삼형제는 어머님·아버님을 부르며
대성통곡하기 시작했다.

울고만 있으면 될 것인가. 삼형제는 대사님의 허락을
받아 부모님을 찾아가 뵙기로 의논했다.

대사님은 수월히 허락해 주었다. 그러나 집에 가는 도
중, 과양 땅을 지날 때 특히 조심해야 한다고 주의를 주
는 것이었다. 만일 조심하지 않고 가다가는 삼 년간의 법
당 공양이 허사가 될 우려가 있다는 것이다.

대사님이 내주는 명주와 비단 아홉 필을 짊어지고 삼형제는 절을 떠났다. 동경국으로 향하는 발걸음은 가벼웠다. 오랜만에 가는 고향 집, 삼형제는 부픈 가슴을 누르며 걸음을 재촉했다. 과양 땅이 눈앞에 보였다.

그런데 이상한 일이었다. 과양 땅에 들어서면서부터 삼형제는 갑자기 시장기가 일어나는 것이다. 앞으로 한 발짝, 뒤로 두 발짝…… 도저히 더 걸을 수가 없었다. 삼형제는 노변에 앉아 한참 울다가 의논을 했다. 등에 진 명주·비단을 어느 집에 갖다 주고, 식은밥이라도 얻어먹고 가는 것이 낫지 않겠느냐는 것이다. 시장기가 심하니 명주·비단이 아깝지 않았다. 길 건너 있는 기와집이 부잣집 같아서, 먼저 이 집에 들어가 보기로 했다. 이 집은 과양생의 집이었다.

큰형이 먼저 과양생의 집 먼 문간으로 들어서며 인사를 했다.

"소승 뵈옵니다."

과양생의 처는 이마에 팔을 얹고 누웠다가 와들랑이 일어나며,

"이 중 저 중 괘씸한 중이로구나. 양반의 집을 몰라 왔구나. 수별감(首別監:종의 우두머리)아, 수머슴아, 어서 나와서 이 중 귀 잡아 엎질러 마당에 놓고 멍석말이나 해라."

큰형이 욕을 보고 나왔다. 다음 둘째형이 들어가 멍석말이를 당하여 나오고, 마지막에 막내동생이 들어갔다. 과양생의 처는 이번엔 달라졌다.

"야, 이거 뭐가 되자는 일인가, 안 되자는 일인가? 연거푸 중이 셋씩이나 온다는 말이 무슨 말인가?"

이 말끝에 막내동생은 애원하듯 말을 했다.

"상전님아, 그리 마옵소서. 우리도 본래 중이 아니외다. 원명(原命)이 짧다 하여 동개남절에 가서 명과 복을 이어 오는 길에, 시장기가 한이 없어 식은밥이라도 얻어먹으려고 댁에 들렀습니다."

과양생의 처는 뭔가 예삿일은 아닌 성싶었다. 곧 부엌으로 가더니, 개 밥 주는 바가지에 식은밥에 물을 말아 내주었다. 삼형제는 부엌 문앞에 앉아 두세 술씩 나눠 먹으니, 눈이 배롱해지고 산도 넘고저라 물도 넘고저라 했다.

"남의 음식 공으로 먹어 목 걸리는 법이니, 명주·비단 아홉 자만 끊어서 식은밥 값으로 들여 두고 가기 어찌하겠느냐?"

큰형의 의견에 따라 아홉 자를 끊어 놓고 과양생의 처에게 가져갔다. 과양생의 처는 그것을 보고는 눈이 휘둥그래지면서 얼른 안으로 들어가더니, 청어울을 쓰고 공손히 걸어 나왔다.

"마음 좋고 뜻 좋은 도령님아, 어서어서 들어오소서. 사랑방도 좋아지니 아픈 다리나 쉬었다가 내일일랑 가옵소서."

후한 영접에 삼형제는 사랑방으로 들어갔다. 피로라도 풀고 가고 싶어졌던 것이다.

잠시 쉬노라니, 과양생의 처는 주안상을 차려 들고 들

어왔다. 통영칠반(統營漆盤)에 귀한 약주, 제육 안주를
먹음직하게 차려 놓았다.

"이 술 한잔 드옵소서. 한 잔을 먹으면 천 년을 살고 두
잔을 먹으면 만 년을 살고, 석 잔을 먹으면 구만 년을 사
옵니다."

명과 복이 이어진다는 말에 삼형제는 서너 잔씩 나눠
마셨다. 공복의 술이라, 술기가 금세 돌아 담뿍 취해 버
렸다. 동으로도 비실, 서로도 비실 쓰러져, 머리 간 데 발
가고 발 간 데 머리 가서 깊은 잠이 들어 버렸다.

과양생의 처는 이때를 놓칠세라, 얼른 광으로 달려가
삼 년 묵은 참기름을 꺼내 왔다. 청동 화롯불에 기름을
올려 놓고 오송오송 끓여다가, 왼쪽 귀로부터 오른쪽 귀
로 소로록 부어 넣었다. 삼형제는 구름 산에 얼음 녹듯,
'어머니' '아버지' 말도 못하고 죽어 버렸다.

"아니 보던 재물이여, 아니 보던 물건이여!"

과양생의 각시는 삼형제의 짐에서 명주·비단·은그릇·
놋그릇을 모두 풀어내어, 궤짝 문을 열어 놓고 절궁벌칵
들여놓았다.

그날밤, 이 밤 저 밤 새, 개·고양이 잠잘 때쯤 되니, 과
양생 부부는 시체를 처리하러 나섰다. 과양생은 양어깨에
다 하나씩 둘을 둘러메고, 처는 한 어깨에 하나를 둘러메
어 주천강 연못에 가 수장(水葬)을 해 버렸다.

쥐도 새도 몰랐다. 하루, 이틀……. 7일이 지나갔다.
과양생의 처는 그 후의 동정이나 살펴보려고 대바구니에

빨랫감을 주섬주섬 담아 놓고 연못에 가 보았다. 물은 아무 일도 없었다는 듯 여느때처럼 청청했다. 하나 다른 것이 있다면, 물 위에 고운 꽃 세 송이가 두둥실 떠 있는 것뿐이다. 과양생의 처는 꽃을 유심히 바라보았다. 앞에 오는 꽃은 벙실벙실 웃는 듯하고, 가운데 오는 꽃은 서럽게 우는 듯하다. 눈을 옮기니 맨 뒤에 오는 꽃은 팥죽같이 화를 내는 듯한 꽃이다. 꽃도 묘하게 고운 꽃이라 욕심이 났다. 과양생의 처는 빨래방망이를 꺼내 물을 앞으로 당겼다.

"이 꽃아 저 꽃아, 내 앞으로 어서 오라."

꽃이 물결에 흘늘거리며 앞으로 다가오자, 빨래 바구니에 오독똑 꺾어 놓아 집으로 가져왔다. 앞문에 하나 걸고, 뒷문에 하나 걸고, 또 하나는 대청 기둥에 걸어 놓았다. 여기 가나 저기 가나 골고루 구경하기 좋게 해 놓은 것이다.

그런데 꽃은 생긴 모양과는 달랐다. 앞문에 걸어 놓은 꽃은 과양생의 처가 마당으로 나갈 때마다 머리를 박박 매고, 뒷문에 걸어 놓은 꽃은 그녀가 장독대에 나갈 때마다 머리를 박박 맨다. 대청 기둥에 걸어 놓은 꽃은 과양생이 밥상을 받고 앉을 때마다 머리를 박박 매는 것이다.

"이 꽃 저 꽃, 곱기는 곱다마는 행실이 괘씸한 꽃이여."

과양생의 처는 화를 내며 꽃을 복복 비벼서 청동 화롯불에 넣어 버렸다. 구름 산에 얼음 녹듯 바스슥 타 버렸다.

조금 있더니, 뒷집의 청태국 마구할망이 불을 빌리러

왔다. 과양생의 처는 사랑방에 청동 화로를 헤쳐 보라고
했다. 청동 화로를 헤쳐 보니 불은 없고 삼색(三色) 구슬
이 세 개 오골오골 나오는 것이었다.

"과양생의 처야, 불은 없고 삼색 구슬만 있다."

"아이고, 그거 내 구슬이에요."

과양생의 처는 이런 횡재가 어디 있느냐는 듯 구슬을
빼앗았다. 구슬은 곱기도 고왔다. 번지르르한 장판에 놓
아 이리 굴리고 저리 굴리고 한참을 놀았다. 그게 재미가
떨어지자, 이번엔 구슬을 입에 물어 이리 도골 저리 도골
한참 굴리다 보니, 구슬이 목 아래로 소로록 내려가 버리
는 것이었다. 조금 서운했지만 아무 일도 없으려니 했다.

하루, 이틀……. 석 달이 지나가서, 과양생의 처는 몸
이 이상해져 갔다. 태기가 완연히 나타난 것이다. 만삭이
되었다. 하루는 과양생의 처가 방 네 귀를 팽팽 돌며 '아
야 배여, 아야 배여!' 야단이었다.

청태국 마구할망을 불러들였다. 마구할망은 과양생의
처 허리를 내리쓸어 보았다. 아이는 벌써 머리를 돌려 있
었다.

"한 맥을 써라."

한 번 맥(힘)을 쓰니 아들이 태어나고, 두 번 맥을 쓰
니 둘째아들이 태어나고, 세 번 맥을 쓰니 막내아들이 태
어난다. 하루에 아들이 셋씩이나 태어나다니 이런 일이
어디 있으랴. 과양생의 처는 하도 반갑고 기쁜 김에 관가
에다 서둘러 보고했다. 이만하면 두둑한 상급(賞給)이라

도 내리려니 해서였다. 관가에서는 하루 자식 셋씩 낳는 삼신은 개삼신이라 하여, 한 달에 겨 석 섬씩 환상(還上)을 내리는 것이었다.

과양생의 아들 삼형제는 자라면서 머리가 영특했다. 일곱 살이 되어 산천서당에 글공부를 보냈더니, 선생님이 '하늘 천' 하면 '따 지' 하며, 선생보다 한 걸음 앞서 나아가는 것이었다. 삼천 선비 가운데 이 삼형제를 따를 자가 없었다.

열다섯 나는 해에 삼천 선비와 더불어 과거를 보러 올라갔다. 삼천 선비는 모두 낙방하는데 삼형제는 당당히 장원급제했다. 높이 뜬 건 청일산(靑日傘), 낮추 뜬 건 흑일산, 어사화(御賜花)·비사화(妃賜花) 받아 들고, 삼만 관속(官屬)·육방하인(六房下人) 거느려 일월을 희롱하며 관덕정(觀德亭) 마당에 내려왔다. 사또에게 인사하고 남문 밖 동산을 치달아 집으로 향하였다.

이때 과양생의 처는 망측스럽게도 베치마를 입고 나서서 동헌(東軒) 마당 쪽을 바라보고 있었다. 동헌 마당에 과거기(科擧旗)가 둥둥 떠 있는 것이 보였다.

"아따, 어떤 놈의 집안은 산천이 좋아서 과거를 하고 오는가? 우리집 아들들은 어디 가서 남의 손등에나 죽었는가, 발등에나 죽었는가? 저기로 과거하고 오는 놈일랑 내 앞에서 모가지나 세 도막에 부러져 뒈어져라."

욕소리가 떨어지기 전에 '과거 기별입니다' 하고 길보(吉報)가 날아들었다.

"얼씨구 좋다, 절씨구 좋다. 설운 아기들 과거 띠워 오는데 아니 놀아 무엇하리. 일문전(一門前 : 門神)에 고사하고, 산에 가 염불하고, 칠일도문(到門) 잔치하기 어쩔러냐."

과양생의 부부가 춤을 덩실덩실 추노라니 아들 일행이 당도했다. 급히 문앞에 제상을 차려 놓아 삼형제더러 문신(門神)에게 배례하도록 하고, 부부는 대청 상좌에 앉아 지켜 보았다. 삼형제는 문제상(門祭床)을 향하여 한 번, 두 번, 세 번 절을 하곤 머리를 들지 아니한다. 과양생의 부부는 언제면, 과거하고 온 아들한테 과거 인사를 받을까 하고, 아무리 기다려 봐도 엎드린 삼형제는 머리를 들 줄 모르는 것이다.

'이게 어떤 일일런고?'

달려들어 큰아들 머리를 들어 보니 눈동자가 저승으로 돌아갔고, 둘째아들 머리를 들어 보니 입에 거품을 물고 있고, 막내아들 머리를 들어 보니 손톱 발톱에 검은 핏살이 서 있는 게 아닌가.

삼형제가 한날 한시에 태어나고, 한날 한시에 과거하고, 한날 한시에 죽고 보니 어처구니가 없었다.

"아이고 내 일이여, 아이고 내 일이여."

대성통곡하다가, 삼만관속·육방하인 다 돌려 보내고, 앞밭에 임시 장사를 지냈다. 아들 삼형제의 무덤 앞에 앉아 생각하니, 이런 억울한 일이 어디 있겠는가. 어디에다 신원(伸寃)을 해서라도 이 억울함은 꼭 풀어 놓고 말겠다는 생각이 들었다.

과양생의 처는 이튿날 아침부터 그 고을의 김치(金緻) 원님에게 소지(所志)를 올리기 시작했다. 아침이면 아침 소지, 낮이면 낮 소지, 저녁이면 저녁 소지, 하루 세 번의 소지를 날마다 올려 댔다. 석 달 열흘 백 일이 되어 가니, 소지가 아홉 상자 반이 넘어가는 것이다.

김치 원님은 딱해졌다. 세상에 이런 곤란한 사건은 처음 당하는 일이었다. 한날 한시에 태어나고, 한날 한시에 과거 급제하고, 한날 한시에 죽어 간, 그 원인을 어떻게 알아내고 풀어 줄 수 있단 말인가. 소지가 들어올 때마다 한숨만 쉬고 있는데, 어느 날 아침엔 과양생의 처가 동헌 마당에 나와 욕설을 퍼붓기 시작하는 것이었다.

"개 같은 김치 원아, 개 같은 김치 원아. 고을을 봉고파 직(封庫罷職)하고 어서 나가거라. 다른 원님 놓아서 우리 아들 죽은 소지 결처(決處)나 하겠다."

이렇게 욕을 해 가니, 김치 원 부인이 어떻게든 이 소지를 처리하는 방안을 강구해야겠다고 나섰다. 부인은 원님에게 제일 똑똑한 관장(官長)이 누구냐고 물었다. 관장 중에는 강님이 영걸이었다.

'열다섯 살에 사령방(使令房)에 입참(入參)하여, 열여덟 나던 해에 관장패(官長牌) 등에 지어, 문 안에 아홉 각시, 문 밖에도 아홉 각시, 이구 십팔 열여덟 각시를 해 오던 똑똑하고 영리한 강님이 되어진다.'

처를 열여덟씩이나 거느리고 있는 관장이면 영걸임에

틀림없다. 그만하면 자기가 생각하는 방안을 해 낼 수 있는 사람이라고 원님 처는 생각했다.

"그러거든, 내일 아침부터 급히 영을 내려 이레 동안만 이른 새벽에 소집을 해 보십시오. 어느 관장 하나가 떨어져도 떨어지는 날이 있을 것입니다. 그때엘랑 미참한 관장을 죽일 판으로 둘러가면서, 저승에 가서 염라대왕을 잡아올 테냐, 목숨을 바칠 테냐 하고 호통을 치면 될 수 있는 길이 있을 것입니다."

원님 부인의 의견은, 염라대왕을 잡아다가 대왕으로 하여금 이 사건을 판결하게 하자는 것이었다. 사람이 나고 죽고 하는 일은 인간인 원님이 알 수 없는 일이요, 염라대왕만이 판가름할 수 있는 일이라는 것이다.

그리고 강님은 부인을 열여덟씩이나 데리고 있으니 새벽 잠으로 해서 미참할 게 분명하고, 그를 몰아 대고 있으면 원체 영걸이니 염라대왕을 잡아올 수 있을 것이라는 것이다.

부인의 의견은 그럴싸했다. 김치 원님은 그날부터 열 관장에게 새벽 소집의 영을 내렸다. 첫날 새벽 동헌(東軒) 마당에는 열 관장이 빠짐없이 모여들었다. 이튿날도 틀림이 없고 사흘, 나흘, 닷새째 날도 틀림이 없었다. 엿새, 이레째 되는 마지막 날이 왔다. 동헌 마당에 모인 것을 보니 아니나다를까, 예상대로 강님이 불참하고 있는 것이었다.

강님은 이날 남문 밖에 열여덟째 미모의 기생호첩(妓生

好妾)에게 빠져 늦잠을 자고 있었다.

"강님이 궐(闕)이여!"

외치는 소리에 벌떡 깨고 보니 벌써 창문이 훤하게 밝아 있는 것이다.

강님이 동헌 마당에 달려갔을 때는 이미 형틀이 준비되고 곤장이 마련되어 있었다. 강님의 목에는 곧 큰칼이 씌워지고 죽일 판으로 둘러 가는 것이다.

"원님아, 원님아. 강님은 이미 죽을 목에 들었습니다마는 살아날 수는 없습니까?"

"그러면 저승에 가서 염라대왕을 잡아올 테냐, 이승에서 목숨을 바칠 테냐?"

원님의 호통 소리에 얼른 대답하는 것이,

"저승에 가서 염라대왕을 잡아오겠소이다."

이 말 한 마디에 큰칼이 벗겨지고 강님은 풀려났다. 그 대신 원님은 흰 종이에 검은 글을 써 내주며, 얼른 저승에 가서 염라대왕을 잡아오라는 호령이었다.

'이 일을 어찌하면 좋으리요?'

우선 목숨이 아까워 염라대왕을 잡아오겠다고 했지만 어떻게 염라대왕을 잡아온단 말인가. 눈앞이 캄캄해졌다. 어쩔 수 없이 사랑을 주던 열여덟 호첩들이나 찾아가 보기로 하였다. 첩마다 자초지종을 듣고는 휙휙 돌아서 버리는 것이었다. 아무도 살려 주겠다는 첩은 없었다.

강님은 남문 바깥 동산에 앉아 곰곰이 생각하니 큰부인 생각이 났다. 세 가닥 머리를 여섯 가닥으로 갈라 땋아,

시집 오고 장가 갈 때 한 번 본 후, 다시 돌아본 일이 없는 큰부인! 큰부인을 박대한 죄 때문이나 아닌가. 강님은 큰부인이나 찾아가 보기로 하였다.

큰부인 집에 들어가며 보니, 부인은 보리를 물 말아 놓고 방아를 찧고 있었다. 강님이 들어오는 걸 보자, 큰부인은 방아 노래에 인사말을 섞어 가며 노래를 불렀다.

"이어 방애, 이어 방애,

매정ᄒ고 매정훈 설운 낭군님아,

오늘은 저 올레(집의 출입로)에 먼 문도 열었습디까.

가시나무도 걷었습니까.

어떤 일로 오옵디까.

이어 방애, 이어 방애."

강님은 아무 말 없이 들어가 방문을 잠그고 이불을 덮어쓰고 누웠다. 큰부인은 생각하니 이제까지 얼굴 한 번 비치지 아니한 남편이 섭섭하긴 하지만, 그래도 내 집에 든 손님을 박대하여 보낼 수 있으랴 하고 밥상을 차려 들고 들어가 보려 했다. 방문이 단단히 잠겨 있었다. 아까 한 말에 노했나 싶었다.

"이 문 여세요, 이 문 여세요. 남아 대장부가 여자의 소철로 그만큼한 말에 노해서 문을 잡아 눕디까?"

아무리 사정해도 문을 열어 주지 않는 것이다. 할 수 없이 문을 뜯어 들어가 보니, 강님의 눈물은 한강수가 되어 있었다.

"이게 어떤 일입니까? 죽을 일이나 살 일이나 한 마디만 일러 주십시오."

강님은 그제야 자초지종을 이야기하고, 어떻게 염라대왕을 잡아올 수 있겠느냐 하며 다시 울음을 터뜨리는 것이었다.

"아이고 설운 낭군님아, 그만큼씩한 일을 놓고 탄식을 합니까? 그건 내 해결할 테니 염려 말고 진지나 드십시오."

그 말에 강님은 서른여덟 잇바디[齒列]를 허우덩싹 웃으면서 밥상을 받았다.

그날부터 강님의 큰부인은 나주(羅州) 영산(榮山)의 은옥미(銀玉米)를 꺼내어 방아에 놓아 얼음같이 찧어 놓고 가루를 빻았다. 강남(江南)에서 들여온 시루를 가져다 시루떡을 찌기 시작했다. 첫째 시루는 문전(門前 : 門神) 시루, 둘째 시루는 조왕(竈王 : 부엌을 맡았다는 신) 시루, 셋째 시루는 강님이 저승 가며 먹을 시루. 떡을 다 쪄 놓고 목욕재계하여 새옷을 갈아입었다. 부엌에 들어가 정결히 청소하고 시루떡을 올려 조왕님께 축원을 올리기 시작했다.

"강님의 저승 가는 길을 인도하여 주옵소서."

주야장천(晝夜長天) 축원을 올리는데 이레가 흘렀다. 이레째 되는 날 저녁, 부인은 몸이 피곤하여 저도 모르게 앉은 채 잠이 깜빡 들었다.

"강님의 큰부인아, 어찌 무정눈에 잠을 자겠느냐? 어서 바삐 머리를 들어 나가보아라. 새벽 닭이 자지반반 울게 된다. 강님이 행차 길이 바빴으니, 빨리 저승으로 내보내라."

조왕님의 말이었다. 벌떡 깨고 보니 꿈이었다. 큰부인
은 얼른 강님의 방으로 들어가

"남인(男人)님아, 어서 잠을 깨옵소서. 저승 행차 길이
당두하였습니다."

강님은 눈을 뜨며 대성통곡하기 시작하는 것이었다.

"이게 무슨 말일러냐? 저승을 어떻게 가며, 어디로 가
면 좋으랴!"

"염려 말고 일어나 은대야에 세수나 하옵소서."

세수를 끝내자 저승 의복을 입혔다. 남방사주(藍紡紗
紬) 바지에 백방사주(白紡紗紬) 저고리, 자지명주(紫芝
明紬) 통행경, 백릉(白綾) 버선 미투리에 백지로 들메를
메고, 한산(韓山) 모시 두루마기에 남수화주(藍水禾紬)
적쾌자(赤快子)에 운문대단(雲紋大緞) 안을 받치고, 산
소〔山牛〕 털 흑두전립(黑頭戰笠)에 허울거리는 상모(象
毛) 하며, 밀화패영(密花貝纓) 늘어뜨리고, 관장패(官長
牌)는 등에 지고, 앞에는 날랠 용(勇) 자, 뒤에는 임금
왕(王) 자, 홍사(紅絲)줄은 옆에 차고 적패지(赤牌旨)는
옷고름에 채워 문앞에 내세우니 저승 차림이 완연하다.

"남인님아, 동헌 마당에서 원님이 저승 가는 증거물이
나 주옵디까?"

강님이 내놓는 것을 보니, 흰 종이에 검은 글자를 쓴 것
이었다. 강님의 큰부인은 번개같이 동헌 마당에 달려가서,

"원님아, 한 번 실수는 병가(兵家)라 하지만, 저승으로
염라대왕을 잡으러 가는데 어찌 이런 글자가 되옵니까?

생인(生人)의 소지는 흰 종이에 검은 글이나, 저승 글이야 어찌 이리 되옵니까? 붉은 종이에 흰 글자를 써 주옵소서."

"옳다, 내 실수를 했구나."

붉은 종이에 흰 글자를 써 주니, 그때 낸 법으로 사람 죽어 명정(銘旌)을 쓸 때 붉은 바탕에 흰 글자를 쓰는 법이다.

강님이 저승 의복을 입고 보니, 부인이 어느새 이렇게 잘 차려 놓았는가 감탄이 앞섰다. 저승 글자를 받고 돌아온 부인에게 물었다.

"이 의복은 언제 이렇게 차렸느냐?"

"벌써 이런 일을 당할 줄 알고 지어 놓았습니다."

그때 낸 법으로 우리 인간 법도, 사람이 죽기 전에 미리 수의(壽衣)를 차려 놓는 법이다.

강님의 큰부인은 명주 전대(纏帶)를 남편 허리에 감아 주며,

"저승 초군문을 들어가기 전에 급한 대목이 닥치거든, 이 명주 전대를 풀어 헤쳐 보면 알 도리 있을 것입니다."

단단히 당부한다.

또 아무도 몰래 귀 없는 바늘 한 쌈을 강님의 장옷 앞섶에 솝솝히 찔러 놓았다.

"설운 낭군님아, 어서 가옵소서."

강님은 먼저 부모님께 작별 인사를 갔다. 아버님이 대성통곡하며,

"설운 아기 저승 가는데, 무엇으로 다리를 놓으리?"

아버님은 큰어른의 마음이라 망건을 벗어 줬다. 어머님께 인사 가니,

"설운 아기 저승 가는데 무엇으로 다리를 놓을고?"

어머님의 자식에 대한 마음은 밑을 감싸 주니 속옷을 벗어 주었다.

강님이 떠나려고 하니, 큰부인은 그래도 섭섭하여 버선·행전·대님·신발을 드렸다.

그때 낸 법으로 우리 인간은 부부가 되어 열 아이를 낳으며 살아도 하나의 보람이 없는 부부간의 법이 되었다. 강님이 저승 갈 때에 신발이나 버선이나 새것을 신을 때는 좋았지만, 갔다 와서 벗어 던져 버리면 다시 돌아보지 않을 것이 아닌가. 이에서 이러한 부부간의 법이 마련된 것이다.

강님은 떠나면서 사령방(使令房)에 들러 인사하고 저승길로 향했다.

강님의 큰부인은 남문(南門) 밖 동산까지 눈물로 전송하고, 집으로 돌아와 먼 문을 들어서려 하니, 때마침 지나가는 바람에 옷 앞섶이 가로삭산 헤쳐지는 것이었다.

'설운 남인님과 서로 이별하니, 옷 앞섶이 가로삭산 헤쳐지는구나. 옷 앞섶을 여미자.'

그날부터 진실한 마음을 먹고 절개를 지켜 나갔다.

강님이 남문 밖의 동산에 올라서니, 어느 것이 저승으로 가는 길인지 알 수가 없었다. 할 수 없이 주저앉아 한

참을 울었다. 우는 것도 한정이 있어 먹먹해 앉았다가 무심코 앞을 보니 어떤 할머니가 보였다. 불 붙던 행주치마를 입고 꼬부랑 막대기를 짚고서 강님의 앞을 허울허울 걸어가는 것이었다.

'남자 대장부 행차 길에 여자가 지나가다니. 여자라 하는 것은 꿈에만 보여도 사물(邪物)인데 어찌 내 앞을 지나가는가? 저 할머니를 따라가서 길 옆으로나 비켜서도록 해야겠다.'

이렇게 생각하고 강님은 그 할머니를 따라갔다. 쉽게 따라 넘을 수가 없었다. 두 주먹을 불끈 쥐고 걸음에 힘을 내면, 할머니도 또한 그만큼 걸음이 빨라지는 것이다. 얼마를 걸어봐도 거리는 그만큼이었다. 강님은 지쳤다. 이젠 할 수 없이 점심이나 먹고 가려고 생각하며 쉬려고 하니, 할머니도 긴 한숨을 쉬며 길가에 앉는 것이었다.

'저 할머니가 필연코 생인은 아니로구나.'

이렇게 생각하고, 강님은 할머니 앞으로 가서 너붓이 절을 했다.

"어찌 젊은 도령이 늙은 사람에게 절을 합니까?"

"할머님, 그게 무슨 말씀입니까? 우리집에도 늙은 부모 조상이 있습니다."

"어디로 가는 도령입니까?"

"저는 저승 염라대왕을 잡으러 가는 길입니다."

"아이고, 멀고먼 길 가는데 점심이나 노나 먹기 어쩝니까?"

할머니가 점심을 내놓고 강님도 점심을 내놓았다. 둘이
똑같은 시루떡 점심이었다. 강님은 이상한 생각이 들었다.

"할머님, 어떤 일로 내 점심과 할머님 점심이 한솜씨
한맛이 되옵니까?"

그제야 할머니가 화를 벌컥 내면서,

"이놈아 저놈아, 나를 모르겠느냐? 네 하는 일은 괘씸
하나 네 큰부인의 정성이 기특하여 네 저승 길을 인도하
러 왔노라. 강님아, 나는 네 큰부인 집 조왕할멈이노라."

강님은 황송하여 머리를 숙였다. 할머니는 다시 말을
이었다.

"강님아, 요기로 요리 가다가 보아라. 일흔여덟 갈림길
이 있을 것이다. 거기에 앉아 있으면 어떤 노인이 올 것
이니, 그 노인에게 아까처럼 인사를 드리면 알 도리가 있
을 것이다."

"고맙습니다."

인사하고, 고개를 들어보니 할머니는 간 데 온 데가 없
었다.

강님은 조왕할머니가 가르쳐 준 대로 한없이 걸어갔다.
길은 멀고 험했다. 드디어 일흔여덟 갈림길이 나타났다.
강님은 어느 길로 가야 할지 몰라 주저앉아 울고 있었다.

얼마 안 되어 백발이 성성한 할아버지가 걸어왔다. 강
님은 벌떡 일어나서 할아버지에게 공손히 절을 했다.

"어떤 일로 젊은 도령이 늙은이에게 절을 합니까?"

"할아버님 그런 말씀 마옵소서. 저의 집에도 늙은 부모

조상이 있습니다."

"어디로 가는 도령이 되옵니까?"

"저는 저승 염라대왕을 잡으러 가옵니다."

"멀고먼 길 가는데 점심이나 노나 먹기 어쩝니까?"

강님이 점심을 내놓고 할아버지도 점심을 내놓았다. 둘 다 시루떡 점심에 한솜씨였다.

"어떤 일로 할아버지 점심하고 내 점심하고 한솜씨 한 맛이 되옵니까?"

"이놈아, 저놈아, 나를 모르겠느냐? 네 하는 일은 괘씸 하나 네 큰부인 정성이 기특하여 저승 길 인도하러 왔노 라. 나는 네 큰부인 집 일문전(一門前 : 앞문의 神)이 되 노라."

그때 낸 법으로 집안에 궂은 일이 있을 때, 문전(門神) 과 조왕에게 축원하면 궂은 일이 면해지는 법이다.

할아버지는 말을 이었다.

"강님아, 이게 일흔여덟 갈림길이다. 이 길을 다 알아 야만 저승에 가는 법이란다. 이 길을 하나씩 셀 테니 알 아보아라."

일문전이 일흔여덟 갈림길을 차례차례 세어 가기 시작 했다.

"천지혼합시(天地混合時) 들어간 길, 천지개벽시(天地 開闢時) 들어간 길, 인황도읍시(人皇都邑時) 들어간 길, 천지천황(天地天皇) 들어간 길, 천지지황(天地地皇) 들 어간 길, 천지인황(天地人皇) 들어간 길, 산배포(山排布)

들어간 길, 물배포 들어간 길, 원(員)배포 들어간 길, 신
(臣)배포 들어간 길, 왕배포 들어간 길, 국(國)배포 들어
간 길, 제청 도읍시(祭廳都邑時) 들어간 길, 산신대왕(山
神大王) 들어간 길, 산신백관(山神百官) 들어간 길, 대사
용궁(大使龍宮) 들어간 길, 서산대사(西山大師) 들어간
길, 사명당(四溟堂)도 들어간 길, 육관대사(六觀大師) 들
어간 길, 인간불도(人間佛道) 할마님 들어간 길, 혼합천
ᄌ(混合天子) 들어간 길, 날궁전〔日宮前〕 들어간 길, 달
궁전〔月宮前〕 들어간 길, 천제석궁(天帝釋宮) 들어간 길,
시님초공 들어간 길, 이궁서천(二宮西天) 들어간 길, 삼
궁(三宮)주년국 들어간 길, 원왕감사(元王監司) 들어간
길, 원왕도사(元王都事) 들어간 길, 시왕감사(十王監司)
들어간 길, 시왕도사(十王都事) 들어간 길, 진병사(鎭兵
使) 들어간 길, 원병사(員兵使) 들어간 길, 전일월(前日
月) 전병사(前兵使) 들어간 길, 신일월(新日月) 신병사
(新兵使) 들어간 길, 짐추염라태산왕(金緻閻羅泰山王)
들어간 길, 버물지어 사천왕(四天王) 들어간 길, 제초일
(第初一)에 진광왕(秦廣王) 들어간 길, 제이(第二) 초강
왕(初江王) 들어간 길, 제삼(第三) 송제왕(宋帝王) 들어
간 길, 제사(第四) 오관왕(五官王)들어간 길, 제오(第五)
염라왕(閻羅王) 들어간 길, 제육(第六) 변성왕(變成王)
들어간 길, 제칠(第七) 태산왕(泰山王) 들어간 길, 제팔
(第八) 평등왕(平等王) 들어간 길, 제구(第九) 도시왕
(都市王) 들어간 길, 제십(第十) 십전왕(十轉王) 들어간

길, 십일(十一) 지장왕(地藏王) 들어간 길, 십이(十二)
생불왕(生佛王) 들어간 길, 십삼(十三) 좌두왕(左頭王)
들어간 길, 십사(十四) 우두왕(右頭王) 들어간 길, 십오
(十五) 동자판관(童子判官) 들어간 길, 십육(十六) 사자
(使者) 들어간 길, 천황차사(天皇差使) 월직사자(月直使
者) 들어간 길, 지황차사(地皇差使) 일직사자(日直使者)
들어간 길, 인황차사(人皇差使) 어금부도사나장(御禁府
都事羅將) 들어간 길, 옥황금부도사(玉皇禁府都事) 들어
간 길, 저승 이원사자 들어간 길, 물로 용왕국(龍王國)
대방황수 들어간 길, 단물〔淡水〕 용궁차사(龍宮差使) 들
어간 길, 나무에 결항차사(結項差使) 들어간 길, 물에 엄
사차사(渰死差使) 들어간 길, 대로(大路) 객사차사(客死
差使) 들어간 길, 비명차사(非命差使) 들어간 길, 노불법
노차사 들어간 길, 명도명관(冥道冥官) 삼차사(三差使)
들어간 길, 화덕차사(火德差使) 들어간 길, 신금차사 들
어간 길, 발금차사 들어간 길, 모람차사 들어간 길, 적차
사(赤差使) 들어간 길."

　일문전신(一門前神)은 길을 일일이 가리키며 다 세어
놓고는 하나 남은 길을 손으로 가리켰다.

　"이 길이 바로 네가 들어갈 길이다."

　길을 보니 좁기가 말할 수 없어 개미 왼쪽 뿔 한 조각
만큼한 길이었다. 게다가 험하기가 이를 데 없어 어틀비
틀하고, 딸기 덩굴·가시 덤불이 뒤얽힌데다가 돌멩이가
깔려 있는 험로인 것이다.

"강님아, 이 길을 허위뜯어 가다 보면, 길토래비(길을 보수하는 사람)가 석 자 두께 다섯 자 너비의 길을 닦다가, 시장기에 몰려서 양지 바른 데 앉아 졸고 있을 게다. 가까이 가서 네 전대에 있는 떡을 그 길토래비 앞에 놓아라. 그러면 익은 음식이라, 배고픈 김에 떡을 삼세번 끊어 먹을 것이다. 그리 하고 있으면 알 도리 있으리라."

강님이 머리를 소꼭하고 인사하여 보니 일문전신은 간 데 온 데 없어졌다.

강님은 팔을 걷어붙이고 그 험한 길로 헤쳐 들어갔다. 한참을 가다 보니 아닌게아니라 길토래비가 길가에 앉아 소닥소닥 졸고 있었다. 전대에서 떡을 꺼내어 길토래비 앞에 놓아 주었다. 길토래비는 떡을 보자, 시장한 김에 허겁지겁 삼세번을 끊어 먹는다. 그제야 눈이 배롱하여 산도 넘고저라, 물도 넘고저라 하는 성싶었다. 정신이 나서인지 주위를 두리번거리다가, 뒤에 서 있는 강님을 보자 와들랑이 일어나는 것이었다.

"어딧 관장(官長)이 되옵니까?"

"나는 이승 김치 원님을 모시고 있는 강님이가 됩니다."

"아이고, 팔자 궂은 동관(同官)이로구나. 이승 동관님아 어딜 가는 길입니까?"

길토래비는 저승의 차사(差使) 이원사자였다.

"나는 저승 염라대왕을 잡으러 가옵니다."

"아이고, 이승 동관님아, 이게 무슨 말입니까? 저승을 어떻게 갈 수 있습니까? 검은 머리가 백발이 되도록 걸어 보십시오, 저승을 가지는가. 못 가는 법입니다."

"저승 동관님아, 저승길을 좀 인도하여 주옵소서."

강님은 몇 번이고 애원했다.

이원사자가 가만히 생각해 보니, 남의 음식 공으로 먹어 목 걸리는 법이라, 도와 주어야 하겠다는 생각이 들었다.

"이승 동관님아, 내 말대로 해서 저승에 가 보십시오. 적삼을 가졌습니까?"

"예, 있습니다."

"그러면 삼혼(三魂)을 불러들이거든 혼정으로나 저승 초군문에 가 보십시오. 모레 사·오시(巳午時)면 염라대왕이 아랫녘의 자부장자 집에 외딸 아기 신병 들어 전새남(굿)을 하는 데 내려올 것입니다. 초군문에 적패지(赤牌旨) 붙였다가, 염라대왕의 행차가 지나가게 되거든 세 번·네번째 가마까지랑 내버리고, 다섯번째 가마를 놓치지 마십시오. 이 가마에 염라대왕이 탔으니 잘해서 잡아 보십시오."

이원사자는 의외로 친절하게 자상한 설명을 해 주었다. 그리고 저승 초군문에 이르는 길 이야기로 말을 이었다.

"이승 동관님아, 저승 초군문 가기 전에 행기못이 있습니다. 못가에 보면 이승에서 비명(非命)에 죽은 사람들이, 저승에도 못 가고 이승에도 못 와서 울고 있을 것입니다. 동관님이 못가에 이르면 그 사람들이 '나도 데리고 가 주십시오' '나도 데리고 가 주십시오' 하며, 동관님 쾌자 앞자락을 잡고 놓지 않을 것입니다. 그러거든 전대의

떡을 자잘하게 부수어서 동서로 뿌리고 보면 저승 초군문
에 붙어질 것입니다. 동관님아, 저승에 갔다 올 본매(證
物)나 가졌습니까?"

"아이고, 못 가졌습니다."

"이거 무슨 말입니까? 저승 본매가 없으면 저승을 가도
돌아올 수가 없습니다."

"아이고, 내 일이여!"

강님은 손뼉을 딱 치고 탄식하다가 생각해 보니, 큰부
인과 작별하고 나올 때 '저승 초군문 가기 전에 급한 대목
을 당하거든, 명주 전대를 풀어 보면 알 도리가 있오리다'
고 한 말이 생각났다. 이것도 급한 대목이로구나 해서 명
주 전대를 풀어 보았다. 동심결(同心結)·운삽(雲翣)·불
삽(黻翣)이 나왔다.

이원사자는 '바로 그것이 저승 본매입니다'고 하는 것이
다.

그때 낸 법으로 사람이 죽으면 동심결·운삽·불삽을 만
들어 매장하게 된 것이다.

이원사자는 저승 가는 길을 다 가르쳐 준 후에 강님의
적삼을 들어 혼을 불러 주었다.

"강님이 혼 보오, 강님이 혼 보오."

삼혼(三魂)을 불러 주니, 강님의 삼혼은 저승의 포도리
청·호안성을 지나 행기못가에 순식간에 이르렀다. 못가에
는 이원사자의 말대로 저승에도 못 가고 이승에도 못 온
영혼들이 들끓고 있었다. 강님이 가까이 가자 영혼들은

우르르 몰려들었다.

"오라버님, 날 데려가 주세요."

"형님, 날 데려가 주십시오."

"조카야, 동생아. 나도 데려가거라, 나도 데려가거라."

사방에서 옷자락을 잡아 끄는 것이었다. 강님은 전대의 떡을 꺼내 자잘하게 끊어서 동서로 뿌렸다. 모여든 군중은 배고픈 김에 떡을 주워 먹으려고 옷자락을 놓고 흩어졌다. 강님은 눈을 질끈 감고 행기못 속으로 텀벙 뛰어들었다. 정신을 차려 보니 저승 연추문(延秋門)에 닿아 있었다.

강님은 안도의 숨을 내쉬었다. 그렇게 멀고도 어려운 저승에 드디어 도착한 것이다. 이젠 저승 안에까지 들어갈 필요는 없다. 여기서 염라대왕의 행차가 나올 때까지 기다리고 있으면 되는 것이다.

강님은 적패지(赤牌旨)를 풀어 내어 연추문에 떡 붙여 두고, 갓·망건을 벗어 연추문 기둥에 걸어 놓고 팔을 베고 누웠다. 한잠 늘어지게 잘 잤다.

모레 사·오시가 가까워 왔다. 강님은 이제 차차 준비를 해야 하겠구나 생각하던 차에, 연추문 안에서 천지가 요동하는 듯한 소리가 들려왔다. 강님은 벌떡 정신을 차리고 일어났다. 영기(令旗)를 선두로 갖가지 기가 하늘을 가리고, 삼만관속(三萬官屬)·육방하인(六房下人) 들이 와라치라 호통을 지르며, 어마어마한 행차가 연추문 쪽으로 다가오는 것이 아닌가.

'옳다. 드디어 염라대왕 행차가 당도하는구나.'

강님은 단단히 마음을 잡고 기다렸다. 첫번째 가마가 지나갔다. 두번째, 세번째 가마가 지나갔다. 네번째 가마가 지나가고 다섯번째 가마가 오더니, 멈칫 서면서 호통을 지르는 것이었다.

"기동통인(妓童通引)아, 어서 저기를 봐라. 연추문에 붙은 적패지가 어떤 적패지냐?"

이원사자가 말을 하되,

"이승 강님이 저승 염라대왕을 잡으러 와서 붙인 적패지입니다."

염라대왕의 호통 소리는 더 높아졌다.

"어떤 놈이 나를 잡겠느냐!"

강님은 '이때다!' 생각하는 순간, 봉황새 같은 눈을 부릅뜨고 삼각 수염을 거스르고, 구리쇠 같은 팔뚝을 걷어붙이고 우뢰같이 소리를 지르며 달려들었다. 한 번을 펄쩍 뛰며 몇 놈을 메다 치니, 삼만관속이 간 데 온 데 없고, 두 번을 펄쩍 뛰며 메다 치니 육방하인이 간 데 온 데 없었다. 세번째 펄쩍 뛰며 가마채를 힘껏 잡아 흔들어대며 가마 문을 열어젖혀보니, 염라대왕이 두 주먹을 불끈 쥐고 앉아 벌벌 떨고 있는 것이다. 강님의 호통 소리가 또 한 번 울리더니, 염라대왕의 손목엔 수갑이 채워지고, 발엔 차꼬가 끼워지고, 몸에는 밧줄이 감겼다. 강님의 억센 발길이 염라대왕의 잔등이에 떨어졌다. 실로 순간의 일이었다.

"강님아, 강님아, 밧줄을 조금만 늦추어 달라. 인정(人
情:신에게 올리는 財貨) 많이 걸어 주마."

염라대왕의 사정 소리에 밧줄을 조금 늦추어 주고 '인
정'을 많이 받았다.

그때에 낸 법으로, 우리 인간도 죽어 갈 때엔 이 차사
가 앞장을 서서 이 밧줄로 결박하여 데려가는 것이다.

염라대왕은 한숨을 돌려 쉬고 고분고분 사정을 해 왔다.

"강님아, 화를 내지 말고 나하고 같이 아랫녘 자부장자 집
에 가서, 전새남(굿)을 받아 먹고 이승에 가기 어쩔러냐?"

"그럽시다."

강님은 염라대왕과 같이 건드러지게 내려갔다. 자부장
자 집 먼 문 밖에 이르러 보니 과연 굿이 시작되고 있었
다. 심방(무당)이 홍포관디(紅布冠帶)를 차리고 신들을
청해 들인다. 가만히 기다리다 보니, 다른 모든 신들은
오십사고 다 청하는데, 강님더러는 오십사고 청하지 아니
하는 것이었다. 강님은 괘씸하게 생각하여 심방을 잡아
묶어 엎질러 놓았다. 심방이 갑자기 새파랗게 죽어 가는
것이다.

외딸아기를 살리려고 하는 굿에 심방이 먼저 죽어 가니
굿은 엉망이 되어 갔다. 이것을 본 소무(小巫)가 대령상
(待令床:신을 청해 들이는 제상)을 앞에 내놓았다. 소무
는 똑똑하고 영리하여 강님을 청하지 않은 때문임을 안
것이다.

"살아 있는 차사(差使)도 차사입니다. 우리 인간 강님

차사도 저승에 가서 염라대왕과 같이 내려오는 듯합니다. 강님차사도 오십시오."

이렇게 청해 들이니, 심방이 파릇파릇 살아났다. 강님이 묶었던 밧줄을 풀어 준 것이다.

그때 낸 법으로, 시왕맞이(굿 이름) 때는 시왕(十王)의 제상 밑에 사자상(使者床)을 놓고 큰 시루떡을 쪄 올리는 것이다.

강님은 권하는 대로 술을 한두 잔 하다 보니 술이 흠뻑 취해 버렸다. 만사가 태평이 되어 사자상 밑에 쓰러졌다. 얼마나 잤을까. 눈을 뜨고 보니 염라대왕이 온 데 간 데 없이 사라져 버린 것이 아닌가.

강님은 겁이 덜컥 나서 문 바깥으로 내달아 보니, 저만큼에서 조왕할머님이 손을 치고 있었다. 조왕할머님의 고마움에 머리가 수그러졌다.

"강님아, 염라대왕은 새 몸으로 변신하여 큰 대(큰 굿을 할 때 높이 세워 놓는 대) 꼭대기에 앉았으니, 큰 톱으로 대를 끊으면 알 도리 있으리라."

할머님의 말을 듣고 큰 대를 바라보니, 과연 새가 한 마리 앉아 있었다. 강님이 달려들어 큰 대를 끊으려 하니, 염라대왕은 퍼뜩 내려오면서 강님의 팔목을 잡는 것이었다.

"강님의 눈은 속일 수 없구나. 시왕맞이가 거의 끝나게 되었으니, 네가 먼저 이승에 가 있으면 모레 사·오시에 틀림없이 동헌 마당으로 내려가마."

"그러면 도장을 찍어 주십시오."

염라대왕은 강님의 적삼에 저승 글자 셋을 써 주었다. 강님은 그것을 받아들고 내려오려고 생각해 보니, 어떻게 이승으로 가야 하는지 알 수가 없었다.

"염라대왕님아, 올 때는 내 마음대로 왔으나 갈 때는 내 마음대로 갈 수가 없습니다. 길 인도를 해 주옵소서."

염라대왕은 흰 강아지 한 마리를 내어 주고 돌래떡(쌀로 만든 동그란 떡) 셋을 겨드랑이에 품게 해주며 하는 말이,

"이 떡을 조금씩 끊어 강아지를 달래면서 뒤를 따라가고 있으면 알 도리 있으리라."

강님은 강아지를 앞세워 뒤를 따랐다. 강아지가 싫증난 것같이 보일 때마다 겨드랑이의 떡을 조금씩 끊어 주며 한참을 따라갔다. 행기못이 보였다. 앞장서서 가던 강아지는 행기못가에 이르자 달려들어 강님의 목덜미를 물고 행기못으로 풍덩 빠지는 것이었다. 강님은 정신이 아찔했다. 마치 꿈을 꾸다가 깨듯이 눈을 번쩍 뜨고 보니, 강님은 바로 이승길에 와 있었다.

그때 낸 법으로, 사람이 죽으면 겨드랑이에 떡을 품어 주고 묻는 것이다. 그리고 강님이 이승으로 돌아올 때 흰 강아지가 목덜미를 물었기 때문에, 여자에게는 없으나 남자는 목덜미에 뼈가 튀어나와 있다.

강님이 이승에 내렸을 때는 캄캄한 밤이었다. 이승임엔 틀림없는데, 여기가 어느 지경인지 알 수가 없었다. 강님

은 정신을 차리고 사방을 자세히 살펴보았다. 북쪽으로 희미한 불빛이 하나 보였다. 사람이 사는 집이 있는 것임에 틀림없었다.

강님은 불빛을 향해 어두운 길을 더듬더듬 찾아갔다. 어떤 집에서 비치는 불빛이었다. 오늘밤은 저 집에서 새고 가기로 하자 생각하고 문앞까지 왔다. 마침 그때 집 안에서 한 여인이 나오더니,

"설운 낭군님, 살아 계시거든 하루바삐 돌아오고, 죽었거든 기일 제사 많이 받아 가옵소서."

음식물을 뿌리고 문을 잠그고 들어가는 것이었다. 지척을 분간키 어려운 밤이라 어떤 여인인지는 모르되, 남편의 제사를 지내고 걸명(제사를 끝낸 후에 음식물을 바깥에 뿌리는 일)을 하고 있는 것임을 곧 알 수 있었다. 강님은 얼른 뒤따라 다가서며 말했다.

"지나가는 사람인데, 하룻밤만 머물러 가게 해 주십시오."

"오늘밤은 우리 집에 손님 재울 수 없습니다."

"어떤 일이 되옵니까?"

"우리 집 낭군님이 강님이 되는데, 저승 가서 삼년상 첫 제사가 됩니다."

"내가 강님이노라."

큰부인임에 틀림없다. 저승으로 갈 때, 그렇게 정성껏 하여 보내 준 큰부인이 삼년상을 치르고 첫 제사를 했다니 우선 감격이 앞섰다. 문을 열며 들어가려 해도 부인은

믿어 주지 아니했다.

"우리 낭군님이 살아 올 리가 없습니다. 뒷집의 김서방이거든 내일 아침 오십시오. 제사음식 많이 대접하리다."

뒷집의 김서방은 무슨 일 때문인가, 무슨 곡절이 있는 것이로구나 생각하며,

"아니, 내가 바로 강님이노라."

다시 문을 두들겼다.

"그러거든, 먼 문구멍으로 장옷 앞섶 한 자락만 내놓아 보십시오. 알 도리 있으리다."

장옷 앞섶 한 자락을 문 구멍으로 내미니, 큰부인이 장옷 앞섶을 만져 보는 것이다. 강님이 저승 갈 때 증거로 삼으려고 귀 없는 바늘 한 쌈을 꽂아 둔 것이 삭아서 바스락 부러지는 것이었다.

"아이고, 설운 낭군님이 분명하구나."

먼 문 열고 두 손 잡아 방안으로 들어갔다. 강님은 어떻게 된 일인지 알 수 없었다.

"제사를 지냈다니, 대체 어떻게 된 일이냐?"

"설운 낭군님 저승 가서 삼년상 첫 제사가 됩니다."

"나는 저승 가서 사흘을 살았는데 이승은 삼 년이 되었구나."

이래서 저승 하루가 이승 일 년이 되는 법이다.

부부가 마주 앉아 만단정화를 나누며 첫 제사는 아주 큰 잔치로 음복을 했다.

날이 밝자 강님은 부모님께 인사를 갔다.

"아버님아, 제가 없으니 어떤 생각이 나옵디까?"

"설운 아기 없어지니 마디마디 생각나더라."

"설운 아버님 돌아가시면, 여섯 마디의 왕대로 상장(喪杖)대 마련하여 대 마디마다 마디마디 아버님 생각하고, 아버님의 자식에 대한 마음, 모든 것을 풀어 너그러이 해 주시니, 옷자락 밑을 풀어 놓은 상복을 입어 연(連) 삼 년 공을 갚아 드리리다."

"어머님은 제가 없으니 어떤 생각이 납디까?"

"설운 아기 없으니 먹먹하여지더라. 저 길을 걷다가도 자주자주 생각나더라."

"어머님은 돌아가시면, 동으로 뻗은 머구나무로 상장대를 만들어서 먹먹하게 생각하고, 머구나무 가시마다 자주자주 생각하고, 어머님의 자식에 대한 마음, 밑을 감추어 주시니, 밑을 감친 상복을 입어서 어머님 공 갚아 드리리다."

강님은 다음에 형제간 친족들에게 인사를 갔다.

"설운 형님들은 제가 없으니 어떤 생각이 납디까?"

"설운 형제간 없어지니, 열두 달까지 생각나다가, 열 두 달이 넘어가니 차차 잊혀지더구나."

형제간은 '옷 위의 바람'이라 해서 열두 달 소기(小忌)까지 복 입게 마련했다.

"먼 친족, 가까운 친족들은 어찌 생각되옵디까?"

"설운 친족 없어지니 큰일(大事) 때만 생각납디다."

이래서 친족이 죽으면 고적(의무적으로 떡을 부조하는 것)을 하는 법이 시작되었다.

"문 안에, 문 밖에 열여덟 호첩(好妾)들은 내 없으니 어찌 생각되더냐?"

"저 길을 걷다가도 미끈하게 생긴 놈만 보이면 언뜩언뜩 생각납디다."

"이년 저년들 쓸데없는 년이로구나."

모두 살림 갈라 동으로 서로 보내어 두고,

"큰부인은 내 없으니 어떤 생각 나더냐?"

"설운 남인(男人) 없어지니, 초하루·보름 삭망(朔望)만 넘겨서 남의 말 듣고 가자고 했는데, 인간 정의를 생각하는 게 열두 달 소기까지 앉았습니다. 소기만 남겨 남의 말 듣고 가려 했지만, 정의를 생각하여 스물녁 달 대기(大忌)까지 앉았습니다. 대기 넘어 남의 말 듣고 가려 했는데, 첫 제사까지 앉고 보니 설운 남인님이 오셨습니다."

큰부인은 수절하여 앉았으니, 이로부터 열녀법(烈女法)이 마련되고, 이승에서 예문예장(禮文禮狀)만 드리면 저승에 가서 남매가 되는 법이 되었다.

그날 밤 강님은 오랜만에 큰부인하고 사랑을 풀어 누웠다.

이튿날 아침, 뒷집의 김서방이 강님의 큰부인 집에 찾아왔다. 지금까지 핑계핑계하며 삼년상 첫 제사만 넘으면 개가하겠다고 미루어 왔으니, 오늘은 꼭 허락을 받고야 말겠다 하여 온 것이다. 김서방은 문을 들어서다 흠칫 놀랐다. 난간 기둥에 갓이 걸려지고 관디가 매달려 있는 것이다.

김서방은 얼른 원님 앞에 달려갔다.

"강님은 저승에 가서 염라대왕을 잡아오겠다고 해 놓고, 낮에는 병풍 뒤에 숨어 살고, 밤이면 병풍 밖에 나와 부부 살림합니다."

강님은 곧 원님 앞에 끌려갔다. 원님은 노발대발하고 호통을 쳤다.

"어느 것이 염라대왕이냐?"

"삼척해동(三尺孩童) 등을 보라 했으니, 등을 보옵소서 뭐라 하였는지?"

등을 보니, 모레 사·오시면 염라대왕이 온다고 씌어 있었다.

"모레 사·오시에 염라대왕이 올 때까지 강님을 하옥시켜 가두어 놓아 두어라."

강님은 하옥되었다.

그날이 다가왔다. 사·오시가 가까워 가니, 쾌청하게 맑은 하늘에 시커먼 구름이 동서쪽에서부터 일기 시작하더니 순식간에 하늘을 덮었다. 그러고는 오색 무지개가 갑자기 동헌 마당에 걸리더니, 좁은 목에 벼락치듯 천지가 진동하는 소리와 함께 염라대왕의 행차가 동헌 마당에 들어서는 것이었다.

무시무시한 순간이었다. 동헌에 있던 관원들이 어디 갔는지 모른다. 김치(金緻) 원님도 도망할 길을 못 찾아 동헌의 공주(控柱) 기둥 뒤에 가 숨어 버렸다.

염라대왕은 사방을 둘러봐도 아무도 없으니 옥 안을 둘러봤다. 강님 혼자 앉아 있으므로 옥 밖에 내놓았다.

"원님은 어디 갔느냐?"

"모르겠습니다."

"이 집은 누가 지었느냐?"

"강태공(姜太公)이 지었습니다."

"강태공을 불러들여라."

강태공이 곧 염라대왕 앞에 불려왔다.

"이 집 지을 때 기둥을 몇 개 세웠느냐? 네 솜씨 아니든 기둥일랑 대톱으로 끊어 올려라."

"예, 공주 기둥이 제 솜씨 아니 든 기둥입니다."

강태공이 톱을 갖다 댔다. 선혈(鮮血)이 불끗 나더니, 원님이 두 주먹을 불끈 쥐고 발발 떨면서 댓돌 아래로 내려섰다.

염라대왕의 고성이 떨어졌다.

"어떤 일로 나를 청하였느냐?"

원님이 대답을 못하고 벌벌 떨고만 있으니, 강님이 나서서 말을 하되,

"염라대왕님아, 어찌 그리 후욕(詬辱)을 하십니까? 저승 왕도 왕이고 이승 왕도 왕인데, 왕과 왕끼리 못 청할 바 있으오리까?"

그 말을 듣고 염라대왕은 어성을 낮추었다.

"강님이 똑똑하고 역력하다(영리하다). 이승 왕님아, 어떤 일로 나를 청하였습니까?"

그제야 원님이 정신을 차리고 사실을 이야기했다.

"다름이 아니오라, 과양 땅에 사는 과양생이 아들 삼형

제를 한날 한시에 낳고, 그 아들이 한날 한시에 과거하고, 또 한날 한시에 죽은 소지(所志)를 결처(決處)하고자 염라대왕을 청하였사옵니다."

"나도 저승에서 그런 줄 알고 왔소이다. 과양생의 부부간을 동헌 마당으로 데려오십시오."

과양생의 부부간을 동헌 마당에 불러다 놓으니,

"너는 아들을 어디 매장하였느냐?"

"앞밭에 묻었습니다."

"음, 그러면 누구의 도움도 받지 말고, 너희 부부 손으로 파 보아라."

파고 보니 무덤 속에는 아무것도 없고 칠성판(七星板)만 있었다.

"어느 것이 너희 아들 삼형제냐?"

과양생의 부부는 말문이 막혀 버렸다.

염라대왕은 곧 연화못으로 갔다. 금부채를 내놓고 연화못 물을 세 번 때리니, 못물이 순식간에 말라 들어갔다. 밑바닥에는 버무왕 아들 삼형제의 뼈가 살그랑하게 남아 있었다. 염라대왕은 뼈들을 차례차례 모아 놓고 금부채로 세 번 때렸다.

"아이고, 봄잠이라 너무 잤습니다."

삼형제가 와들랑이 일어나는 것이었다.

염라대왕은 과양생의 부부를 불러들였다.

"이것이 너희 아들 삼형제냐?"

"예, 우리 아들 삼형제와 똑 같습니다."

이 광경을 본 버무왕 아들 삼형제는 활 받아라, 칼 받아라 하며 과양생 부부를 죽일 판으로 설친다. 염라대왕은 이를 만류했다.

"원수는 내 갚아 주마. 어서 부모님을 찾아가거라."

삼형제를 보내 놓고, 염라대왕은 소 아홉 마리를 끌어오도록 했다. 과양생의 부부의 팔다리 아홉에 각각 소 한 마리씩을 묶게 하고, 목자(牧者)를 시켜 사방으로 몰았다. 육체가 아홉 조각으로 찢어져 나갔다. 찢어지다 남은 것은 방아에 넣어 독독 빻아서 바람에 날려 버리니, 각다귀·모기가 되어 날아갔다. 과양생의 부부는 살아 있을 때도 남의 피만 빨아먹으려고 하더니, 죽어서도 모기가 되어 피를 빨아먹으려고 달겨드는 것이다.

김치 원님은 사건을 처리하는 것을 지켜보며 '과연!' 하고 머리를 끄덕이고 있었다. 염라대왕은 처형을 끝내고 김치 원님에게 다가왔다.

"김치 원님아, 김치 원님아, 강님을 조금만 빌리십시다. 저승에 데려가서 일 시키다가 보내 드리겠습니다."

강님이 워낙 똑똑하니 욕심이 나서 하는 말이었다. 김치 원님은 두말 없이 거절했다.

"그러거든 우리 반 조각씩만 노나 가지기 어떻습니까?"

"어서 그걸랑 그리 하십시오."

"그럼 육신을 갖겠소이까, 정혼(精魂)을 갖겠소이까?"

"그야 육신을 가지고말고요."

어리석은 김치 원님은 육체를 가지고 있어야 일을 시킬

수 있다고 생각한 것이다.

염라대왕은 강님의 삼혼(三魂)을 뽑아 가져 저승으로 가 버렸다. 순간 강님은 동헌 마당을 걸어가다가 우두커니 서는 것이었다.

김치 원님은 마음이 흐뭇했다. 염라대왕까지 데려다가 그 어려운 사건을 처결했으니, 자신이 생각해도 대단히 통쾌한 일이다. 기쁜 김에 술상을 받고 앉아서 몇 잔을 마시고는 강님을 불렀다.

"강님아, 이 술 한잔 받아 먹고 저승 갔다 온 얘기나 해라."

위로를 해 주려고 술잔을 권하는데, 강님은 우두커니 선 채로 대답도 아니하는 것이다.

"저놈 봐라. 염라대왕 잡아왔노라고 큰 체해서 말대답도 아니한다."

옆에 있는 막대기를 들어 툭 건드렸더니 강님은 픽 자빠지는 것이었다. 가만히 보니, 강님은 입에 거품을 물고 죽어 가고 있었다.

강님의 큰부인이 달려들었다.

"원님아, 우리 낭군 무엇이 잘못한 일이 있습디까?"

너무나 억울한 김에 원님을 마구 쥐어 뜯다 보니 원님도 죽어 갔다.

그래서 사람 죽이는 데 대살법(代殺法)이 생긴 것이다.

강님의 큰부인은 섭섭하기 이를 데 없었다. 염습(殮襲)·성복(成服)·일포제(日哺祭)·동관(動官)을 해도 섭섭한

마음 그지없어, 역군을 모아다가 상여를 메게 하고 '어기
넝창' 상여 소리를 불러 봐도 섭섭하기 여전했다. 좋은 땅
에 감장(勘葬)하고, 초우(初虞)·재우(再虞)·삼우제(三虞
祭) 지내고, 초하루·보름 삭망제를 지내어도 섭섭했다.
그래서 소기(小忌)·대기(大忌) 지내어도 섭섭함이 남아,
일 년에 한두 번 잊어버리지나 않으려고 삼명정(三名節)·
기일 제사법을 마련했다.

　한편 강님은 저승에 가서 염라대왕의 사자(使者)로서
일을 하게 되었다.

　하루는 염라대왕의 분부를 받았다. 이승에 가서 여자는
칠십, 남자는 팔십이 되거든 차례차례 저승으로 오도록
전갈을 하라는 것이다. 강님은 분부대로 적패지(赤牌旨)
를 등에 지고 이승으로 향했다. 길이 하도 먼지라 몇 번
이고 쉬어야 했다.

　반쯤은 왔을까. 강님이 길가에 앉아 다리를 뻗고 쉬노
라니, 까마귀가 한 마리 '까옥까옥' 하며 날아왔다.

　"형님아, 그 적패지 내 날개에 끼워 넣으십시오. 이승
에 가서 붙여 두고 오리외다."

　그러지 않아도 다리가 아픈데, 대신 가지고 가서 붙여
준다니 얼마나 좋은 일인가.

　강님은 적패지를 까마귀 날개에 끼워 넣었다.

　까마귀는 이승으로 향해 파딱파딱 날았다. 오다 보니
마침 말 죽은 밭에서 말을 잡는 것이 보였다. 저기 들러
서 말피나 한 점 얻어먹고 갈까 생각하고 까마귀는 나뭇

가지에 앉았다. 한참 기다리고 있어 보아도 작업이 쉽게 끝나지 않는다. 까마귀는 기다리기에 지쳐서 '까옥까옥' 울었다.

때마침 말을 잡던 백정은 말발굽을 끊어서 휙 던졌다. 까마귀는 저를 맞히려는가 겁이 나서 퍼뜩 날았다. 벌린 날개에서 그만 적패지가 도록히 떨어져 버리는 것이다. 그때 마침 담 구멍에 있던 뱀이 그 적패지를 받아 옴찍 삼키고 들어가 버렸다.

그래서 뱀은 죽는 법이 없어 아홉 번 죽었다가도 열 번 다시 살아나는 법이다.

까마귀는 적패지를 찾아봐도 찾을 수가 없었다. 방금 떨어뜨린 적패지가 순식간에 사라지다니 이상한 일이 아닌가.

옆에 보니 솔개가 한 마리 앉아 있다. 요놈이 훔친 게 틀림없다고 까마귀는 생각했다.

"내 적패지 달라, 까옥."

"아니 보았노라. 삥고로록"

까마귀와 솔개는 한참 다투었다. 그래서 까마귀와 솔개는 지금까지도 만나면 서로 견원지간(犬猿之間)이 되어 다투는 법이다.

까마귀는 한참 다투어 봐도 소용이 없었다. 이젠 아무렇게라도 전갈하고 오는 수밖에 없다고 생각해서, 무턱대고 이승에 날아와 되는대로 외쳐댔다.

"아이 갈 데 어른 가십시오, 까옥.

　　어른 갈 데 아이 가십시오, 까옥.

　　부모 갈 데 자식 가십시오, 까옥.

　　자식 갈 데 부모 가십시오, 까옥.

　　자손 갈 데 조상 가십시오, 까옥.

　　조상 갈 데 자손 가십시오, 까옥.”

　이래 버렸기 때문에 순서 없이 누구나 죽어 가게 된 것이다.

　까마귀가 궂게 울면 좋지 않은 법이다. 아침에 우는 까마귀는 아이 죽을 까마귀, 낮에 우는 까마귀는 젊은 사람 죽을 까마귀, 오후에 우는 까마귀는 노인 죽을 까마귀, 지붕 용마루에서 우는 까마귀는 상인(上人) 죽을 까마귀, 중간 지붕에서 우는 까마귀는 중인 죽을 까마귀, 처마에서 우는 까마귀는 하인 죽을 까마귀, 여러 마리가 같이 우는 까마귀는 싸움이 날 까마귀, 동쪽으로 앉아 우는 까마귀는 양식 없는 집에 손님이 올 까마귀, 서쪽으로 앉아 우는 까마귀는 소문 기별 올 까마귀, 초저녁에 우는 까마귀는 화재 날 까마귀, 밤중에 우는 까마귀는 역적·살인 날 까마귀다.

　까마귀가 되는대로 전달하는 바람에 사람들은 어른·아이 할 것 없이 자꾸 죽어갔다. 며칠 새에 저승 초군문이 가득하게 몰려드는 것이다. 저승 재판관은 판결을 하다가, 남녀노소가 마구 몰려드니 어리둥절했다.

　재판관은 강님을 불러들여 문초하는 것이다.

　“어째서 차례차례 오라고 했는데, 아이·어른 할 것 없이 다 몰려왔느냐?"

강님은 대답할 길이 없어 까마귀를 불러다 문초했다. 까마귀는 말 죽은 밭에 들렀다가 적패지를 잃어버렸다고 말하는 것이다. 강님은 화가 나서 까마귀를 보릿대 형틀에 묶어 놓고 밀대 곤장으로 아랫도리를 후려갈겼다. 그랬기 때문에 까마귀는 바로 걷지 못하고 아장아장 걷는 것이다.

그때, 염라대왕은 정명(定命)이 다 되어도 동방삭(東方朔)을 잡아오지 못하여 곤경에 빠져 있었다.

하루는 강님을 불러들였다.

"동방삭을 잡고자 해서 아이 차사를 보내면 어른이 되고, 어른 차사를 보내면 아이가 되어도 잡아오지를 못하니 어쩐 일일까? 네가 가서 동방삭을 잡아온다면 한 달을 놀려 주마."

"어서 그리 하십시오."

염라대왕의 분부를 받고 강님은 묘책을 생각했다. 곧 이승으로 내려와서 숯을 몇 말 얻어왔다. 가장 사람의 왕래가 많은 길가 시냇물에 숯을 담그고 바드득바드득 씻기 시작했다. 며칠간을 계속 씻고 있었더니, 어떤 건장한 사내가 지나다가 보고 묻는 것이었다.

"너 어째서 숯을 앉아 씻느냐?"

"그런 게 아니라, 검은 숯을 백 일만 씻으면 백탄(白炭)이 되어, 백 가지 약이 된다 하길래 씻습니다."

"이놈아 저놈아. 동방삭이 삼천 년을 살아도 그런 말

듣기가 처음이다."

'옳지, 요놈이로구나!' 하며 강님은 날쌔게 달려들어 밧줄로 묶어 놓았다.

"어떤 차사가 와도 나를 잡는 차사는 없더라마는, 삼천 년을 살다 보니 강님이 손에 잡히는구나. 어서 저승으로 가자."

동방삭은 체념하고 순순히 따랐다. 염라대왕에게 잡아다 바쳤더니, 대왕은 크게 칭찬하고 분부를 내리는 것이었다.

"강님이 똑똑하고 역력하니(영리하니), 사람 잡아오는 인간차사로 들어서라."

그로부터 강님은 사람 잡아가는 인간차사가 되었다.

(제주시 용담동 박수 안사인 구연에서)

㈜

이 신화는 큰굿 시왕맞이의 한 제차(祭次)인 '차사 본풀이' 때 부른다. 이 제차는 강님 차사에게 죽은 조상의 영혼을 고이 인도하여 저승의 좋은 곳으로 가게 해 달라고 비는 것이다. 이때 이 신화를 창(唱)하고 차사에게 축원한다. 따라서 '차사 본풀이'는 제차명(祭次名)임과 동시에 신화명(神話名)이 된다.

심방〔巫〕은 창할 때 시종 앉아서 장고를 치며 부른다.

8 사만이(멩감 본풀이)

옛날옛적 주년국 땅에 소사만이가 살았었다.

집안이 가난한 터에 세 살 적에 어머니를 여의고, 다섯 살 적에 아버지를 여의어 의지할 곳이 없었다. 할 수 없이 집집마다 돌아다니며 문전걸식(門前乞食)하며 자라났다.

비록 거지 생활을 하여도 사만이는 행실이 얌전하여 동네 사람들의 칭찬을 받았다. 열다섯 살이 되니, 동네 어른들이 의논하여 돈을 조금씩 모으고 장가를 보내 주어 새 살림을 마련할 수 있었다.

사만이 부인은 바느질 솜씨가 좋았다. 이집 저집 돌아다니며 바느질 품팔이를 하여 푼푼이 모은 것으로 부부는 끼니를 이어 나갔다. 세월이 지나가자 자식도 하나 둘 생겨났다. 자식이 늘어나자 살림은 힘에 겨웠다. 하루는 부인이 가위를 내어 치렁치렁한 머리를 잘라 놓고 남편을 불렀다.

"남인(男人)님아, 남인님아, 이렇게 놀아서 어떻게 사옵니까? 이 머리나 장에 가지고 가서 돈 석 냥(兩)만 받고 그 돈으로 아기들 먹여 살릴 쌀이나 사오십시오."

"어서 그리 하자."

사만이는 부인의 머리를 팔아 돈 석 냥을 쥐고 보니 이만저만 큰 돈이 아니었다. 집을 살까, 밭을 살까 하면서 장판을 돌아다니다 보니, 웬 사람들이 웅성웅성 모인 곳이 있었다.

'이건 무언가?'

목을 늘여 바라보니, 부지깽이같이 길쭉한 것을 팔고 있었다. 처음 보는 물건이었다.

"이건 뭡니까?"

"조총(鳥銃)입니다. 이것만 가지면 먹고 입고 할 수가 있습니다."

"얼마나 받습니까?"

"많이도 말고 돈 석 냥만 내십시오."

사만이는 돈 석 냥을 주어 조총을 사 들고 돌아왔다.

부인은 '언제면 남편이 쌀을 사와서 아이들 밥을 해 줄까' 하고 눈이 빠지게 기다리는데, 남편은 부지깽이 같은 이상한 것을 사 들고 들어오는 것이다.

"그게 쌀입니까? 설운 남인님아."

"모른 말 말아라. 이것만 가지면 먹고 살아갈 도리가 있다고 하더라."

그날부터 사만이는 총을 메고 사냥을 나섰다. 깊은 산중으로 올라가 높은 언덕 낮은 구렁, 곳곳마다 헤매어도 노루 한 마리 걸리지 않았다. 허허 빈손으로 돌아오는 수밖에 별 도리가 없었다.

"설운 남인님아, 어느 게 노루 사슴입니까? 어떻게 이 불쌍한 아기들을 먹여 살리렵니까?"

"가만 있어 봐라. 가죽도 한 더미, 고기도 한 더미, 더미로 쌓을 때가 있을 거다."

부인의 성화가 대단했으나 그때그때 잘 메워 넘겼다.

오늘이나 잡힐까, 내일이나 잡힐까 하며 사만이는 매일같이 산중을 헤맸다.

어느 날이었다. 짐승은 한 마리도 잡지 못하고 황혼이

지는 산길을 걸어 집으로 향하고 있었다. 우연히 왼쪽 발이 툭 채였다. '엇처!' 다시 발걸음을 옮겨 놓으려 하니 또 왼쪽 발이 툭 채인다. 세 번을 거듭 왼쪽 발이 채이는 것이었다.

'엇처, 왼발을 차면 재수가 좋다는데, 여기 무엇이 있는가 보다.'

그는 막대기로 주위의 풀섶을 여기저기 두들겨 봤다. 쨍그렁 하고 이상한 소리가 났다.

'야, 이게 무슨 소린가?'

풀섶을 헤쳐 보니 백 년 해골이 뒹굴고 있는 것이 아닌가. 깜짝 놀랐다.

"아이고, 추하고 더럽다."

그는 못 본 체하여 지나가려고 발걸음을 옮기니, 이상하게도 다시 왼쪽 발이 툭 채였다.

'야, 이상하다. 무슨 곡절이 있는 게다.'

사만이는 한참 서서 생각에 잠겼다. 이 백 년 해골이 예사 것은 아닌 성싶다. 이렇게 왼발이 연달아 채일 수가 있는가. 이 해골이 우리 집안을 지켜줄 조상인지도 모르겠다. 아니, 그렇지 않으면 여기에서 하필이면 세 번씩이나 발에 채일 리가 있는가.

사만이는 백 년 해골을 곱게 모셔서 집으로 돌아왔다. 동네 사람이 눈치 채지 않게 고방(庫房)의 큰 독 속에 모셔 조상님이라 하여 위했다. 집안에 제사·명절이나 대사가 있을 때마다, 맨 먼저 음식을 차려 올려 흠향하기를 빌곤 했다.

그러면서 사만이는 재수가 대통하기 시작했다. 사냥을 나가기만 하면 노루며 사슴이 뭇으로 잡히는 것이다. 가죽도 더미로, 살코기도 더미로 마당이 가득하게 쌓아올려 놓았다. 동네 마소를 빌려다 매일같이 장판으로 실어 날라 팔았다.

사만이는 삽시에 부자가 되어 갔다.

몇 년이 흘렀다. 어느 날 사만이가 곤히 잠이 들었는데, 비몽사몽간에 백발 노인 한 사람이 고방으로 나오는 것이 보였다. 모셔 놓은 백 년 해골 조상이 현몽한 것이었다.

백발 노인은 나오면서 사만이 부부를 부르는 것이었다.

"애야, 사만이 부부야, 어찌 그렇게 무심히 잠을 자느냐? 사만이 정명(定命)이 서른셋, 만기가 되어 저승 염라대왕한테서 너를 잡으러 삼 차사가 내릴 듯하다. 사만이야, 어서 바삐 일어나 전조단발(剪爪斷髮)하고, 요 위쪽 삼거리에 가서 정성을 드려라. 내일 모레 밤이면 삼 차사가 내려온다. 삼거리 길에 족자 병풍을 두르고 비자나무 겹상에다 맑은 음식을 단정히 차려 향촉(香燭)을 돋우고, 네 성명 석 자를 써서 제상 밑에 붙여 놓아라. 그래서 너는 백 보 바깥에 엎드리어 조용히 기다리되, 누가 와서 불러도 얼른 대답을 말다가, 세번째 부르거든 머리를 들어 대답을 하여라."

사만이에게 분부한 후, 이어서 그의 부인에게 분부하는

것이었다.

"사만이 부인일랑 날이 새거든 심방〔巫〕을 청해다가 바깥으로 염랫대(閻羅竿)를 세우고, 저승의 염라대왕을 청해서 시왕맞이굿을 하되, 염라대왕에게 관디(冠帶) 세 벌, 띠 세 개, 신발 세 켤레와 그리고 큰 주석(朱錫) 동이에 좋은 쌀을 담아 가득 올리고, 또 황소 사만삼 필을 대령하여 액을 막고 있으면 알 도리가 있으리라."

벌떡 깨고 보니 꿈이었다. '이게 어떤 일인가?' 사만이 부부는 심방을 청해다 마당에 염랫대를 세우고 시왕맞이굿을 시작했다.

한편 날이 저물자, 사만이는 삼거리 길로 나가 조용한 곳에 족자 병풍을 둘러치고, 비자나무 겹상에다 말발굽 같은 흰 시루떡에 계란 안주·청감주…….. 갖가지 음식을 단정히 차려 놓았다. 백발 노인 조상님의 분부대로 '사만이' 이름 석 자를 써 제상 밑에 놓아 두고 백 보 바깥에 가 조용히 엎드리고 있었다.

초경이 지나고 이경이 넘어 삼경이 박두하니, 아닌게아니라 염라대왕의 분부를 받은 삼 차사가 내려섰다. 사만이는 엎드린 채로 귀를 주어 동정을 살폈다.

삼거리로 가까이 다가오며 차사들이 말을 나누는 것이었다.

"야, 이상하게도 시장기가 한이 없네."

"역시 그렇구먼."

"어디서 좋은 향 냄새가 그윽하네."

"저기 불이 켜져 있구먼. 저기를 가 보는 게 어떨까?"

세 차사는 가까이 오더니, 음식상을 발견하고 청감주며 계란 안주며 닥치는 대로 먹기 시작했다. 시장기에 몰려 앞뒤를 생각할 여유가 없었던 것이다.

"야, 이젠 산이라도 넘고 물이라도 넘겠구나."

배가 부른 차사들은 그제야 정신이 나서 제상 밑을 보는 것이었다. '사만이'라는 이름이 써 붙여 있는 것이 아닌가.

"야, 이거 큰일 났구나."

"무슨 일이 있소?"

"이거 보오. 여기 사만이 이름이 씌어 있소."

세 차사는 주저앉아 걱정을 하기 시작했다.

"야, 이거. 남의 음식 공짜로 먹어 목 걸리는 법인데, 이 일을 어찌하면 좋을까?"

"그리 말고 우리, 사만이 이름을 한 번씩 불러 보는 게 어떨까?"

"어서 그리 하자."

천황차사가 '사만이야!' 불렀다. 대답이 없다. 지황차사가 '소사만이야!' 하고 불러도 대답이 없었다. 인황차사가 '소사만이야!' 하고 이름을 불렀더니, 백 보 바깥에서 '예' 하며 얼굴을 드는 것을 보니 사만이가 틀림없었다.

세 차사는 다시 앉아 의논하기 시작했다. 남의 음식을 공짜로 먹어 목 걸리는 법인데, 이렇게 먹어 놓고 사만이를 잡아갈 수도 없는 노릇이다. 나중엔 어떻게 되든 우선 사만이의 집에나 가 보자고 의논이 돌았다.

사만이를 앞세워 집에 가 보았다. 염랫대를 세워놓고 시왕맞이를 하는데, 그 차림새가 정성이 지극할 뿐 아니라, 관디 세 벌, 띠 세 벌, 신발 세 켤레에 황소 사만 세 필까지 대령하여 액을 막고 있는 것이었다.

'자, 이러고 보니 더욱 잡아갈 수 없겠구나.'

'에라, 모르겠다' 하는 심정으로 세 차사는 권유하는 음식을 받아 먹고, 쌀동이며 황소며 주는 대로 받아 놓았다. 먼길을 오느라 신발도 떨어지고 관디도 떨어진 판이라, 신발도 새것으로 갈아 신고 관디도 새것으로 갈아입었다. 띠도 새것으로 갈아 띠고 보니 기분이 싹 하니 상쾌해졌다.

후한 대접을 받은 세 차사는 사후 대책을 의논했다. 묘안이 떠올랐다. 이제 저승으로 돌아가서 동자판관실(童子判官室)의 장적(帳籍)에 사만이의 정명을 고쳐 버리자는 의견이었다.

세 차사는 사만이를 잡지 않고 그대로 돌아갔다.

세 차사는 염라대왕 이하 동자판관이 시왕맞이굿을 받으러 인간세계로 내려가 버린 틈을 타서 저승으로 들어갔다. 아무도 몰래 동자판관실의 장적을 펴놓았다. 장적에는 말할 것도 없이 사만이의 정명이 삼십이라 씌어져 있다.

차사들은 일만 개의 벼루에다 일천 장의 먹을 갈아 붓 한 자루를 꺼내어 적셨다. 장적의 삼십의 열 십(十) 자 위에다 눈을 딱 감고 한 획을 싹 비껴 그어 버렸다. 십

(十) 자는 천(千) 자가 되고 사만이의 정명은 삼천 년이 된 것이다.

"자, 이만하면 어찌하리."

장적을 턱 들여놓고 세 차사는 나왔다.

얼마 있더니, 염라대왕 이하 동자판관이 들어와 세 차사를 불렀다.

"어째서 사만이를 아니 잡아왔느냐?"

"염라대왕님아, 동자판관에게 물어 보옵소서. 사만이는 정명이 아닌데 어찌 잡아들이라 했소이까? 사만이는 삼십이 정명이 아니라 삼천 년인 줄 아옵니다."

"뭐? 이게 어쩐 말이냐?"

동자판관이 장적을 싹싹 걷어 놓더니,

"하, 이거 오착이 되었소이다. 삼십 년인 줄 알았는데, 십 (十) 자 위에 한 획이 비껴 그어져 있는 것을 몰랐소이다."

염라대왕에게 죄송한 듯이 아뢰었다.

이렇게 하여 주년국 땅 소사만이가 삼 차사에게 액을 막아 삼천 년을 산 법이 있다.

(제주시 용담동 박수 안사인 구연(口演)에서)

㊟

이 신화는 큰굿의 시왕맞이 때, 또는 신년가제(新年家祭)인 '멩감' 때 등의 액막이 순서에서 부른다. 집안에 사람이 죽어갈 액을 막는 데에, 옛날 소사만이도 삼 차사에게 액을 막아 삼십 년의 정명을 삼천 년이나 산 일이 있다고 노래하고, 이 옛법 곧 신화를 근거 삼아 액을 막으니 들어 주십사고 비는 것이다.

9 자청비(세경 본풀이)

세경의 할아버지는 천황제석(天皇帝釋)이고, 세경의 할머니는 지황제석(地皇帝釋)이며, 세경의 아버지는 김진 국대감, 어머니는 자지국부인이다. 상세경(자청비의 남 편)은 문도령이고, 중세경은 자청비이며 하세경(종)은 정 이으신정수남이다.

옛날옛적, 김진국대감님과 자지국부인님이 부부가 되어 살았다. 가재(家財)와 전답이 많고 비복들이 갖추어져 부 러울 것이 없는 살림이었다.

그런데 부부는 삼십, 사십, 오십이 가까워 가도 슬하에 혈육이 하나도 없었다. 이것이 걱정이어서 부부는 매일 허허탄식하며 나날을 보내고 있었다.

어느 날, 김진국대감은 하도 심심해져서 삼거리 길로 나갔다. 팽나무 그늘에 앉아서 바둑을 두고 있으니, 어디 선가 자지러진 웃음소리가 들려왔다. 어디 이렇게 기쁜 일이 있는 집안도 있는가 해서, 김진국대감은 그 웃음 소 리를 따라가 보았다. 웃음소리는 나무 돌쩌귀에 거적문을 단 움막에서 나고 있었다.

김진국대감은 문틈으로 집안을 엿보았다. 거지 부부가 아이를 하나 놓고 앙천 대웃음을 웃고 있는 것이 아닌가.

"돈을 하면 무엇하리, 밭을 하면 무엇하리. 천하 거부 로 살아도 자식 없는 게 원통하다."

김진국대감은 집으로 돌아와 문을 잠그고 누웠다. 부인

은 은당병에 참실을 묶어 이리저리 굴려 보았다. 웃음이
하나도 나오지 아니하였다. 부부는 마주 앉아 웃음 대신
울음을 터뜨리고 말았다.

이때, 동개남 은중절의 소사(小師 : 上佐)가 시주를 받
으러 먼 문으로 들어섰다.

"소승 뵈옵니다."

느진덕정하님(여종)이 나와 말을 하되,

"어느 절 대사(大師)입니까?"

"어느 절 대사라 할 게 있오리까? 동개남 은중절 대사
님은 부처님을 지키시고, 소사가 되옵니다."

"어째서 여기를 오셨습니까?"

"헌 당(堂)도 떨어지고 헌 절도 떨어져, 시주를 받아다
가 헌 당도 수리하고 헌 절도 수리하여, 명이 짧은 인간
명도 주고, 복이 없는 자손 복도 주려고 내려왔습니다."

"어서 가까이 들어와 받아 가십시오."

시르르시르르 쌀을 받고 중이 댓돌 아래로 내려서려 하
니, 김진국 대감이 중을 불렀다.

"소사야 게 있거라. 너는 남의 쌀을 공으로 먹고 가겠
느냐? 오행팔괘(五行八卦) 사주(四柱) 책을 가졌느냐?
우리 부부간이 오십이 근당해도 남녀간에 자식 하나 없으
니 사주나 가려 보아라. 자식이 있겠는지……."

소사중은 사주 책을 내놓고 한 장 두 장 걷어 보다가
공손히 아뢰었다.

"대감님아, 대감님아. 우리 절간이 영급(영검)이 좋으

니, 송낙지도 구만 장, 가사지도 구만 장, 상백미(上白米)도 일천 석, 중백미·하백미도 일천 석 백 근이 차게 차리고 와서, 석 달 열흘 백 일까지 불공을 드리면 남녀 간에 자식이 있을 듯합니다."

김진국대감은 송낙지·가사지·상백미·중백미를 차리고 동개남 은중절로 올라갔다. 아침엔 아침 불공, 낮엔 낮 불공, 저녁엔 저녁 불공……. 하루 세 차례의 불공이 계속되었다.

석달 열흘이 지났다. 백 일이 되는 날, 대사님은 부처님께 바치는 시주를 법당에서 달아올리도록 했다. 대추나무 저울로 달아 보니, 한 근이 모자라 아흔아홉 근밖에 안 되었다.

"대감님아, 대감님아. 백 근이 찼으면 남자자식이 태어날 듯한데, 백 근이 못 차서 여자자식을 점지합니다. 어서 돌아가서 합궁일(合宮日)을 받아 천상배필을 맺으십시오."

김진국대감은 집으로 돌아와 합궁일을 고르고 천생배필을 맺었다. 그 달부터 태기 있어 여자아이가 태어났다. 비록 계집아이긴 하나, 앞이마엔 해님이요, 뒷이마엔 달님이요, 두 어깨엔 금샛별이 송송히 박인 듯한 귀여운 아이였다. 자청하여 낳은 자식이니 이름은 '자청비'라 지었다.

세월이 흘러 열다섯 살이 되었다. 어느 날 자청비는 상다락에 앉아 공단을 짜다가 문득 느진덕정하님의 손에 눈이 갔다. 손이 새하얗게 곱다.

"넌 어째서 손이 그렇게 고우냐?"

"원, 상전님도. 한 일은 알고 두 일은 모르는구나. 주천 강 연못에 가 항상 빨래를 해가니 손이 곱습니다."

"그럼 나도 빨래를 같이 가자."

한두 살 때 입던 옷부터 대바구니에 주워 담고, 박씨 같은 발걸음을 아장거리며 빨래를 갔다.

이때, 하늘 옥황 문곡성(文曲星)의 아들 문왕성(文王星) 문도령이, 아랫녘의 거무선생에게 글공부를 하러 내려오고 있었다. 주천강 연못에 와서 문도령은 빨래하는 아름다운 아기씨를 발견하였다. 그대로 발길을 돌릴 수 없었다.

"아기씨, 길 가는 사람이온데 물 좀 얻어 먹을 수 없는지요?"

자청비는 부끄러워하며 바가지에 물을 뜨고, 버드나무 잎을 훑어 놓아 드렸다.

"하하, 아기씨, 어찌 얼굴과 속이 같지 못합니까? 맑은 물에 티를 섞다니……."

"도령님아, 한 일은 알고 두 일은 모른 도령이로구나. 급한 길을 가시는 것 같아 일부러 천천히 마시도록 넣었습니다. 목이 마를 때 너무 급히 물을 마시다가는 물에 얹히는 날엔 약도 없답니다."

문도령은 감탄하며 발을 옮기려고 머뭇거렸다.

"그런데……."

자청비는 말을 이었다.

"도령님은 어딜 가시는 길입니까?"

"예, 아랫녘 거무선생께 글공부 가는 길입니다."

"도령님아, 우리 오라비동생도 마침 거무선생께 글공부 가려는 참인데, 같이 벗하여 가기 어쩝니까?"

"거 좋겠군요."

자청비는 급히 빨래를 거두어 담았다. 문도령을 데리고 집 앞에까지 가서 잠시 기다리면 동생을 보내겠다 하고, 아버지 방으로 달려갔다.

"아버님아, 아버님아. 저도 삼천 선비와 같이 글공부 가겠습니다."

"계집년 글공부가 다 무엇이냐?"

"아버님아, 늘그막에 딸자식 하나 얻고, 내일이라도 아버님이 세상을 떠나시게 되면, 기일 제사 때 축(祝)·지방(紙榜)은 누가 쓸 겁니까? 제가 공부하여 쓰렵니다."

"그것도 그렇구나, 어서 글공부 가거라."

아버님의 허락 받고 어머님 방으로 들어갔다.

"어머님아, 저도 삼천 선비하고 글공부 가렵니다."

"계집년이 글공부가 다 무어냐?"

"어머님아, 여자 자식도 글공부 해 두면 기일 제사 때에 축·지방은 쓸 거 아닙니까?"

"그것도 옳구나, 어서 가거라."

자청비는 여방(女房)으로 달려가 여자 의복 벗어 두고, 남방(男房)으로 달려가 남자 의복을 갈아입었다. 한 아름 가득 책을 안고, 한 줌 가득 붓을 쥐고 부모님을 작별하여 횡하니 내달았다.

문도령은 먼 문 밖에서 기다리고 있었다.

"처음 뵈옵니다."

자청비의 남동생인 체하여 자청비가 먼저 인사를 했다.

"예, 나는 하늘 옥황 문왕성 문도령이 됩니다."

"예, 나는 주년국 땅 자청 도레(道令)이온데, 누님한테 말씀 잘 들었습니다."

남매가 얼굴이 비슷할 거야 당연한 일이겠지만, 이렇게 도 닮을 수가 있는가고 문도령은 생각했다.

둘이는 어깨를 나란히 하여 거무선생에게로 갔다.

그날부터 둘이는 한솥의 밥을 먹고 한이불 속에 잠을 자고, 서당에 같이 앉아 글을 읽기 시작했다.

하루 이틀 지나는 게 한 해 두 해 지나갔다. 남녀가 한 방에서 생활해 가는데 그 눈치가 아니 드러날 리 없었다. 날이 갈수록 문도령이 의심하는 눈치였다. 자청비는 미리 대책을 세워야겠다는 생각이 들었다. 꾀를 한 가지 생각 해 냈다.

자청비는 그날 저녁 문도령에게 보라는 듯이 은대야에 물을 가득 떠다 놓고 은저·놋저를 걸쳐 두고 잠을 잤다. 문도령은 무슨 이유인지 알 수가 없었다.

"너는 어째서 은대야에 물을 떠다 옆에 놓고 자느냐?"

"그런 게 아니라, 글공부 올 때 아버님이 말씀하시기를, '은대야에 물을 떠다 옆에 놓고 잠을 자되, 은저·놋저가 떨 어지지 않게 잠을 자야 글공부가 잘 된다' 이르더라."

자청도령에게 항상 성적이 떨어지는 문도령은 자기도 그렇게 하여서 성적을 올리고 싶어졌다.

둘이는 각각 은대야에 물을 떠다 사이에 놓고 잠을 자기 시작했다. 문도령은 대야의 젓가락이 떨어질까 걱정이 되어 조심조심하다 보니 잠을 이루지 못하였다. 이튿날은 서당에 가면 글 읽을 생각은 없고 자주 졸음만 찾아드는 것이다. 자청비는 젓가락이 떨어지든 말든 걱정이 없었다. 아래위의 옷을 홀랑 벗어 던져 두고, 동쪽으로 돌아누워 한잠, 서쪽으로 돌아누워 한잠, 푸진 잠을 자니 성적은 점점 올라갔다. 삼천 선비 가운데 장원이 되어 가는 것이다.

문도령은 글공부로 판판이 떨어지자, 무엇이든 한 가지 이겨서 자청도령의 기를 꺾어 놓고 싶었다. 그보다도 자청도령이 남자인지 여자인지 그것부터 확인하고 싶은 마음이 더 컸다. 문도령은 그런 내기를 하나 생각해 내었다.

어느 날 문도령은 글을 읽는 자청도령을 불러 냈다.

"자청 도레야, 네가 글재주는 좋지만 딴 재주는 내한테 지리라."

"무슨 재준데 그리 특출한 게 있니?"

"그리 말고, 우리 오줌 갈기기 내기를 해 봄이 어떨까?"

"어서 그래 보자."

대답은 해 놓았으나 자청비는 여자의 몸이라 걱정이 안 될 수 없었다.

문도령은 이내 오줌을 갈기는데, 여섯 발 반이나 갈기고는 이만하면 어떠냐고 뽐내는 것이었다. 자청비는 미리 꾀를 내어, 대 막대기를 잘라다 바짓가랑이에 넣어 두고, 한 번 맥(힘)을 써 오줌을 갈겼더니 열두발 반이나 나갔다. 문도령은 그 재주마저 지고 보니, 면목이 없을 뿐 아니라 여자인가 하던 의심이 말끔히 씻어졌다.

며칠이 지났다. 문도령은 아침 일찍 일어나 마당에서 세수를 하고 있었다. 하늘 옥황 붕(鵬)새가 날아와 머리 위를 감돌더니, 날개에 끼고 온 편지 한 장을 떨어뜨리고 날아갔다. 아버지에게서 온 편지였다.

"문도령아, 연 삼 년 글공부했으니, 그만하고 돌아와 서수왕의 딸아기한테 장가 가거라."

이런 사연이었다. 문도령은 그 사연을 곧 자청도령에게 알렸다.

"자청 도레야, 난 글공부 그만두고 집에 가야 하겠다. 아버지께서 서수왕 딸아기한테 장가 가라고 편지를 보내 왔어."

자청도령은 순간 놀란 듯한 얼굴을 하더니,

"그럼 나도 글공부 그만두고 같이 가지. 똑같이 글공부 와서 너만 먼저 가면 돼?"

하며, 문도령을 따라 떠날 차비를 하는 것이었다.

둘이는 다시 나란히 서당을 하직하고 집으로 향하였다. 자청비의 마음은 착잡했다.

내려오다 보니, 위아래에 나란히 붙은 물통이 있었다.

자청비는 그대로 헤어지기엔 너무나 마음이 안타까웠다.

"문도령아, 우리 연 삼 년 글공부를 했는데 글땐들 아니 올랐겠니? 여기서 목욕이나 하고 가는 게 어때?"

자청비는 위통으로 들어가고 문도령은 아래통으로 들어갔다. 자청비는 저고리만 벗고 물소리만 첨벙첨벙 내면서 문도령의 거동을 살폈다. 문도령은 아래위로 활딱 벗고 들어가더니, 동으로 나오면 서쪽으로 들고, 서쪽으로 나오면 동으로 들어 왕방참방 목욕을 해 가는 것이었다. 자청비는 가만히 보다가 한숨을 쉬며 버드나무 잎을 뜯었다. 마지막 한 구절 속마음이나 알리고 헤어지자는 것이다.

"눈치 모른 문도령아, 멍청한 문도령아. 연 삼 년 한이불 속에 잠을 자도 남녀 구별 눈치 모른 문도령아."

버드나무 잎에 글을 써서 아래 물통으로 띄워 두고, 자청비는 휘어지게 집으로 달렸다. 버드나무잎은 두둥실 천천히 흘러 문도령의 눈에 띄었다.

"이게 무슨 일인가?"

문도령은 황급히 내달아, 바지는 한쪽 가랑이에 두 다리를 꿰어 놓고 저고리는 어깨에 걸쳐 언덕 위에 올라 보았다. 벌써 자청비는 저 고개 너머로 머리만이 까마귀 날개만큼 매쪽매쪽하고 있었다. 문도령은 두 주먹을 불끈 쥐고 정신없이 뛰었다.

문도령이 숨을 헐떡거리며 자청비 집에 닿았을 때, 자청비는 부끄러운 듯이 문간에서 기다리고 있었다.

"문도령님아, 여자 몸으로 오늘까지 속여 온 것을 용서

하십시오. 제가 아버님 어머님께 인사하고 올 테니, 제 방으로 가서 아픈 다리나 쉬어 가기 어쩝니까?"

문도령은 고개를 끄덕였다.

자청비는 아버님 어머님께 인사를 갔다.

"연 삼 년 글공부 몸이나 조심히 다녀왔느냐?"

"예, 몸 편안히 다녀왔습니다마는, 저하고 연 삼 년 글 공부하던 선비가 저기 같이 왔사온데, 해가 저물어 갈 수 없으니, 저하고 같이 있다 내일 보내기 어쩝니까?"

"남자냐, 여자냐?"

"남자가 되옵니다."

"남자거든 십오 세 위면 내 방으로 들여 보내고, 십오 세 미만이면 네 방으로 들여놓아라."

"십오 세 미만이 되옵니다."

"어서 네 방으로 들여놓아라."

아버님 허락받아, 자청비는 열두 폭 대홍대단 홑단치마 로 갈아입고 문도령을 맞아들였다.

자청비는 병풍 안에 문도령을 앉혀 놓고 손수 저녁상을 차려다 맞상을 받았다. 만단정화를 나누다가 한이불 한 요 에 잣베개 같이 베고 연 삼 년 속여 오던 사랑을 풀었다.

어느새 두 사람의 이별을 재촉하는 새벽닭이 목을 들기 시작했다.

"설운 도령님아, 날이 샙니다. 행차 때가 되었으니, 노 각성자부줄로 어서 옥황으로 오르십시오."

서로 눈물로 헤어질 때, 문도령은 박씨 한 알과 얼레빗 반쪽을 꺾어 자청비에게 넘겼다.

"이 박씨를 심어, 줄이 벋고 박을 따게 될 때 내가 아니 돌아오거든 죽은 줄 알라."

문도령은 상봉을 약속하고 하늘로 올라갔다.

자청비는 자기 방 창문 앞에 박씨를 심었다. 뿌리 난데 송이 나고, 송이 난 데 줄이 뻗었다. 박이 열어 익어 가도 문도령은 돌아올 줄을 몰랐다.

자청비는 수심으로 세월을 보내고 있었다.

겨울은 가고 철 따라 봄은 찾아왔다. 어느 날, 자청비는 상다락에 올라가 남창문을 열어 놓고, 오늘이나 내일이나 하고 문도령을 기다리고 있었다. 기다리는 문도령은 아니 보이고, 남의 집 종놈들이 땔감을 싣고 오는 마소의 행렬만이 보이는 것이다. 어려렁떠러렁 하며 몰고 오는 쇠머리엔 저마다 울긋불긋 진달래가 꽂혀 있어, 마치 그 소 모는 소리에 맞추어 일제히 춤을 추는 듯했다. 그 꽃의 행렬이 한량 없이 고왔다.

'저 꽃이라도 있으면 차라리 시름을 잊을 것인데, ……. 저 꽃이라도 하나 얻을까.'

이렇게 생각하고, 밖으로 나오다 정이으신정수남이(남종)을 만났다. 이놈은 처먹고 할 일이 없으니, 양지 바른 데 앉아 바지 허리를 뒤집어 놓고 이를 뚝뚝 잡고 있는 것이었다.

"정이으신정수남아, 아이고 추접하고 누추하다. 먹어 놓아 일도 없이 이 사냥만 하기냐? 다른 집 종들은 땔감

을 해 오는데, 저거 봐라. 쇠머리에 진달래꽃 꽂아 놓고
어렁떠렁 오는 게 오죽이나 보기 좋으냐."

자청비는 야단을 늘어놓았다.

"상전님아, 그리 말고 소떼에 가 소 아홉, 말떼에 가 말
아홉, 소 길마·말 길마 차려 주면 저도 내일은 가오리다."

날이 밝자 정이으신정수남이는 소 아홉 마리, 말 아홉
마리에 길마를 지워 놓고, 점심은 멱서리에 담아 소 길마
에 실어서 집을 나섰다. 어렁떠렁 소를 몰고 굴미굴산에
올라가니 다리도 아프고 허리도 아팠다. 한숨 쉬고 일을
시작하리라 생각하여 동서로 뻗은 가지에 소 아홉, 말 아
홉 마리를 매어 놓고 비스듬히 누웠다. 잠시 쉬려던 것이
깊은 잠이 들고 말았다. 동쪽으로 돌아누워 한잠, 서쪽으
로 돌아누워 한잠, 잠을 자다 보니 아마 몇 날 며칠 잤는
지, 소 아홉, 말 아홉 마리는 애가 말라 소곡소곡 죽어
갔다.

'이만 되어 놓은 일 어찌하랴.'

정수남이는 죽은 삭정이를 산더미처럼 쌓아 놓고 청미
래덩굴로 불을 붙였다. 그러고는 주걱 같은 손톱으로 쇠
가죽을 벗겨 가며 불잉걸이 나는 대로 고기를 굽기 시작
했다. 익었던가 한 점, 설었는가 한 점, 먹다 보니 소 아
홉, 말 아홉 마리가 간 곳이 없어졌다.

남은 것은 쇠가죽 아홉 장에 말가죽 아홉 장뿐이었다.
정이으신정수남이는 이놈을 짊어지고 도끼를 둘러메고 집
으로 향했다.

오다 보니, 오리 소(沼)에 알룩달룩한 오리 한 마리가
두둥실 떠 있었다. 새파란 물 위에 떠 있는 모습이 더없
이 고와 보였다.

"우리집 상전님은 고운 것만 보면 좋아하니, 저 오리나
잡아다 상전님을 달래고 저녁밥이나 얻어먹자."

오리를 겨냥하여 어깨에 메었던 도끼를 잡아 던졌다.
맞을 줄 알았던 오리는 푸두둑 날아가고 도끼는 물 속으
로 들어가고 말았다. 이쯤되면 어찌하랴. 도끼를 찾아내
는 수밖에 없었다. 정수남이는 등에 졌던 가죽은 길가에
놓아 두고 잠방이를 벗어서 오리 소에 뛰어들었다. 풍덩
풍덩 물 속을 뒤져 봐도 도끼는 찾을 수가 없었다.

정이으신정수남이는 단념할 수밖에 없었다. 도끼마저
잃고 가는 것이 안 되었지만 할 수 없다 하고 바깥에 나
와 보았다. 가죽도 옷도 간 데 온 데가 없어졌다. 도둑놈
이 기다리다가 가죽과 옷을 모조리 지고 도망가 버린 것
이다.

"이 모양 이 형용을 하고 어떻게 갈까?"

사방을 둘러보니, 누리장나무 이파리가 바람결에 번들
번들하고 있었다. 정수남이는 넓은 잎을 뜯어다가 줄줄이
뻗은 댕댕이덩굴로 엮어, 정수남이와 한동갑의 보기 싫은
물건을 감추었다. 이만하면 되었다. 대로(大路) 한길로
갈까 하니 남이 보아 웃을 듯하고, 소로로 길을 잡아 걸
음을 재촉했다.

문간으로 들어가기엔 상전이 무서웠다. 정수남이는 뒷

문으로 살짝 들어가 장독 뚜껑을 쓰고 장독대에 숨어 있었다.

이때, 느진덕정하님이 저녁밥을 지으며 간장을 뜨러 장독대로 나갔다. 장독 하나가 아래위로 불쑥불쑥 움직이고 있는 것이 아닌가. 정수남이가 숨쉴 적마다 머리에 쓴 장독 뚜껑이 불쑥거리는 것을 느진덕정하님이 알 리가 없었다.

"아이고, 아기씨 상전님아, 장독대에 변이 났습니다!"

"이년 저년, 노망을 하느냐? 그게 무슨 말이냐?"

자청비가 뒤 창문을 열어 보니, 과연 장독 하나가 불룩불룩하고 있는 것이다. 괴변인 게 틀림없었다. 곧 기침을 크게 하고 ≪옥추경(玉樞經)≫을 읽어 댔다.

"귀신이냐, 생인이냐? 귀신이거든 천당으로 오르고, 생인이거든 내 눈앞에 가까이 보여라."

자청비의 야단 소리에,

"귀신이 어찌 날 수 있으리까? 정수남이가 되옵니다."

아래위로 벌거벗은 정수남이가 장독 뚜껑을 벗고 일어섰다.

"아이고, 누추하고 더러운 놈아, 이게 무슨 꼬락서니냐!"

자청비의 욕소리에 정수남이는 꾀를 내어 대답했다.

"상전님아, 그리 욕만 하지 마옵소서. 굴미굴산 올라가 보니 하늘 옥황 문도령님이 궁녀 시녀 데리고 내려와 놀음놀이하고 있기에 정신없이 구경하다 보니, 소 아홉, 말 아홉 마리는 간 곳 없어지고, 내려오다 보니 오리 소에

오리가 떠 있기에 그것을 잡으려다 옷을 도둑맞아 이 모
양이 되었습니다."

'문도령' 소리에 자청비는 정신이 번쩍 나고 말소리가
누그러졌다.

"이게 무슨 말일러냐? 정말 문도령이 왔더냐? 언제 또
오겠다고나 하더냐?"

"예, 모레 사·오시에 또 오겠다 합디다."

"그럼 나도 가서 만날 수 있겠느냐?"

"하구말구요. 더군다나 좋아할 겁니다."

자청비는 이만저만 기뻐하는 것이 아니었다.

"소 아홉도 아깝지 않다, 말 아홉도 아깝지 않다."

궤짝 문을 열어 무명 전필을 내놓아 정수남이 옷을 만
들어 입히고, 문도령을 만날 차비를 시작했다.

"애야, 정수남이야, 점심은 어떻게 하면 좋겠느냐?"

"상전님 점심일랑 모밀가루 닷 되에 소금일랑 다섯 줌
만 집어 놓고, 나 먹을 점심일랑 모밀가루 찌꺼기 닷 말
에 소금일랑 넣는 듯 마는 듯만 하옵소서."

"오냐, 알았다. 말 꼴〔蒭〕이나 잘 줘라. 모레 타고 가
게."

정수남이는 꼴 한 묶음을 말에게 던져 주며,

"이 말아 저 말아, 이 꼴 잘 먹고 모레는 상전님 태워
가자. 굴미굴산 들어가서 촛대 같은 상전님 허리나 안아
보자."

자청비가 이 말을 얼른 듣고,

"네 아까 무슨 말 했느냐?"

"아무 말도 아니했습니다. 이 말아 저 말아, 이 꼴 잘 먹고 모레는 상전님 태워 굴미굴산 올라가자. 문도령과 상전님이 촛대 같은 허리 안아 만단정화 이르는 거 구경하자, 이렇게 말했습니다."

자청비는 서른여덟 잇바디를 허우덩싹 웃어 댔다.

모레 아침은 밝았다. 자청비는 정수남이 말대로 부산히 점심을 차려 놓고, 몸단장을 서두르며 말을 대령하라고 재촉했다.

정수남이는 말에 안장을 지울 때, 소라 껍질을 하나 안장 밑에 놓아 지우고,

"상전님아, 말 대령했습니다. 어서 나오십시오."

자청비를 불렀다. 자청비는 나오면서 말을 타려 했다. 말은 등이 아파 피들락 뛰었다.

"이게 어떤 일이냐?"

"상전님은 오늘 굴미굴산 올라가면 문도령님 만나 좋은 영화 누릴 텐데, 말이야 무슨 영화가 있겠습니까? 그래서 말이 화가 난 듯합니다."

"그러면 어찌하면 좋겠느냐?"

"어서 바삐 밥도 아홉 동이, 국도 아홉 동이, 술도 아홉 동이 차려 놓고, 석 자 오 치 말머리 수건하고 돼지 머리를 차려 놓아 말머리고사를 지내야 할 듯합니다."

"어서 그리 하자."

급히 음식을 마련하여 노둣돌 위에 벌여 놓고 말머리고

사를 지냈다. 정수남이는 제법(祭法)대로 제물을 각각 조
금씩 떠서 자청비 몰래 말의 왼쪽 귀에 수루루 부었다.
말은 귓속에 물이 들어가니 머리를 설레설레 흔들었다.

"상전님아, 이거 보십시오. 말도 배부르게 많이 먹었다
고 머리를 설레설레 흔듭니다. 이 음식은 아무도 아니 먹
고 마부만 먹습니다."

"어서 너 다 먹어라."

정수남이는 혼자 앉아 밥이며 국이며 말짱 쓸어 먹었
다. 그만하니 배가 둥둥했다. 서른여덟 잇바디가 저절로
허우덩싹 벌어졌다.

그때 낸 법으로, 혼인 잔치 때 맨 먼저 말머리수건 석
자 오 치 차려 놓고 말머리고사를 지내는 것이다. 그리고
말머리고사를 지낸 음식은 마부 노릇하던 하인배들만 먹
는 법이 생긴 것이다. 또한 그때 법으로 해서 잔치 때의
하인들은 방구들에 앉히지 않고 마구간에 앉히는 것이다.

오랜만에 배가 부른 정수남이는 또 한번 상전을 골탕
먹이기로 했다.

"상전님아, 할 수 없습니다. 이 점심을 지옵소서. 제가
말 안장 금을 내오리다."

버릇 나쁜 말을 좀 숙달시키겠다는 것이다.

"어서 그리 해라."

어쩔 수 없는 일이었다. 자청비는 무거운 점심을 지고
걸을 수밖에 없었다. 정수남이는 안장을 잘 지우는 척하
면서 소라 껍질을 빼 던지고, 말을 타고 첫 채를 놓으니,

말은 얼음같이 구름같이 십 리 밖을 달려갔다.

자청비는 십 리도 못 가서 발병이 나고, 열두 폭 홑단 치마는 가시나무에 다 찢어졌다. 겨우겨우 굴미굴산에 올라가 보니, 정수남이는 말을 나뭇가지에 매어놓고 좋은 나무 그늘에서 코를 골며 잠을 자고 있었다.

"이놈아 저놈아, 인정 없고 사정 없는 놈아. 너만 말타고 와서 잠만 자는구나."

"상전님아, 말이 또 화를 낼까 하여 기다리는 중입니다."

자청비는 기가 막혔다. 말해 봐야 소용이 없음을 알고,

"정수남아, 시장하여 더 걸을 수가 없구나. 점심이나 먹고 가자."

점심을 부려 놓고 앉았다.

정수남이는 점심을 꺼내서 상전 점심은 자청비 앞에 놓고, 제 점심은 들고서 피해 가려 하는 것이었다.

"이놈아, 어째서 너만 가서 먹자고 하느냐?"

"아이고, 한 일은 알고 두 일은 모른 상전님아. 아는 사람은 보면 종과 상전이라 하겠지만, 모른 사람은 보면 남매라고도 하고 부부라고도 합니다."

"그 말도 옳구나. 어서 너만 가서 먹거라."

정수남이는 아래쪽으로 달아나 버린다. 자청비는 메밀 범벅을 꺼내어 한 술을 뜨니 목이 칼칼하게 짜서 먹을 수가 없었다. 가루 닷 되에 소금을 다섯 줌이나 넣었으니 짜지 않을 수 없는 것이다.

　자청비는 멀리 떨어진 정수남이를 불렀다.

　"정수남아, 네 점심이나 이리 가져와 봐라. 좀 먹어 보자."

　"아이고, 상전님아, 그게 무슨 말입니까? 상전이 먹다 남은 건 종이 먹고 종이 먹다 남은 건 개가 먹는 법입니다."

　자청비는 더 말해 볼 수도 없고, 그렇다고 그 범벅을 먹을 수도 없었다.

　"어서 이 점심까지 가져다 먹거라."

　정수남이는 자청비 점심을 받아다가 찬으로 섞어 가며, 병든 병아리만큼씩 뚝뚝 끊어서 말짱 쓸어 먹는 것이었다.

　자청비는 짠 범벅을 좀 먹었더니 목이 몹시 말라 갔다.

　"정수남아, 목이 몹시 마르다. 어디 물이나 찾아보아라."

　"요쪽으로 요리 가다 보면 물이 있습니다."

　가다 보니, 아닌게아니라 물이 보였다. 자청비는 하도 반가워 달려들어 손으로 쥐어 먹으려고 하니, 정수남이가 손을 내저으며 막는 것이었다.

　"상전님아, 그 물 먹지 마옵소서. 하늘 옥황 문도령님이 궁녀 시녀 데리고 와서 놀다가 발 씻고 손 씻은 물입니다."

　"그럼, 또 물이 없겠느냐?"

　"저기 저쪽에 좋은 물이 있습니다."

　가다 보니 과연 근근히 괸 좋은 물이 있었다.

"상전님아, 저 물은 먹어도 좋습니다. 그러나 저 물은 총각 죽은 물입니다. 상전님이 먹으려면 옷을 아래위로 벌거벗고 엉덩이를 물에 보이면서 먹어야 합니다."

"그러면서 어찌 물을 먹을 수 있겠느냐? 또 물이 없느냐?"

"딴 물은 이제 없습니다. 내 먹듯 이렇게 먹으면 됩니다."

정수남이는 아래위로 활딱 벗고 길쭉한 놈을 늘어뜨린 채 엎디어서 소 물 먹듯 괄락괄락 먹어 댔다.

자청비는 할 수 없는 일이라 생각했다. 목이 이렇게 마른데 체면을 생각할 겨를이 있겠느냐 하고 물가로 갔다. 아래위로 옷을 홀랑 벗고, 엉덩이를 치켜들어 엎드리고 물을 먹으려 했다. 이때 정수남이는 자청비의 열두 폭 홑단치마를 들어 머리 위로 빙빙 돌리며

"상전님아, 물 먹지 말고 그 물 아래를 보십시오. 그림자가 아리롱다리롱 곱지 아니합니까? 그게 하늘 옥황 문도령님이 궁녀 시녀 거느리고 놀음놀이하는 그림자입니다."

이렇게 큰 소리로 외치는 것이었다.

자청비는 가슴이 덜컥했다. '아이고, 내 일이야! 저놈한테 속았구나.' 입 속에서 외치며 벌떡 일어났다. 잘못하다간 이 산중에서 꼭 저놈한테 죽을 것 같은 생각이 들었다. 잠시 멍하니 생각에 잠겼다. 아무래도 꾀로 저놈을 달래어 넘기는 도리밖에 없다.

자청비는 부드러운 소리로 말을 건넸다.

"정수남아, 어째서 이러느냐? 네 소원을 한번 말해 봐라. 내 뭣이든지 들어 줄 테니."

"상전님, 이리 오시지요. 그 은결 같은 손이나 한 번 만져 봅시다."

예상했던 대로였다. 자청비는 짐짓 마음을 가라앉히며 차분차분 응수해 갔다.

"정수남아, 여기서 내 손 만지는 것보다 집에 가서 내 토시[套袖] 한 짝을 껴 봐라. 그게 더욱 좋아진다."

"그러면 입이나 한 번 맞추어 봅시다."

"내 입 맞추는 것보다는 내 방에 꿀단지를 핥아 보아라. 더욱 달콤해진다."

"그러면 그 촛대 같은 허리나 한 번 안아 봅시다."

"내 허리 안는 것보다는 내 베개를 안아 봐라. 더군다나 좋아진다."

말끝마다 자청비의 재치 있는 대답에 정수남이는 말을 더 걸 수가 없었다. 팥죽 같은 화가 치밀어올라 동으로도 펄쩍, 서로도 펄쩍해 가는 것이다. 자청비는 다시 부드러운 소리로 달래기 시작했다.

"정수남아, 그리 화만 내지 말아라. 서산에 해가 지지 않느냐. 너와 나와 오늘밤 밤을 새워야 할 텐데 움막이나 짓는 게 어떠하냐?"

그 말에 정수남이는 입이 헤벌어졌다. 달려들어 이리저리 벋은 나뭇가지를 한 곳으로 젖혀다 지붕으로 삼고 돌을 모아다 둥글게 쌓아 놓았다. 제법 바람막이가 되었는데 돌담 구멍이 배롱배롱했다.

"애야, 정수남아. 집이 제법 되었는데 돌담 구멍으로 찬 바람이 들겠다. 내 안에서 불을 피우거든 너는 바깥에서 불 빛 비추는 구멍마다 풀을 베어다 막는 게 어떠하냐?"

숫한 정수남이는 이리저리 뛰어다니며 불 비치는 구멍 마다 부지런히 막아 댔다. 자청비는 안에 앉아서 다섯 구 멍을 막으면 두 구멍을 빼고, 열 구멍을 막으면 다섯 구 멍을 빼곤 했다. 구멍은 막아 봐도 한정이 없었다. 먼 동 이 흘믓이 트기 시작해 갔다.

그제야 정수남이는 속았음을 알았는지 펄쩍펄쩍 뛰어 대는 것이었다. 자청비는 또다시 달랬다.

"정수남아, 그리 화만 내지 말고 이리 와서 내 무릎이 나 베어 누워라. 머리엣 이나 잡아주마."

정수남이는 은결 같은 무릎을 베고 누웠다. 자청비가 정수남이의 맷방석 같은 머리를 헤쳐 보니, 마치 모래밭 에 앉았던 개 꽁무니 같았다. 굵은 이는 장수로 살려 두 고, 작은 이는 군졸로 놓아 두고, 중간 놈으로만 죽이는 듯 마는 듯해 가니, 잠을 못 잔 정수남이는 소록이 그만 잠이 들어 버렸다.

'이놈을 살려 두었다가는 내가 죽게 마련이니 이제 죽 여야 한다.'

잠이 든 정수남이의 얼굴을 한참 내려다보던 자청비는 결심을 내렸다. 옆에는 마침 청미래덩굴이 벋어 있었다. 자청비는 그 덩굴을 꺾어 정수남이의 왼쪽 귀로 오른쪽

귀에 찔러 댔다. 구름 산에 얼음 녹듯 정수남이는 죽어
가는 것이었다.

자청비는 곧 말을 치켜 타고 채찍을 놓았다. 아랫녘 마
을로 향해 얼마큼 달리다 보니, 어느 언덕 위에 세 신선
이 앉아 바둑을 두고 있었다.

"저리 가는 저 비바리 바람 밑으로 지나가거라. 부정이
만만(滿滿)하다."

바둑을 두던 신선이 못마땅하다는 듯이 말을 건네는 것
이었다.

"어찌 처녀가 지나는데 조롱을 하십니까?"

자청비는 말에서 얼른 내렸다.

"내 죄 내 모른다 하더니, 네 말고삐 앞을 보아라. 더벅
머리 총각놈이 청미래덩굴을 귀에 찌르고 유혈이 낭자하
여 서 있는 것을 모르느냐?"

야단을 지르는 것이다. 자청비는 이 일을 어떻게 처리
해야 할지 막막했다. 우선 말을 달려 집으로 들어갔다.
부모님부터 납득시켜야겠다고 생각한 것이다.

"어머님 아버님, 물어볼 말이 있습니다……. 종이 아깝
습니까? 자식이 아깝습니까?"

"그것도 말이라고 하느냐? 아무리 종이 아까운들 자식
보다 더 아까울 리가 있겠느냐?"

"그럼 아버님 어머님, 정수남이 하는 행실이 고약하길
래 저 산중에서 죽여 두고 왔습니다."

죽인 사연을 자세히 설명할 사이도 없이 부모님의 야단

소리가 터져 나왔다.

"이년아 저년아, 계집년이 사람을 죽이다니. 네년은 시집 가 버리면 그만이지만, 그 종은 살려 두면 우리 두 늙은이 걱정 없이 먹여 살려 준다."

부모는 어디 보자고 일을 시켜 보았다. 넓은 밭에 좁씨를 닷 말 닷 되 칠새 오리나 뿌려 놓고, 그 좁씨를 하나 남김없이 주워 오라고 한 것이다. 자청비는 눈물로 다리를 놓으며 그 좁씨를 모조리 주워 가는데 한 알이 어디 갔는지 찾을 수가 없었다. 이 구석 저 구석 찾다가 체념하고 담장 밖에 나오다 보니, 개미 한 마리가 그 좁씨 한 알을 물고 기어 나오고 있는 것이었다.

"말 모른 벌레야, 너도 내 간장을 태우느냐!"

자청비는 좁씨를 빼앗으며 개미 허리를 발로 밟아 주었다. 그래서 개미 허리가 홀쭉하게 가느다란 법이다.

자청비는 좁씨를 부모님께 갖다 바쳐 두고 집을 떠나기로 했다. 정수남이를 죽여 둔 채 이 부모 밑에서 살기는 어렵겠다고 생각되었기 때문이다. 곧 방으로 들어가 여자 의복을 벗어 던져 남자 의복으로 갈아입고 말을 타고 길을 떠났다.

아랫녘 마을에 거의 들어설 무렵이었다. 어린아이 셋이서 부엉이를 하나 잡고 서로 무엇인가 다투고 있는데 마주쳤다.

"얘야, 왜 너희들은 그렇게 다투는 거냐?"

"그런 게 아니라, 이 부엉일 내 먼저 잡았는데, 저애가 잡았다고 해서 다툽니다."

아이들은 다 자기가 먼저 잡았노라고 우겨 대는 것이었다.

"얘들아, 그리 말고 이 부엉일 나를 주는 게 어떠냐?
내, 돈 서 푼을 줄 테니 너희들이 한 푼씩 노나 갖는 게
좋지 않겠느냐?"

"어서 그러세요."

자청비는 부엉이를 사고 서천꽃밭으로 말을 달렸다. 서
천꽃밭 울타리 너머로 부엉이를 던져 놓고, 서천꽃밭 먼
문으로 말을 내려 들어갔다.

서천꽃밭 꽃감관 황세곤간이 나왔다.

"어딧 도령이 됩니까?"

"지나가는 사람이온데 마침 부엉이가 나는 것을 보고
화살 한 대를 쏘았더니, 맞아서 꽃밭으로 떨어지길래 화
살이나 찾아가려고 들렀습니다."

"아이고, 그게 무슨 말입니까? 우리집에 밤중만 되면
부엉이가 와 울어 대어 이 꽃밭에 멸망을 줍니다. 그 부
엉이를 잡아 주기만 한다면 우리집의 사위를 삼으리다."

"어서 그리 하시지요."

자청비는 말을 내려 들어가며 말총을 하나 뽑아 말 혀
를 묶어놓고 들어갔다.

서천꽃밭 머슴들은 밀죽을 쑤어 나무 함지박에 그득 떠
다 말을 주었다. 말은 혀를 묶어 놓았으니 먹기는커녕 머
리를 달달 떨며 앞발로 땅만 닥닥 찍어 대는 것이었다.

자청비는 천천히 걸어 나와 우선 말 뺨을 한 번 탁 쳤다.

"이 말아 저 말아. 나들이를 나오면 거기 풍속을 따르
는 거다. 집에서 은동이에 쌀죽을 먹었지만, 집을 나왔으
면 아무 음식이라도 먹어야 할 게 아니냐!"

욕을 해 가며 살짝 혀를 풀어 놓으니, 말은 그제야 왈
탕발탕 밀죽을 먹어 가는 것이다.

주인이나 머슴들은 '그럴듯한 집안의 도령이로구나' 하
고 고개를 끄덕이는 것이었다.

자청비는 귀빈 대접으로 정중히 맞아들여졌다. 밤이 이
슥해지자, 자청비는 아무도 몰래 문간으로 나갔다. 아래
위로 옷을 홀랑 벗어 던지고, 노둣돌 위에 자빠져 누워서
정수남이의 혼령을 불렀다.

"정수남아, 정수남아. 혼령이 있거든 부엉이 몸으로 환
생하여 원(怨)진 내 가슴 위에나 올라앉아 보아라."

얼마 후 부엉이 한 마리가 부엉부엉 울면서 하늘로 날
아와 자청비 젖가슴 위에 앉았다. 자청비는 부엉이 두 다
리를 꼭 잡고 화살 한 대를 찔러 윗밭으로 던져 놓았다.
그러고는 아무 일도 없는 듯이 방으로 와 누워 있었다.
날이 새어 가자 황세곤간의 야단 소리가 터져 나왔다.

"저 방에 든 손님 얼른 내쫓아라!"

자청비는 벌떡 일어나며 태연하게 물었다.

"아니, 어째서 그러시옵니까?"

"간밤에 부엉이 소리가 났는데 어찌 말만 해놓고 쏘지
않았소?"

"그게 무슨 말입니까? 저도 부엉이 소리를 들었소이다

마는, 몸이 하도 고단해서 일어나기 싫길래 누운 채로 화살 한 대를 놓았습니다마는, 맞았는지 어쨌는지 한 번 찾아보십시오."

찾아보니 아닌게아니라 부엉이가 살에 맞아 떨어져 있다. 황세곤간은 크게 기뻐하고 자청비를 막내사위로 삼았다.

황세곤간의 막내딸과 새살림이 시작되었다. 석 달 열흘 백 일이 흘렀다.

어느 날 막내딸은 부모님을 찾아 하소연을 털어놓는 것이었다.

"아버님아, 어머님아. 어째서 저렇게 위세 높은 사위를 하십디까? 석 달 열흘 백 일이 되어도 부부간이라고 몸 허락을 한 번 아니하니 이럴 수가 있습니까?"

"이게 어쩐 일일러냐?"

황세곤간은 곧 사위를 불러 사정을 물었다.

"처님, 어찌 그럴 수 있습니까? 실은 모레 서울로 과거를 보러 가자고 해서, 몸 정성으로 그리한 것이니 염려하지 마십시오."

"그러면 그렇지."

모레는 과거 보러 떠나기에 앞서, 부인을 앞세우고 서천꽃밭 꽃구경을 들어갔다.

"요것은 살이 살아 오르는 꽃입니다. 요것은 피가 살아 오르는 꽃입니다. 저것은 뿌리기만 하면 죽은 사람이 살아나는 도환생꽃입니다."

부인은 하나하나 꽃을 설명하며 꽃밭을 안내하는 것이

었다. 자청비는 따라가며 꽃을 하나하나 따서 주머니 속에 담아 놓았다.

과거 보러 서울로 간다 하여, 자청비는 처부모에게 인사하고 부인을 작별하여 말을 몰았다. 정수남이 죽은 데로 달려가는 것이다.

정수남이가 죽었던 자리엔 잡초만 무성해 있었다. 은장도를 꺼내 잡초를 베어 젖히고 살그랑한 뼈를 도리도리 모아 놓았다. 뼈 살아나는 꽃, 살 살아나는 꽃, 도환생꽃을 위에 뿌려 놓고 때죽나무 막대기로 세 번을 후려치니, 정수남이는 맷방석 같은 머리를 박박 긁으며 와들랑이 일어나는 것이었다.

"아이고, 봄잠이라 오래도 잤습니다. 상전님, 어서 말을 타십시오, 집으로 가십시다."

정수남이가 말고삐를 잡고 집으로 내려왔다.

자청비는 부모님께 들어가 종을 바쳤다.

"자식보다 더 아까운 종 살려 왔습니다."

부모는 깜짝 놀라면서 야단부터 먼저 치는 것이었다.

"아니, 계집년이 사람을 죽이고 살리고 한다니, 이게 무슨 말이냐! 이런 년을 집에 두었다간 어떤 일이 닥칠지 모른다. 어서 바삐 나가거라."

자청비는 눈물이 앞섰다. 다시 집을 나와 해 가는 양 발 가는 양 정처없이 걸어갈 수밖에 없었다. 발 돌아가는 대로 가다가 보니, 해는 여느때나 다름없이 서산에 기울고 먹장 같은 밤이 찾아들었다.

자청비는 더 갈 수가 없어 길가에 앉아 한참을 울다 보니, 어디선가 베틀 소리가 들려왔다. 그것은 주모할머니가 비단을 짜는 베틀 소리였다. 자청비는 그 소리를 찾아 주모할머니네 집에 들어갔다.

"길을 지나는 아이온데 밤이 어두워 들렀사오니 하룻밤 유(留)할 수 없겠습니까?"

"어찌 이렇게 예쁜 아기씨가 밤길을 행하느냐? 어서 들어와 앉았으면 내 따뜻한 밥이라도 해 주마."

주모할머니는 반가이 맞아들이고 곧 저녁을 해주려고 부엌으로 들어갔다. 자청비는 혼자 가만히 앉아 있기가 심심하여 할머니가 짜던 베틀에 올라앉아 비단을 짜기 시작했다. 그 솜씨는 할머니 솜씨보다도 훨씬 좋았다. 할머니가 저녁상을 들고 와 보고는 몇 번이고 칭찬하다가 '내 수양딸로 드는 게 어떠냐'고 해 왔다.

자청비는 주모할머니의 수양딸이 되어 얼마간의 평온한 나날을 보낼 수 있었다. 일이라곤 비단을 짜는 것뿐 별 일이 없었다.

어느 날 자청비는 무엇에 쓸 비단을 이렇게 짜는가고 양모에게 물어봤다.

"하늘 옥황 문왕성 문도령이 서수왕 따님에게 장가 드는 데에 폐백으로 쓸 비단이다."

자청비는 비단을 짜다가 깜짝 놀라며 눈물을 주르르 흘렸다. 주모할머니는 물론 그 이유를 알 리가 없었다. 비단은 얼마 후 거의 완성이 되어 갔다. 비단의 끄트머리가 되어 가니 자청비는 '가령하다 가령비, 자청하다 자청비' 이렇게 글자 무늬를 짜 넣어 비단을 마쳤다. 그러고는 양모더러 이 비단을 가지고 하늘에 올라가 바칠 때, '누가 짰느냐' 하거든 '주년국 땅 자청비가 짰다'고만 말해 주십사고 당부해 놓았다.

주모할머니가 비단을 가지고 올라가니, 문도령은 비단을 보더니 과연 자청비 말대로 '누가 짠 비단이냐'고 묻는 것이었다. 자청비가 짰다는 것, 자청비는 부모 눈에 거슬려 집을 나오고, 지금 수양딸로 들어와 있다는 것 등, 소식을 듣고 문도령은 주모할머니에게 신신당부를 하는 것이다.

"내일 사·오시쯤 되면 꼭 자청비를 만나러 내려갈 테니, 어떻게 상면하게 해 주십시오."

주모할머니는 이런 반가운 일이 없었다. 내려오자 뒷날은 새벽부터 큰 돼지를 잡아 놓고 문도령을 맞이할 준비에 분주했다. 사·오시가 가까워 왔다. 자청비가 베틀에 앉아 비단을 짜다 보니 겉창에 어둑어둑 그림자가 어렸다.

"거기 누구 오셨습니까?"

"하늘 옥황 문도령이노라. 이 문 열어라."

하도 반갑고 기쁜 김에 자청비는 장난이라도 걸고 싶어졌다.

"겉창 구멍으로 손가락을 내놓아 보십시오. 알 도리가 있습니다."

손가락을 내놓으니, 자청비는 웃으면서 바늘로 손가락을 콕 찔렀다.

"인간에 사람 다닐 곳 아니로다. 부정이 만만하다."

문도령은 화를 내며 휙 돌아서 하늘로 올라가 버리는 것이었다.

주모할머니가 점심상을 차려서 방에 들어오니, 자청비는 뽀로통해서 쏘아붙이듯이 말을 하는 것이었다.

"아따, 우리 어머님은 노망을 하는구나. 상 하나에 수저는 왜 둘씩이나 놓습디까?"

자초지종을 들어보고 주모할머니는 야단을 치기 시작했다.

"저렇게 말괄량이니까 부모 눈에도 거슬린 거지. 보기도 싫으니 어서 나가거라."

수양딸에 문도령 같은 사위를 맞아질까 잔뜩 기뻐하던 차라, 화가 아니 날 수가 없는 것이다.

자청비는 주모할머니의 집을 나왔다. 어디 갈 곳이 없었다. 사월 초파일날 머리를 박박 깎아서 승복을 입고 목탁을 치면서, 거리거리 가가호호를 누비며 쌀을 얻으러 돌아다니기 시작했다.

어느 날이었다. 한 마을에 들어서다 보니 하늘 옥황의 궁녀들이 앉아서 처량하게 울고 있었다.

"너희들은 어째서 거기 앉아 그렇게 우느냐?"

"저희들은 하늘 옥황 궁녀이온데, 문도령이 인간세상에 내려와서 주년국 땅 자청비와 글공부 갔다오다가 같이 목욕을 했던가 봅니다. 문도령이 그 물을 떠 오면 물맛이나 보겠다 하여 내려왔으나, 그 물이 어디 있는지 몰라 이렇게 웁니다."

자청비는 가슴이 울렁거렸다.

"내 자청비가 된다. 내 그 물을 떠 주긴 하겠는데, 너희들이 나를 같이 데리고 하늘로 올라가 줄 수는 없겠느냐?"

"어서 그리 하십시오."

자청비는 목욕했던 물을 떠 주고 궁녀들과 같이 줄을 타고 하늘로 올라갔다.

하늘 옥황에는 날이 저물고 있었다. 문도령네 집 먼 문간에 이르렀을 때는 벌써 둥그런 보름달이 언덕 위로 올라왔다. 자청비는 문간 밖에 있는 큰 팽나무에 올라 문도령네 집을 내려다보았다. 집안은 괴괴잔잔하였다.

"저 달은 곱다마는 계수나무 박혔구나.

하늘 옥황 문왕성 문도령 얼굴보다 더 고우랴."

자청비는 팽나무 위에서 노래를 한 가락 불러 댔다. 이때 문도령이 뜰에 나와 월색을 즐기다가, 노랫소리를 듣고 그 목소리를 곧 알아보았다. 얼른 나와 맞이하고 이별할 때 나눠 준 얼레빗 한 조각을 맞추어 보니 꼭 들어맞았다. 문도령은 제 방으로 자청비를 데리고 들어가 만단정화를 나누고 오랜만에 사랑을 풀었다. 부모님이 알까 하여 낮에는 병풍 뒤에 숨어 사는 며칠이 흐른 것이다.

눈치를 처음 챈 것은 느진덕정하님이었다. 이제까지 밥상을 들여가면 위만 걷는 척 마는 척하던, 밥사발이 굽이 나오고, 곱던 세숫물이 궂은 물이 되어 나오기 때문이다.

자청비는 느진덕정하님의 눈치가 이상함을 알았다. 그

래서 문도령에게 부모님께 허락을 맡도록 졸라 댔다. 물론 그 방법도 소상히 꾸며 시킨 것이다.

문도령은 자청비 말대로 부모님께 가 말을 걸었다.

"어머님아 아버님아, 수수께끼나 해 보기 어떻습니까?"

"그래라."

"새옷이 따스합니까? 묵은 옷이 따스합니까?"

"새옷은 남 보기엔 좋지만 따습기는 묵은 옷만 못한다."

"새 간장이 답니까? 묵은 간장이 답니까?"

"달기는 묵은 간장이 달다."

"새사람이 좋습니까? 묵은 사람이 좋습니까?"

"새사람은 처음 시집 오면 잰 밤쥐 모양으로 이리 호록 저리 호록하지만, 오래 길들인 사람만 못한다."

"그러면 부모님, 제 서수왕 따님에게 장가 들지 않겠습니다."

"이놈 저놈 죽일 놈아, 이게 무슨 말이냐? 내 며느리 될 사람은 쉰 자 구덩이를 파놓고, 숯 쉰 섬을 묻어 불을 피워 놓고 불 위에 작도를 걸어, 칼날 위를 타 나가고 타 들어와야 며느리감이 된다."

부모는 문도령의 수수께끼의 뜻을 얼른 알아채고 무시무시한 과제부터 내거는 것이었다.

즉시 머슴들을 불러 쉰 자 구덩이를 파고, 숯 쉰 섬에 불을 피워 작도를 걸어 놓았다. 며느리감은 얼른 나와 작도를 타라고 호령 소리가 터져 나왔다. 자청비는 어쩔 수 없었다. 죽기를 각오하고 작도 위에 오르려 하면 문도령이 잡아당기고, 문도령이 오르려 하면 자청비가 잡아당기고, 둘이 앉아 대성통곡을 하다가 문도령이 입을 열었다.

"자청비야, 오늘 죽더라도 이 문씨 집의 귀신이 될 것이니 하나 섭섭이 생각 말아라."

자청비는 눈물로 세수하며 백릉 버선을 벗고 박씨 같은 발로 작도 위에 올라섰다. 앞으로 한 발짝 뒤로 두 발짝, 아슬아슬하게 칼날 위로 걸어 나갔다. 말할 것 없이 몇 발 못 가 숯불에 타 죽으리라 생각했는데 끝까지 무난히 타나가는 것이었다. 작도 끄트머리에 가서 내리려고, 한 발을 땅에 내려 디딘 순간이었다. 긴장이 조금 풀려서 그런지 작도를 디디고 있던 발뒤꿈치가 슬쩍 끊어졌다. 자지피가 불끗 났다. 자청비는 속치맛자락으로 얼른 싹 씻었더니 속치마가 더러워졌다.

땅에 내려서자마자 문도령의 부모가 달려들어 얼싸안는 것이었다.

"아이고, 이런 아기씨가 어디 있으랴. 내 며느리감이 분명하다. 그런데 어쩐 일로 속치마는 더러워졌느냐?"

"어머님아 아버님아, 저도 이 세상에 태어난 보람을 하나 남기겠습니다."

여자아이 열다섯 살이 넘어가면 다달이 몸엣것 오는 법을 마련했다.

서수왕 따님과의 약혼은 두말 없이 무너졌다. 막편지(약혼 예장)를 돌려 가니, 서수왕 따님 아기는 화가 치밀어올랐다. 막편지를 비벼 불을 붙여 한 사발 물에 타 먹

고 서수왕 따님 아기는 문을 잠가 방에 드러누웠다. 누가
타일러도 결코 문을 열어 주지 않았다.

석 달 열흘 백 일이 지나 방문을 떼고 보니, 서수왕 따
님 아기는 새의 몸으로 환생이 되어 있었다. 머리로는 두
통새가 나오고 눈으로는 흘그새(흘깃흘깃하는 새)가 나
오고, 코로는 악숨새가 나오고, 입으로는 헤말림새(정을
이간시키는 새)가 나오고 있는 것이다.

그때의 일로 해서 오늘날도 이 새가 들어서 다정했던
부부간에도 살림의 분산을 시키는 것이며, 결혼 잔치할
때 신부가 상을 받으면, 먼저 상 위의 음식을 조금씩 떠
서 상 밑으로 놓는 법이 생긴 것이다. 이것은 서수왕 따
님에 대한 대접이다.

자청비와 문도령은 백년가례를 올렸다. 하늘 옥황에서
는 자청비가 착하다는 소리가 동서로 번져 나갔다.

어느 날 자청비는 서천꽃밭의 막내딸 생각이 났다. 과
거 보러 간다고 나왔으니 지금도 남편이 돌아올 때를 기
다리고 있을 게 분명하다. '한 여자를 억울하게 박대해 둘
수는 없는 일이다.' 자청비는 이렇게 생각하고 문도령에
게 사실을 토파했다. 그러고는 당신이 남편인 척하여 내
대신 가서 거기서 보름을 살고 나한테 와서 보름을 살아
달라고 당부했다.

문도령은 서천꽃밭에 찾아갔다. 서천꽃밭 막내딸은 '어
째서 얼굴이 전 같지 않느냐'고 하는 것이었다. 자청비가
시켜 준 대로 '과거를 보느라고 간장이 타서 전 같지 못하

다'고 해서 무난히 넘어갔다.

서천꽃밭 막내딸과의 살림은 너무나 달콤했다. 보름만 살고 오겠다던 문도령은 한 달이 다 되어도 돌아올 줄을 몰랐다.

기다리다 지친 자청비는 편지 한 장을 써서 까마귀 날개에 끼워 보냈다. 편지는 아침 세수하러 나온 문도령 앞에 떨어졌다. 문도령은 그제야 정신이 번쩍 들었다. 말안장을 지운다는 게 거꾸로 지워 놓고, 관을 쓰는 게 행전을 둘러 쓰고, 두루마기는 한 어깨에만 걸친 채 말에 채찍을 놓았다.

문도령이 집 앞에 달려들 때, 자청비는 마침 머리를 풀어 손질하고 있었다. 말방울 소리가 문 앞에 들리자 자청비는 바쁜 김에 풀어 헤친 머리를 짚으로 얼른 묶어 문간으로 마중을 내달았다.

"낭군님아, 낭군님아, 모든 차림새가 바쁜 차림새가 되었습니다. 법지법(法之法)이나 마련하십시다."

인간의 일생에서 부모가 죽었을 때가 가장 바쁜 때이니, 초상이 나서 성복하기 전에는 통두건(윗부분을 꿰매지 않은 두건)을 쓰고, 두루마기는 한쪽 어깨에만 걸치는 법을 마련하고, 여자 상제는 머리를 풀어 짚으로 묶어 매는 법을 마련한 것이다.

세월이 또 얼마간 흘렀다.

자청비네 살림이 하도 아기자기해 가니, 하늘 옥황에서는 시기하는 패가 생겨났다. 하루는 이 패들이 궁 안에서 문도령을 죽이고 자청비를 푸대쌈하기로 모의를 한 것이다.

자청비가 이것을 모를 리가 없었다. 그녀는 문도령 가슴에 솜을 한 뭉치 넣어 두고, 궁녀들이 술을 권하거든 먹는 체하면서 술을 가슴으로 붓도록 당부하고 남편을 보냈다.

아닌게아니라 궁녀들이 모여들어 술을 권하는 것이었다. 문도령은 먹는 척하면서 턱밑으로 술을 부어 놓으니, 아무리 마셔도 문도령의 정신은 말짱했다.

궁 안에서는 이만하면 틀림없이 죽으리라 생각하고 문도령을 내보냈다. 뒤를 좇아 보니 문도령은 까딱 않고 길을 가는 것이었다. 궁 안에서는 다시 외눈박이할머니를 내보냈다. 외눈박이할머니는 배고파 달달 떠는 시늉을 하며 문도령 앞에 다가섰다.

"문도령님아, 이 술 한잔 드옵소서. 술값 한 푼만 동정하여 주시면 저녁준비나 하오리다."

문도령은 가련한 생각이 들었다. 말 위에서 술값 한푼을 던져 주고 술 한잔을 받아 먹었더니, 그만 정신이 아찔하여 말에서 도록기 떨어져 죽어 갔다. 그 술이 독약인 줄을 알 리가 없었다.

자청비는 남편의 시체를 업어다 방에 눕혀, 이불을 덮어 놓고 앞으로의 일을 생각했다. 무슨 대책을 세워 놓지 않으면 안 되었다.

자청비는 바깥에 나가서 매미와 등에를 많이 잡아왔다. 이놈들을 주렁주렁 실로 묶고 옷걸이 못마다 걸어 놓았다.

　이튿날 낮이 돼 가니 궁 안에서 자청비를 푸대쌈하려고 와르르 몰려들었다. 자청비는 태연히 베틀에 앉은 채로 입을 열었다.

　"당신네들이 나를 푸대쌈하러 온 것 같은데, 그럴 것 없이 우리 낭군 먹는 음식이나 먹으면 내 자청하여 가지요."

하며 함지박에다 무쇠 수제비를 한 그릇 떠다 놓았다. 한 놈이 수제비를 떠먹으려고 하니, 입 안이 와글와글하여 도저히 먹을 수가 없었다.

　"그러면 우리 낭군 깔고 앉던 방석이나 깔고 앉아 보시지요."

　바라보던 자청비는 선반 위를 가리켰다. 한 놈이 가서 내리려고 해 보니 어떻게나 무거운지 내릴 수가 없었다. 무쇠 방석이었다.

　이렇게 한참 판씨름을 할 때 한 놈은 문도령 방의 동정을 보려고 방 앞에 가 기웃거렸다. 문도령이 죽은 줄 알고 있었는데 죽기는커녕 콧소리를 하며 자고 있는 것이 아닌가. 매미와 등에가 일제히 울어대니 코 고는 소리로 들렸던 것이다. 이놈이 새파랗게 질려서 손을 치고 도망가니, 나머지 군중들도 겁을 집어먹고 앞을 다투어 도망쳐 버리는 것이었다.

　푸대쌈은 일단 모면이 되었다. 이젠 죽은 남편을 살려야 한다. 자청비는 곧 서천꽃밭에 들어가 갖가지 꽃을 얻어다가 도환생꽃을 남편의 시체 위에 뿌려서 남편을 살려냈다.

이때 마침 하늘 옥황에는 큰 사변이 일어났다. '이 난을 평정하는 자에겐 땅 한 조각, 물 한 조각을 갈라 주겠다'는 방(榜)이 여기저기 나붙었다.

자청비는 서천꽃밭에서 얻어온 멸망꽃을 가지고 천자 앞에 나아갔다.

"미련한 소녀이오나 제가 난을 막겠습니다."

멸망꽃을 가지고 싸움판에 가고 보니, 삼만 명의 모든 군사가 칼을 받고 활을 받으며 싸움이 치열하게 벌어지고 있었다. 자청비는 멸망꽃을 내놓고 동서로 뿌려 댔다. 삼만 명의 모든 군사가 건삼밭에 늙은 삼 쓰러지듯 동서로 즐비하게 자빠져 난은 수습이 되었다.

천자는 크게 기뻐하여 자청비를 부르고 땅 한 조각, 물 한 조각을 내주었다. 자청비는 이 후한 하사를 사양했다.

"저에겐 땅 한 조각, 물 한 조각은 과하십니다. 주실 것이 있으면 오곡의 씨앗이나 내려 주시옵소서."

오곡의 씨앗을 내주니, 문도령과 더불어 칠월 보름날 인간세상으로 내려왔다. 그래서 오늘날도 칠월 보름날은 백중제(百衆祭)를 지내게 되는 것이다.

인간세상에 내려서고 보니, 마치 새끼를 낳아 버린 개 허리 모양으로, 배가 고파 휘청휘청 걸어가는 사람이 보였다. 그것은 정수남이었다.

"아이고, 상전님아. 이게 어쩐 일입니까. 큰 상전님넨 죽어 저 세상 돌아가시고 나는 갈 데가 없어 이 모양이 되었습니다. 시장기가 한이 없으니 점심 요기나 시켜 주십시오."

정수남이는 우선 밥부터 먹여 달라는 것이었다.

"그러면 저 밭을 보아라. 머슴 아홉에 소 아홉을 거느리고 밭을 가는 데가 있지 않느냐? 거기 가서 점심이나 얻어먹고 오너라."

정수남이가 그 밭에 가서 사정을 했더니, 점심은커녕 욕만 들이 해대는 것이었다. 정수남이가 와서 자청비에게 말을 했다. 자청비는 고약하다 하여 머슴 아홉엔 급증을 불러 주고, 소 아홉과 쟁기엔 흉해를 불러 주어 그 밭에 대흉년이 들게 해 놓았다.

그러고는 정수남이에게 다른 밭을 가리켰다.

"저 밭에 보아라. 두 늙은이가 쟁기도 없이 호미로 긁어 농사를 하고 있지 않느냐? 거기 가서 얻어먹고 오너라."

정수남이가 그 밭에 가 말을 했더니, 늙은이가 도시락에 밥을 정성껏 내어 대접했다. 자청비는 그 마음씨가 곱다 하여 호미농사를 지어도 대풍년이 되게 해 주었다.

자청비는 오곡 씨를 가져다 뿌리다 보니 씨앗 한 가지를 잊어버린 것을 알았다. 다시 하늘 옥황에 올라가서 받아오고 보니 여름 파종 때가 이미 늦어 있었다. 그래도 그 씨앗을 뿌리니 다른 곡식과 같이 가을에 거두어 들이게 되었다. 이것이 바로 메밀 씨인 것이다.

이렇게 하여 문도령과 자청비는 농신(農神)인 세경이 되고, 정수남이는 축산신(畜産神)이 되어 많은 목자(牧者)를 거느려 마소를 치며 칠월에 마불림제를 받아 먹게

되었다. 그래서 문도령을 상세경, 자청비를 중세경, 정수
남이를 하세경이라고 부르는 것이다.

(제주시 용담동 박수 안사인 구연에서)

㈜

이 신화는 큰굿 때의 '세경 본풀이'라는 제차와, 그 외 '멩감' 등 농신(農神)
을 위하는 굿에서, 심방이 제상 앞에 앉아 장고를 치며 부른다.

10 남선비(문전 본풀이)

문전(門神)의 할아버지는 해만국, 할머니는 달만국이
요, 아버지는 남선비, 어머니는 여산부인이며, 일문전(一
門前)은 똑똑하고 역력한(영리한) 녹디생이다.

그 본풀이는 이러하다.

옛날옛적 남선 고을의 남선비와 여산 고을의 여산부인
이 부부가 되어 살았었다. 집안은 가난하여 살림이 궁한
데 아들은 하나 둘……. 일곱 형제나 태어났다.

하루는 여산부인이 남편더러 말을 하되,

"우리가 이래서는 자식들도 많아지고 살 수가 없으니,
무곡(貿穀) 장사나 해보기 어찌합니까?"

"어서 그리 하자."

남선비는 부인의 의견을 받아들이고 곧 배를 한 척 마
련했다. 쌀을 살 밑천이 마련되자 남선비는 처자 권속을
이별하여 남선 고을을 떠났다.

배는 바람 부는 대로 물결 이는 대로 흘러가 오동 나라

오동 고을에 닿았다.

오동 나라 오동 고을에는 노일제대귀일의 딸이라는 여인이 있었다. 간악하기로 소문난 여인이었다.

남선비가 독선(獨船)을 잡아 무곡 장사 왔다는 소식을 듣고, 귀일의 딸은 선창가로 부리나케 달려왔다. 남선비의 돈을 긁어 내려 해서이다.

귀일의 딸은 우선, 있는 아양 없는 아양부터 떨기 시작했다.

"남선비님아, 남선비님아. 우리 심심소일로 장기 바둑이나 두며 놀음놀이나 해 보십시다."

"어서 그럽소서."

매끈한 여인의 아양 소리가 싫지 않았던 것이다. 둘이는 장기를 벌여 놨다. 이리 두고 저리 두고 며칠을 두는데 승부는 뻔한 일이었다. 남선비는 타고 간 배를 팔고 무곡 살 돈을 모조리 빼앗겼다. 이젠 갈 수도 올 수도 없는 가련한 신세가 되어 버리고 만 것이다.

남선비는 어쩔 수 없이 노일제대귀일의 딸을 첩으로 삼아, 그녀에게 끼니를 얻어먹기로 했다. 첩과의 새살림이 시작되었다.

간악한 첩이 남편을 잘 모실 리가 없다. 집이라곤 나무 돌쩌귀에 거적문을 단, 수수깡 외기둥의 움막이다. 이 집에서 남선비는 부인이 끓여 준 겨죽 단지를 옆에 끼고 앉아,

"요 개 저 개, 주어 저 개!"

개를 쫓으면서 소르르 졸음을 조는 것이다. 이런 생활

을 이어 가니 몇 해 안 가 눈까지 어두워져 버렸다.

한편 여산부인은 남편이 돈을 벌어 돌아올까, 연 삼 년을 기다리다가 끝내 소식이 없자 아들들을 불렀다.

"너희 아버지가 무곡 장사를 갔는데 여태까지 소식이 없는 것을 보니, 무슨 곡절이 있는 성싶다. 깊은 산중에 올라가서 곧은 나무를 베어다가, 배를 하나 지어 주면 너희 아버지를 찾아오겠다."

이튿날부터 아들 칠형제는 깊은 산중에 올라가 곧은 나무를 베어다가 배 한 척을 지어 놓았다. 여산부인은 일곱 형제를 이별하여 남선 고을을 떠났다. 바람 부는 대로, 물결 이는 대로 배는 흘러, 오동 나라 오동 고을에 닻을 수가 있었다.

오동 고을에 닿은 여산부인은 남편을 찾아 헤맸으나 행방이 묘연했다. 발 가는 대로, 길이 난 대로 자꾸만 가다 보니, 기장밭에 새 쫓는 아이를 만날 수 있었다.

"요 새 저 새, 너무 약은 체 말아라. 남선비 약은 깐에도 노일제대귀일의 딸 홀림에 들어, 수수깡 외기둥 움막에 앉아 겨죽 단지 옆에 끼고, '이 개 저 개, 주어 저 개!' 쫓고 있다. 요 새 저 새 주어 저 새!"

아이의 새 쫓는 소리에 여산부인은 정신이 번쩍 들었다. 바람결에 잘은 안 들렸으나 남선비 소리만은 분명히 들렸다.

"애야, 아까 무슨 말을 했지? 또 한 번 말해 주면 내 영초(英綃) 댕기 하나 해 주지."

"나 아무 말도 안했어요."

"아니, 아까 남선비가 어떻다고 하지 않았어? 그 말을 해 달란 말이다."

"아, 무슨 말이라고? 아깐 '요 새 저 새, 너무 약은 체 말아라. 남선비 약은 깐에도 노일의 딸 홀림에 들어 겨죽 단지 옆에 끼고 앉아, 이 개 저 개 주어 저 개' 하며 쫓고 있다고 했어요."

"설운 아기야, 남선비가 어디 사느냐? 남선비 사는 델 가르쳐 다고."

"요 재 넘고 저 재 넘어가세요. 요 재 넘고 저 재 넘어 가다 보면, 나무 돌쩌귀에 거적문을 단 움막이 있어요."

여산부인은 아이에게 영초 댕기를 달아 주고 요 재 넘고 저 재를 넘어갔다. 과연 나무 돌쩌귀에 거적문을 단 움막이 있었다.

"지나가는 손인데, 날이 저물어 부탁이니 하루 저녁 재워 주기 어쩝니까?"

여산부인은 움막 속을 들여다보며 말을 건넸다.

"아이고, 설운 부인님아. 우리집은 집도 좁고 손님 재울 수 없습니다."

겨죽 단지를 끼고 앉아 대답하는 주인은 분명 남편인 남선비였다. 그러나 눈이 어두운 남편은 부인을 알아보지 못하는 것이었다.

"그게 무슨 말입니까? 사람이 여행 다니는데 집을 지고 다닙니까? 부엌이라도 좋으니 하루 저녁만 빌려 주십시오."

자꾸 다그쳐 부탁하는 바람에 남선비는 마지못해 허락을 했다.

여산부인은 부엌에 들어가 솥을 열어 보았다. 겨죽이 바닥에 바짝 눌어붙어 있었다. 정말 기가 막힐 노릇이었다. 우선 밥부터 해 드려야 하겠다고 생각했다. 한 번 두 번 솥을 깨끗이 닦아 놓고, 나주영산(羅州榮山) 은옥미(銀玉米)를 씻어 놓아 밥을 지었다. 말끔히 상을 차려 남선비에게 들여가니, 남선비는 첫 술을 뜨고는 눈물을 주르륵 흘리는 것이다.

"설운 부인님아, 이게 어떤 일입니까? 나도 옛날에는 이런 밥도 먹어 보았습니다마는 이 꼴이 되었습니다. 나도 본래 이런 사람이 아닙니다. 남선 고을 남선비가 됩니다. 무곡 장사를 왔다가 노일제대귀일의 딸 홀림에 들어 이 지경이 되고, 이젠 죽지도 살지도 못하는 처지입니다."

"아이고, 설운 남선비님아, 나를 모르겠습니까? 여산부인이 됩니다."

남선비는 깜짝 놀라며 부인의 팔목을 덥석 잡았다. 만단정화가 시작되었다.

이윽고 노일제대귀일의 딸이 어디 가서 겨 한 되를 치맛자락에 얻어 들고 들어왔다.

"이놈 저놈 죽일 놈아. 나는 어디 가서 죽을 듯 살 듯 겨 한 되라도 빌어다가 죽을 쑤어 배 불게 먹이다 보면, 지나가는 년들 끌어들여 만단정화 이르는구나."

"설운 부인아, 그리 후욕(詬辱)을 하지 말고 어서 내 말을 들어보라. 여산 고을 큰부인이 나를 찾아왔단다."

그말 들은 귀일의 딸은 홰홰 방으로 들어오더니,

"아이고 형님아. 오뉴월 한더위에 우릴 찾아오려고 얼마나 고생을 하십디까? 우선 시원히 목욕이나 하고 와서 저녁밥이나 해 먹고 놀기가 어떱니까?"

상냥한 말씨로 어리광을 부려 가며 큰부인 대접을 해가는 것이다.

여산부인은 순진하게 받아들이고 귀일의 딸 뒤를 따라 주천강 연못으로 목욕을 나갔다.

"설운 형님아, 어서 옷을 벗으세요. 제가 먼저 등에 물을 놓아 드리리다."

여산부인은 적삼을 벗어 엎드려 굽혔다. 귀일의 딸은 옆에 서서 물을 한 줌 쥐어 놓아 등을 밀어 주는 척하다가, 물 속으로 와락 밀어 넣어 버렸다. 감태 같은 머리가 물 속에 흘러가 여산부인은 주천강 연못의 수중고혼이 되고 말았다.

노일제대귀일의 딸은 여산부인의 옷을 벗겨 입고 큰부인인 체하며 남선비에게 돌아갔다.

"설운 낭군님아, 노일제대귀일의 딸 행실이 괘씸하길래, 주천강 연못에 가서 죽여 두고 왔습니다."

"하하, 그년 잘 죽였다. 내 원수 갚았구나. 자, 이젠 우리, 고향으로 돌아가자."

남선비와 귀일의 딸은 배를 놓아 남선 고을로 향하였다. 배가 물마루〔水平線〕를 넘어서니, 남선비 아들 일곱 형제는 부모님을 마중하여 선창가로 나왔다.

배가 선창에 닿았다. 아들들은 부모를 맞는 정성으로 각각 제만큼씩 다리를 놓아 갔다. 큰아들은 망건을 벗어 다리를 놓고, 둘째는 두루마기를 벗어 다리를 놓고, 셋째는 적삼을 벗어 다리를 놓고, 넷째는 고의를 벗어 다리를 놓고, 다섯째는 행전을 벗어 다리를 놓고, 여섯째는 버선을 벗어 다리를 놓는다. 그런데 영리한 막내아들 녹디성인은 칼날을 위로 세워 다리를 놓는 것이 아닌가.

"어째서 부모님이 오시는데, 칼날을 세워 다리를 놓느냐?"

이상히 생각한 큰형이 물었다.

"설운 형님아. 아버님은 우리 아버님이 틀림없습니다마는, 어머님은 우리 어머님 같지가 않습니다."

"그게 무슨 말이냐? 어째서 알겠느냐?"

"어머님이 우리 어머님인지 아닌지 알겠으면, 배에서 내려서 집을 찾아가는 것을 보면 알 도리가 있을 것입니다. 집에 가서 우리 밥상을 차려 놓는 것을 보면 알 도리가 있을 것입니다."

형들은 동생의 말대로 시험해 보기로 하였다.

부모님이 선창가에 내리자, 부모·자식이 그간에 밀린 정화 이르고 나서,

"아버님, 어머님아, 어서 집으로 가십시다."

부모를 앞세우고 일곱 형제는 뒤를 따랐다.

눈이 어두운 남선비는 길을 알 리가 없다. 노일제대귀

일의 딸이 앞장을 서서 길을 찾아가는데 그게 또한 길을 알 리가 없는 것이다. 가다가 골목이 당하면 이 골목으로도 쑥 들어가려 하고 저 골목으로도 쑥 들어가려 하는 것이다.

"어머님은 어째서 벌써 길도 잊었습니까?"

"얘들아, 말도 말아라. 너희들의 아버지 찾아오노라고 하도 고생을 해서 정신이 어찔어찔한단다."

형제들은 확실히 석연치 않은 데가 있구나 생각했다.

겨우 집을 찾아 들어갔다. 저녁을 하여 밥상을 보는데, 아버님께 놓던 상은 자식에게, 자식에게 놓던 상은 아버님께 가곤 하여 뒤죽박죽이 되어 갔다.

"어머님은 어째서 밥상도 벌써 잊었습니까?"

"아이고 얘들아, 말도 말아라. 너희들 아버지 찾노라고 너무 고생해서 정신이 없단다."

형제들은 더욱 의심을 갖게 되었다.

'우리 어머님은 어느 고을에 가서 무얼 하고 계실까?'

그날부터 일곱 형제는 어머님을 그리워하며 눈물로 세월을 보냈다.

노일제대귀일의 딸도 이 눈치를 알아차렸다. 적이 걱정이 되었다. 이 아들들이 왈칵 일어서는 날에는 무슨 변을 당할지 모를 일이다. 어떻게 하든 이 아들들을 없애버리는 게 상책이다. 여기까지 생각이 미친 귀일의 딸은 그 계략을 생각하기 시작했다.

어느 날, 귀일의 딸은 삽시에 배가 아프다고 방 네 귀를 팽팽 돌기 시작했다.

"아야 배여, 아야 배여!"

가뜩이나 부인을 사랑하는 남선비는 부인이 사경에 이르러 가자 혼겁을 먹고 당황했다.

"어찌하면 좋으리."

"설운 남인(男人)님아. 나를 조금이라도 살릴 마음이 있거든 요기로 요길 가다 보십시오. 대로변에 먹서리를 쓰고 앉은 문복(問卜)쟁이가 있을 테니, 거기 가서 문복이나 해 보아 주십시오."

남선비가 점을 치러 먼 문간 바깥으로 나가니, 귀일의 딸은 얼른 일어나 울타리를 뛰어넘어 소로로 지름길을 잡아 달려갔다. 대로변에 이르자 먹서리를 써 얼굴을 가리고 점쟁이인 체하며 기다리고 있었다.

얼마 후 남선비가 허둥지둥 달려왔다.

"문복이나 지어 주십시오."

"어떤 문복이 되옵니까?"

"우리 부인이 삽시에 신병이 일어나 사경에 이르렀습니다. 어느 신령에 걸린 죄목이나 아닌지 짚어 보아 주십시오."

귀일의 딸은 손가락을 들어 오므렸다 폈다 하며 짚어 보는 척하다가,

"남선비님아, 아들 일곱 형제 있오리까?"

"예, 있습니다."

"일곱 형제 간을 내어 먹어야 신병 좋으리다."

남선비가 그 말 듣고 집에 들어온 때는, 이미 귀일의

딸은 지름길로 먼저 와서 뒹굴고 있는 때였다.

"아야 배여, 아야 배여!"

더욱더 사경에 달해 있었다.

"문복하니 무엇이라 합디까?"

"아들 일곱 형제 간을 내어 먹어야 신병 좋겠다 하더라."

"아이고 남인님아, 이게 무슨 말입니까? 어찌 그럴 수 있습니까? 요기로 요길 가다 보십시오. 이번엔 바구니를 둘러쓰고 앉은 문복장이가 있을 것입니다. 거기 가서 다시 물어 보십시오. 아야 배여, 아야 배여!"

남선비가 먼 문을 나가니, 귀일의 딸은 다시 울타리를 뛰어넘어 지름길로 달려가 바구니를 쓰고 앉아 있었다.

남선비가 달려가서,

"문복이나 지어 주십시오."

"어떤 문복이 되옵니까?"

"우리 부인이 삽시에 신병이 일어나 죽을 사경이 당하여 왔습니다."

역시 점쟁이는 손가락을 오므렸다 폈다 하다가,

"아들 일곱 형제 간을 내어 먹어야 신병 좋으리다."

같은 소리를 하는 것이었다.

귀일의 딸은 다시 지름길로 달려와 더욱 죽어 가는 체하고 있었다. 남선비가 들어왔다.

"아야 배여, 아야 배여! 가니 무어라고 합디까?"

"일곱 형제 간을 내어 먹어야 좋겠다고 하더라."

"아이고 할 수 없구나, 설운 낭군님아. 그러거든 아들

일곱 형제 간을 내어 주십시오. 내 살아나서 한꺼번에 세 쌍둥이씩 세 번만 낳으면, 형제가 더 불어 아홉 형제가 될 게 아닙니까?"

남선비는 부인의 말이 그럴싸하여, 은장도를 꺼내어 슬근슬근 갈기 시작했다. 때마침 뒷집의 청태산 마구할망이 불을 빌리러 들어왔다.

"남선비야, 어떤 일로 칼을 가느냐?"

"우리집 부인이 삽시에 신병이 나서 사경이 되어 가, 한두 군데 문복을 하고 보니, 아들 일곱 형제 간을 내어 먹어야 낫겠다 하기에, 간을 낼려고 칼을 갑니다."

청태산 마구할망은 혼겁이 나서 밖으로 내달았다. 네거리에 가 보니 남선비 아들 일곱 형제가 있었다.

"설운 아기들아. 너희 집에 가 보았더니, 아버지는 너희들 일곱 형제 간을 내려고 칼을 갈고 있더라."

일곱 형제는 대성통곡을 시작했다. 얼마나 울었을까. 울음도 지쳐지자 영리한 막내동생이 의견을 내놓았다.

"설운 형님들아. 그리 울지 말고 여기 서 있으면 제가 어떻게 하든간에 아버님이 가는 칼을 뺏어오리외다."

형들을 네거리에서 기다리게 하고 막내동생 녹디성인이 집으로 들어갔다. 역시 아버님은 칼을 슬근슬근 갈고 있었다.

"아버님아 아버님아, 어떤 일로 칼을 갑니까?"

"그런 게 아니라, 너희 어머님이 신병이 나 사경에 이르므로, 어디 가서 문복을 하였더니, 너희들 일곱 형제 간을 내어 먹어야 낫겠다 하길래 간을 빌려고 칼을 가노라."

"아버님아, 그거 좋은 일입니다. 어머님 신병을 고쳐야 합니다. 그런데 아버님아, 아버님 손으로 우리 일곱 형제 간을 내면 송장 일곱을 묻어야 할 게 아닙니까. 흙 한 삼 태기씩만 덮어 주려 해도 일곱 삼태기가 아닙니까? 그 칼을 이리 주십시오. 제가 형님들을 굴미굴산 깊은 곳에 데리고 가서 여섯 형님네 간을 내어 오겠습니다. 어머님이 먹어 봐서 효과가 있거든 저 하나는 아버님 손으로 간을 내옵소서."

"어서 그리 하자."

칼을 내어 주니, 녹디성인은 형님들을 데리고 눈물로 다리를 놓으며 굴미굴산 깊은 곳으로 향하였다.

가다가다 몸도 지치고 시장기에 몰려 일곱 형제는 길가에 주저앉았다. 잠깐 잠이 들었다. 저승으로 향해 가던 어머님이 꿈에 나타났다.

"설운 아기들아, 어서 빨리 눈을 떠 보아라. 산중에서 노루 한 마리가 나려온다. 그 노루를 잡아서 죽일 판으로 두르고 있으면 알 도리 있으리라."

눈을 번쩍 뜨고 보니, 과연 노루 한 마리가 저 산에서 뛰어 내려오고 있었다. 일곱 형제는 와르르 몰려들어 그 노루를 잡았다. 금방 죽일 판으로 둘러쌌다.

"설운 도련(道令)들아. 나를 죽이지 말고 내 뒤에 보면 산돼지 일곱 마리가 내려오고 있으니 그걸 잡으십시오. 어미는 씨 전종할 것으로 남겨 두고 새끼 여섯 마리를 잡아 간을 내어 가면 될 게 아닙니까?"

노루가 차근차근하게 이야기해 주는 것이었다.

"이놈 거짓말 아니냐? 만일 거짓말이면 용서하지 않는
다."

이놈을 식별할 증거로 노루 꼬리를 짤막하게 끊고, 엉
덩이에 백지 한 장을 붙여 놓았다. 그때 낸 법으로 노루
몸뚱이가 아리롱다리롱하고 노루 꼬리가 짧아졌다.

노루를 놓아 주고 잠시 있으니 과연 산돼지 일곱 마리
가 저 산 쪽에서 내려오는 것이었다. 노루 말대로 어미는
씨 전할 것으로 살려 주고, 새끼 여섯 마리를 잡아 간을
내었다. 일곱 형제는 산돼지 간을 돌돌 싸 가지고 마을로
돌아왔다.

"설운 형님들일랑 동서남북 중앙으로 벌여 서십시오. 대
기해 있다가 나의 큰 소리가 들리거든 왈칵 달려드십시오."

네거리에 와서 녹디성인은 이렇게 형들에게 당부하고
멀리 집 주위를 둘러 세웠다. 그러고는 산돼지 간을 들고
집으로 들어갔다.

노일제대귀일의 딸은 '아야 배여, 아야 배여!' 하며 죽
어 가고 있었다.

"어머님아, 이걸 잡수어 보십시오. 형님들 여섯 형제
간을 내어 왔습니다."

"아이고 설운 아기야, 효자로구나. 중병 든 데 약 먹는
거 보는 법 아니다. 너는 저기 나가 있거라."

녹디성인은 바깥으로 나오면서 집게손가락에 침을 발

라 창구멍을 하나 뚫었다. 몰래 창구멍으로 거동을 살폈다. 귀일의 딸은 간 여섯 개를 먹는 체하며 자리 밑으로 소롱소롱(살금살금) 묻어 놓고, 피만 입술에 바르는 척 마는 척하고 있다.

녹디성인이 문을 열고 들어갔다.

"어머님아, 약 다 자십데까?"

"다 먹었노라."

"어머님, 약 자시니 신병이 어떻습니까?"

"조금 나아 뵌다마는 하나만 더 먹었으면 아주 활짝 나아질 듯하다."

"어머님, 그러면 마지막으로 어머님 머리에 이나 잡아 드리겠습니다."

"그 효도(孝道) 고맙다마는 중병 든 데 이 잡는 법 아니다."

"그러면 방안이나 치워 드리리다."

"이거 무슨 말이냐? 중병 든 데에 방안 치우는 법 아니다."

녹디성인은 화를 벌컥 내며 달려들어 노일제대귀일의 딸의 쉰댓 자(55尺) 머리를 좌우로 핑핑 감아 한쪽으로 잡아 엎질렀다. 그러고는 자리 밑에 숨겨 놓은 간 여섯 개를 한 손에 세 개씩 들고 지붕 용마루 높은 곳에 올라갔다.

"요 동네 어른들아, 저 동네 어른들아, 의붓어머니(계모) 의붓자식 있는 사람들아. 요거 보고 조심하십시오!

설운 형님들이여 동서로 달려드십시오!"

큰 소리로 외쳐 댔다. 형들이 와라치라 달려들었다.

집안이 왈칵 뒤집혔다.

"이게 무슨 일인가?"

남선비는 달아날 길을 잃어, 겁결에 올래(집으로 드나
드는 골목길)로 내닫다가 거기에 걸려 있는 정랑(사람이
나 짐승의 출입을 막기 위해 올래에 가로 걸쳐 놓은 굵은
나무 막대기)에 목이 걸려 죽었다. 그래서 주목지신(柱木
之神 : 정랑을 꿰어 걸치게 올래 양쪽에 세워 놓은 기둥
의 신)·정살지신(정랑의 신. 정방을 정살이라고도 함)이
되었다.

노일제대귀일의 딸은 아들들이 달려드는 바람에 바깥
으로 내달을 수도 없어, 벽을 허위뜯어 구멍을 뚫고 변소
로 도망쳐 쉰댓 자 머리털로 목을 매어 죽었다. 변소의
신(神)인 측도부인(厠道婦人)이 된 것이다.

일곱 형제가 달려들어 죽은 위에 다시 복수하려고 두
다리를 찢어 발겨 드딜팡(용변 볼 때 디디고 앉는 납작한
돌)을 마련하고, 대가리는 끊어 돝도고리(돼지먹이 통)를
마련하고, 머리털은 끊어 던지니 저 바다에 가 페(해조류
의 일종)가 되었다. 입은 끊어 던지니 바다의 솔치가 되
고, 손톱·발톱은 끊어 던져 버리니 쇠굼벗·돌굼벗(딱지조
개의 일종)이 되고, 배꼽은 끊어서 던져 버리니 굼벵이가
되고, 항문은 끊어 던져 버리니 대전복·소전복이 되고,
육신은 폭폭 빻아서 바람에 날려 버리니 각다귀·모기가

되었다.

'이만하면 시원하다.'

분풀이를 해 놓고 일곱 형제는 모조리 서천꽃밭에 올라 갔다. 이 꽃밭은 뼈살꽃(뼈를 환생시키는 꽃)·살살꽃(살 을 환생시키는 꽃)·도환생꽃 등 가지가지 꽃들을 가꾸는 곳이다. 이 꽃밭은 황세곤간이 관리한다.

일곱 형제는 우선 황세곤간을 달래어 도환생꽃을 몇 송 이 얻어 내고, 그 길로 오동 나라 오동 고을의 주천강 연 못으로 달려갔다. 연못은 아무 일도 없었다는 듯이 물이 넘실거리고 있었다.

"명천 같은 하느님아, 주천강 연못이나 마르게 해 주소 서. 어머님 신체나 찾으리다."

일곱 형제가 축수를 드렸더니 삽시에 연못이 잦아들었 다. 바닥에 어머님의 뼈가 살그랑이 있었다. 이 뼈 저 뼈 도리도리 모아 놓아, 도환생꽃을 위에 놓고 금봉채로 한 번 후려쳤다.

"아이고 봄잠이라, 늦게도 잤구나."

머리를 긁으며 어머님이 살아났다.

'어머님이 누웠던 자린들 내버리랴.'

일곱 형제는 어머님 뼈가 놓였던 자리의 흙을 주섬주섬 모아 놓고 시루를 만들었다. 여섯 형제가 돌아가며 한 번 씩 주먹으로 찍으니 여섯 구멍이 터지고, 녹디성인은 화 를 발칵 내며 발뒤꿈치로 한 번을 탁 찍으니 큰 구멍이 가운데 터졌다. 그때에 낸 법으로 시루구멍이 일곱 개 뚫린 것이다.

어머님을 살려 내어 일곱 형제는 집으로 돌아왔다.

"어머님아, 춘하추동 사시절을 물 속에서만 살았으니 몸인들 안 추울 리가 있겠습니까? 어머님일랑 하루 세 번 더운 불을 쬐면서 조왕할망으로 앉아 얻어먹기 마련하십시오."

어머니는 조왕할망이 되어 들어서게 하고, 일곱 형제는 각각 자기의 직분을 차지하여 신들이 되었다. 큰형은 동방청대장군(東方靑大將軍), 둘째형은 서방백대장군(西方白大將軍), 셋째형은 남방적대장군(南方赤大將軍), 넷째형은 북방흑대장군(北方黑大將軍), 다섯째형은 중앙황대장군(中央黃大將軍), 여섯째형은 뒷문전(뒤쪽 門神)으로 들어섰다. 마지막으로 영리한 녹디성인은 일문전(앞쪽 門神)이 되어 들어섰다.

그때 낸 법으로 오늘날도 명절·기일 제사 때 문전제(門前祭)를 지내고, 그 제상의 제물을 조금씩 떠서 지붕 위에 올린 후, 다시 조금씩 떠서 어머니신인 조왕(竈王)에게 올리는 것이다.

그때 변소의 신인 측도부인과 조왕은 처첩 관계였기 때문에, 부엌과 변소는 마주 서면 좋지 않은 법이다. 부엌과 변소는 멀어야 하고, 변소의 것은 돌 하나, 나무 막대기 하나라도 부엌으로 가져오면 좋지 못하다는 것은 이 때문이다.

(제주시 용담동 박수 안사인 구연에서)

㉾

이 신화는 큰굿 때의 각도비념, 곧 집안의 모든 신들에게 축원하는 제차(祭次)에나, 신년 가제(新年家祭)인 문전비념 등, 문신(門神)을 중심한 집안의 신들에게 축원할 때 노래한다. 심방〔巫〕은 앉아서 장고를 치며 이 신화를 노래하고, 이어서 문신·조왕 등 집안의 여러 신에게 돌아가며 축원하는 것이다.

11 사신(蛇神) 칠성(칠성 본풀이)

*칠성의 아버지는 장나라 장설룡이고 어머니는 송나라 송설룡이다.

옛날옛적 장나라 장설룡과 송나라 송설룡이 부부가 되어 살았었다. 집안이 천하거부여서 생활은 유족했으나, 한 가지 걱정은 쉰 살이 가깝도록 슬하에 자식 하나 없는 것이었다.

부부는 동관음사(東觀音寺)가 수덕(酬德)이 좋다는 말을 듣고 이 절에 가 자식을 빌기로 했다. 송낙지(송낙을 만들 재료)도 구만 장, 가사지도 구만 장, 상백미(上白米)도 일천 석, 중백미도 일천 석……. 갖가지를 차리고 동관음사로 올라갔다.

아침에는 아침 불공, 저녁에는 저녁 불공……. 석 달 열흘 백 일 동안 불공이 계속되었다. 불공을 끝마치는 날 스님은 보시가 백 근이 못 차 딸자식을 점지하신다고 일러 주었다.

부부는 집에 내려와서 합궁일(合宮日)을 골라 천생배필을 맺었더니 과연 태기가 있었다. 태어난 것은 여자아이였다.

이 아기씨가 일곱 살이 되는 해였다. 아버지 장설룡은 천하공사, 어머니 송설룡은 지하공사 벼슬살이를 가게 되었다. 부모는 딸자식이 걱정이었다. 아들자식 같으면 데리고 가서 벼룻물이나 떠놓도록 하지만 딸자식이 되어서 그럴 수도 없는 처지였다. 어쩔 수 없이 문을 단단히 잠그고 그 속에 가두어 놓고 가기로 했다. 아기씨를 방안에 놓고 사방 문을 단단히 잠갔다. 그러고는 느진덕정하님을 불러 구멍으로 밥을 주고 구멍으로 옷을 주며 잘 키우고 있으면, 벼슬살이 끝마치고 와서 종 문서를 돌려 주겠다고 당부했다.

부부는 벼슬살이를 떠났다. 느진덕정하님은 구멍으로 밥을 주고 구멍으로 옷을 주며 아기씨를 키우기 시작했다. 하루 이틀……. 날짜는 흘러갔다.

이레째 되는 날이었다. 느진덕정하님이 구멍으로 밥을 주려고 방안을 들여다보니, 아기씨가 간 데 온 데 없이 사라져 버린 것이 아닌가. 느진덕정하님의 탄식은 말이 아니었다. 상전님이 알게 되면 목을 베게 마련이기 때문이다. 느진덕정하님은 그날부터 동서 순력 연사흘을 찾아 헤맸다. 그러나 아기씨 소문은 요만큼도 들을 수가 없었다. 하는 수 없이 상전에게 편지를 띄웠다.

"아기씨가 간 데 온 데 없이 사라졌으니 어서 바삐 돌아옵소서."

그때, 아기씨는 부모님이 그리워 뒤를 좇아가려고 살창 구멍으로 살짝 빠져나와 산길을 달리고 있었다. 길은 끝이 없고 해는 저물었다. 질펀한 띠밭에서 가지도 오지도 못하여 주저앉아 울기를 시작했다. 두 이레 열나흘을 울다 보니, 아기씨는 죽을 지경이 되어 있었다.

이때 마침 스님 셋이 아기씨 곁을 지나게 되었다.

"앞에 가는 대사님아, 나를 살려 주옵소서."

첫번째 스님은 눈도 아니 거들떠보고 지나가고, 두번째 스님도 그대로 지나갔다.

"세번째 오는 대사님아, 나를 살려 주옵소서."

"너는 어느 누구 되느냐?"

세번째 스님은 걸음을 멈추었다.

"장나라 장설룡의 딸이 됩니다."

"하하, 우리 법당에 와서 불공 드려 탄생한 아기씨로구나."

스님은 아기씨를 돌돌 싸서 장나라로 내려왔다.

이럴 즈음, 장설룡 대감 부부는 벼슬을 그만두고 내려와, 동서로 순력하며 아기씨를 찾아봐도 찾지 못하고 허허탄식을 하고 있었다.

"소승 뵈입니다."

스님이 아기씨를 데리고 다니며 희롱하다가, 문 밖의 노둣돌 밑에 숨겨 놓고 들어온 것이었다.

"소승이 뵈이고 아무개 뵈이고, 너희 법당에 가 불공 드려 얻은 아기가 없어졌으니 이게 어찌 된 일이냐? 오행(五行)·팔괘(八卦) 단수육갑(單數六甲)이나 짚어 보아라. 어디쯤 갔겠느냐?"

  장설룡 대감은 먼저 점부터 쳐 보라고 다가들었다. 스님은 손가락을 꼬부렸다 폈다 하며 짚어 보다가,

  "예, 아기씨는 부르면 들릴 듯, 외치면 알듯한 곳에 있을 듯합니다. 노둣돌 밑에나 보옵소서."

  스님의 말을 듣자 장설룡 대감은 화를 발칵 내며,

  "재화(災禍)가 저 중 재화로다. 저 중을 엎질러라."

  야단 치며 중을 잡아들이려 할 때, 스님은 술법을 써서 천리 길을 뛰어가 버렸다.

  노둣돌 밑을 헤쳐 보니 과연 아기씨가 있었다. 얼굴엔 기미가 거멓게 끼었고, 몸은 마치 뱀처럼 아리롱다리롱하고, 배를 보니 심상치 않게 불룩해져 있는 것이다. 임신 중임이 첫눈에 드러나는 것이다.

  "양반의 집에 이런 일이 어디 있겠느냐!"

  장설룡 대감 부부는 크게 화를 내고 아기씨를 죽이기로 했으나 그럴 수는 없었다. 며칠을 의논 끝에 무쇠석갑에 담아서 동해 바다에 띄워 버리기로 했다.

  무쇠석갑은 강남목골로 동해 바다에 띄워졌다. 밀물에도 홍당망당, 썰물에도 홍당망당하며, 무쇠석갑은 제주 물마루[水平線]를 넘어, 성 안(현재의 제주시)으로 가까이 밀려왔다. 제주성 안으로 들어오려 한 것이다.

  그러나 제주성 안의 산지(山地) 포구에는 산지 용궁칠머릿당의 세변도원수(堂神名)가 세어 들어갈 수가 없었다. 무쇠석갑은 동쪽으로 돌아 화북(제주시 화북리)으로 들어가려 해 보니, 그 마을의 가릿당신이 세어 들어갈 수

가 없었다. 다시 동쪽으로 돌아 가물개(삼양 일리)로 들어가려 하니, 그 마을 당신(堂神) 시월도병서가 세고, 설개(삼양 이리)로 들어가려 하니 개로육서또(堂神名)가 세어 들어갈 수가 없었다.

다시 동쪽으로 돌아 신촌(조천면 신촌리)으로 들어가려 해 보니, 이 마을 큰물머리당이 세어 들어갈 수 없고, 조천(조천면 조천리)으로 돌아 들어가려 해 보니, 새콧알 고망할망(堂神名)이 세어 들어갈 수가 없었다. 다시 동쪽으로 나아갔다. 이번엔 신흥(조천면 신흥리)으로 들어가려 해 보니, 이곳 볼래낭알 박씨할망(堂神名)이 세어 들어갈 수 없고, 한 걸음 더 나아가 함덕(조천면 함덕리)으로 들어갈까 하니, 사레물거리(堂)가 세어 들어갈 수 없고, 북촌(조천면 북촌리)으로 들어가자 하니 이곳 해신국(堂神名)이 세어 들어갈 수가 없었다. 동복(구좌면 동복리)으로 들아가자 하니, 고첨지영감(堂神名)이 세어 들어갈 수 없고, 김녕(구좌면 김녕리)으로 들어가자 하니 안성세기(堂名)·밧성세기(堂名)가 세어 들어갈 수 없었다.

한 걸음 더 동쪽으로 나아가기로 하여 세화리(구좌면 세화리)로 들어가려 해 보니, 천자·백주·금상님(모두 堂神名)이 세어 들어갈 수 없었다. 이젠 밀물을 타서 되돌아올 수밖에 없다 하고 서쪽으로 머리를 돌렸다. 함덕리 서무오름 밑에 이르고 보니, 보던 중 제일 올라갈 만한 곳이었다. 무쇠석갑은 서무오름 밑의 썩은 개〔浦〕로 올라갔다.

그때는 함덕리(咸德里)와 신흥리(新興里)를 합쳐 열네 가호에 일곱 잠수(潛嫂 : 해녀)가 살던 때였다.

어느 날, 일곱 잠수는 태왁에 물망시리를 어깨에 메고, 바다에 들려고 하여 썩은개에 왔다가 이상한 무쇠석갑을 발견했다.

"내가 먼저 주운 것이다."

"내가 먼저 본 것이다."

일곱 잠수는 아귀다툼을 시작했다.

이때, 함덕리의 송첨지 영감이 한 뼘 못 되는 볼락 낚싯대에다 작은 바구니를 어깨에 걸치고 낚시질을 나오다 보니, 서무오름 밑에서 왁자지껄 사람 소리가 들려왔다. '옳지, 멸치가 들어왔나보다.' 이렇게 생각하며 썩은개로 내려와 보니, 일곱 잠수가 머리채를 감아 쥐고 싸움을 하고 있었다.

"이년 저년들아, 웬일로 이렇게 싸움을 하는 거냐?"

"송첨지 영감님아, 그런 게 아니라, 저 무쇠석갑을 내 먼저 주웠는데, 저년이 먼저 주웠노라고 이럽니다."

"너희들 그리 말고, 그 속에 은이 들었거나 금이 들었거나 너희들 일곱이 똑같이 노나 가지고, 무쇠석갑일랑 나를 주면 담배함으로나 쓰겠다."

"어서 그리 하십시오."

송첨지 영감이 무쇠석갑을 세 번을 메어치니 저절로 설강하게 두껑이 열렸다. 모여들어 속을 보니, 혀는 맬록, 눈은 팰롱, 몸뚱이가 아리롱다리롱한 뱀 여덟 마리가 소랑소랑 누워 있었다. 임신한 아기씨가 뱀 일곱 마리를 낳고 뱀으로 환생한 것이다. 이것이 칠성이다.

"아따, 누추하고 재수 없는 놈이 다 뵈는구나."

송첨지 영감이 낚싯대로 이리저리 헤치고, 일곱 잠수가 비창으로 여기저기 걸려 던졌다. 그날부터 일곱 잠수와 송첨지 영감은 몸이 아파 드러눕고 사경에 이르러 갔다. 하도 답답하고 민망하니 점이나 쳐 보기로 했다. 당시 가물개(삼양 이리)에 살던 이원신이 점을 잘 친다고 하여 문복을 갔다. 이원신은 '남의 나라에서 들어온 신을 박대한 죄목이 되니, 그 신을 청하여 굿을 하라'고 점괘를 내리는 것이었다.

일곱 잠수와 송첨지 영감이 심방을 불러다 큰굿을 했더니, 신병(身病)이 씻은 듯이 좋아지고, 동서로 재물이 물밀듯이 들어와 일시에 거부가 되어 갔다.

일곱 잠수와 송첨지 영감은 서무오름 앞에 칠성당을 만들고 이 신을 계속 위했다. 이것을 본 마을 사람들도 너도나도 모여들어 위해 가니, 함덕 마을이 삽시에 부촌이 되어 갔다.

칠성들은 무쇠석갑에 담겨 떠 와 여기서 이만큼 얻어먹어 보니 좋았다. 그러나 이 함덕 마을도 한도가 있어 그리 장구히 있을 만한 곳은 못 되었다. 아무래도 제주성 안으로 들어가는 게 훨씬 낫겠다는 생각이 들었다.

칠성들은 함덕 마을을 떠나 성 안으로 향했다. 대로로 가자 하니 개 짐승이 무서워 낮엔 소로로, 밤엔 대로로 하여 함덕리 금성동산으로, 조천리 만세동산으로, 신촌 열녀문 거리로 하여 제주시 화북(禾北里) 베릿내에 이르렀다. 긴 여행이라 땀도 나고 옷도 더러워졌다. 일곱 아기들은 묵은 옷을 벗어 가시나무에 걸쳐 두고 냇바닥으로 들어갔다. 냇바닥에는 베릿물이 있어, 바닥이 보일락말락하게 물이 괴어 있었다. 일곱 아기는 거기에 목욕을 했더니 몸이 한결 시원했다.

그때 베릿물에 목욕을 했기에 내〔川〕이름을 베릿내로 지은 것이다.

일곱 아기는 새옷으로 갈아입고 제주성 동문 밖의 가으니마를로 치달아 올랐다. 높은 언덕길이라 숨이 가웃가웃하여 아무 생각이 없었다. 숨이 찬 모양을 '숨이 가웃가웃하다' 하므로 '가으니마를'이라 이름을 지은 것이다. 그때 낸 법으로 해서, 시골 백성들이 송사하러 제주성 안으로 들어설 때, 이 가으니마를까지 오면 숨이 가웃가웃해서 송사할 생각이 없어진다고 한다.

칠성들은 한숨 쉬고서 가락쿳물머리(제주시 이도동의 지명)에 오고 보니, 물길 내려가는 구멍이 뚫려 있었다. 이 구멍으로 살살 기어 성 안으로 들어서고 산지(山地) 금산물 가에 와서 한숨 쉬고 있었다.

이때 칠성골(七星洞) 송대정(宋大靜縣監) 부인이 아침 물을 길러 금산물에 오고 있었다. 물 어귀에서 소랑소랑 누워 있는 뱀을 발견했다. '이게 어떤 일인가?' 미심쩍게 생각하며 치마를 벗어 입구에 놓아 두고 물을 길러 들어

갔다.

물을 긷고 나와 보니, 벗어 둔 치맛자락에 뱀들이 들어가 누워 있는 것이 아닌가.

"나한테 내려진 조상님이거든 어서 우리집으로 가십시다."

송대정 부인은 뱀을 치맛자락에 싸서 고방(庫房)에 갖다 모셨다. 그로부터 송대정 집은 삽시에 부자가 되어 갔다.

칠성이 제주성 안에 들어와 맨 처음에 송대정 집에 좌정했기 때문에, 그 골목을 '칠성골'이라 이름 짓게 된 것이다.

하루는 이 칠성들이 배부른 동산(제주시 건입동의 고개)에 가서 소랑소랑 누워 있었다. 때마침 어떤 관원이 지나가다 보고는 '에이, 누추하고 더럽다' 하며 침을 퉤퉤 뱉었다. 그날부터 이 관원은 입 안이 헐어 터지고 온몸이 아파 꼭 죽게 되어 갔다. 하도 민망하여 잘 안다는 무녀를 불러 점을 쳐 보았더니, '외국에서 들어온 신을 보고 입으로 속절없는 소리를 한 죄목이니 굿을 해야겠다'고 하는 것이었다.

관원은 그날로 불시에 제물을 차리고 굿을 시작하여 칠성을 잘 위했다. 칠성들은 잘 얻어먹어 배가 부르니 등짓딱 배짓딱 하며 놀았다. 그래서 '배부른 동산'으로 이름을 짓게 된 것이다.

칠성들은 여기저기서 이렇게 얻어먹으며 얼마 동안을 지냈다. 그러나 언제까지나 이렇게 다니며 얻어먹을 수도 없는 노릇이었다.

하루는 어머니가 일곱 아기를 불러 놓고 말했다.

"우리가 이렇게 한가히 다니면서 언제까지나 얻어먹을 수도 없는 노릇이니, 너희들이 각기 갈 곳을 찾아 들어서거라. 큰 딸아기는 어디로 가겠느냐?"

"어머님아, 저는 추수못(제주시 삼도동에 있었던 못)을 차지하여 추수할망으로 들어서겠습니다."

"좋다. 둘째 딸아기는 어디로 가겠느냐?"

"저는 이방(吏房)·형방(刑房)을 차지하겠습니다."

"그럼 셋째 딸아기는 어디로 가겠느냐?"

"옥(獄)차지도 내 차지하겠습니다."

"좋다. 넷째 딸아기는 어디로 들어서겠느냐?"

"예, 동과원(東果園)도 내 차지, 서과원도 내 차지하겠습니다."

"다섯째 아기는 어디로 가겠느냐?"

"동창고도 내 차지, 서창고도 내 차지하겠습니다."

"여섯째 아기는 어디로 가겠느냐?"

"저는 광청못(제주시 삼도동에 있던 못)을 차지해 가겠습니다."

이렇게 하여 큰딸은 추수할머니로, 둘째딸은 이방·형방 차지로, 셋째딸은 옥지기로, 넷째딸은 과원할머니로, 다섯째딸은 창고지기로, 여섯째딸은 광청할머니로 각각 들여보냈다. 그러고는, 일곱째 막내딸을 불러 물었다.

"일곱째 아기는 어디로 가겠느냐?"

"어머님아, 저는 집 후원 귤나무 밑에 주젱이(이엉으로 덮은 위에 빗물이 들지 않게 덧덮는 것) 덮고 그 밑에 청기와 흑기와 속으로 억대부군 칠성이 되엉 들어가서 구시월이 되면 귤을 진상받겠습니다. 어머님, 우리 일곱 자매를 낳아 기르려고 하니 가슴인들 답답 아니했겠습니까? 시원한 귤을 받아 올리거든 답답한 어머님 가슴이나 시원석석히 가라앉히십시오."

"설운 아기, 부모에게 효심하는구나."

일곱째딸은 집 뒤 억대부군 칠성으로 들어서면서, '어머님은 어디로 가시겠습니까?' 하고 물었다.

"나는 고팡〔庫房〕으로 들어가, 큰 항아리 작은 항아리, 큰 뒤주 작은 뒤주 아래로, 곡식을 섬으로 지키는 이, 말로 지키는 이, 되로 지키는 이, 다 거느려서 안칠성으로 들어서서 얻어먹겠노라."

이리하여 어머니는 고방의 안칠성으로 들어서서 모든 곡식을 거두어 지켜 주는 신이 되었다.

(제주시 용담동 박수 안사인 구연에서)

㊟
이 신화는 큰굿 때의 각도비념이란 제차나, 또는 칠성신을 수호신으로 모시고 있는 집안의 다른 굿 때 이 신을 위하는 제차에서 불려진다. 또 이 칠성을 부락의 당신(堂神)으로 모시고 있는 당에서 의례(儀禮)를 할 때도 불려진다.

Ⅳ 당신화(堂神話)

12 내왓당·궁당

──제주시 용담동 소재

내왓당

내왓당은 서문 밖(제주시 용담동) 삼동물가에 있으며 열두 신위(神位)가 좌정하고 있었다.

당의 북쪽에는 세 위(位)가 좌정했으니, 제석천왕마누라·본궁전 어모라원앙님·수령상태자마누라이다.

서쪽에는 내외천자또마누라, 오라리(제주시 오라동)에서 내려오신 새금상감찰지방관한집마누라와 서천서역(西天西域)에서 들어오신 상사대왕·중전대부인·정절상군농, 그리고 내외불도마누라·자지홍이 아기씨 등 여러 위가 좌정해 있었다.

북쪽에 좌정한 신에 소속된 심방〔巫〕, 서쪽 신에게 소속된 심방, 그리고 모든 소무(小巫) 사령들이 천자또 앞으로 소를 잡아 전물제(拴物祭), 닭을 잡아 전물제를 올렸고, 모든 백정·하군졸·제비들, 그리고 세악수(細樂手)와 풍류쟁이들이 즐겁게 놀던 신당이다.

제일(祭日)은 북쪽 신의 생일이 정월 열나흘이고, 상사
대왕 생일인 삼월 열사흘은 꽃 구경일이며, 칠월 열나흘
날은 마불림제일이다.

궁   당

이 당도 제주시 용담동에 있는 당인데, 이 당엔 상사대
왕의 부인인 중전대부인과 정절상군농, 그리고 일곱 아기
가 좌정해서 녹디할망(綠豆할머니)·녹디하르방(綠豆할아
버지)을 거느리고 있다. 녹디할망과 녹디하르방은 나무도
마에 나무칼, 쇠도마에 쇠칼을 마련하여 돼지를 잡아 정
절상군농에게 올린다.

중전대부인이나 정절상군농이나 본래 내왓당에 좌정하고
있었는데, 이 궁당으로 옮겼으니 그 내력은 다음과 같다.

상사대왕의 큰부인은 중전대부인이고 작은부인은 정절
상군농이다.

어느 해 정절상군농이 임신을 했다. 뱃속에서 아기가
하루 이틀 자라 나가자 이상하게도 돼지고기가 먹고 싶어
졌다. 돼지고기를 먹는 것은 부정한 일임을 잘 아는 터이
므로 참기로 했다.

그러나 날이 갈수록 돼지고기가 먹고 싶어만 가서 도저
히 더 참을 수가 없었다.

어느 날 참다못해 돼지털을 하나 뽑아 불에 그을러서
코에 갖다 대어 봤다. 차마 돼지고기를 먹을 수는 없고
하여 그 냄새라도 조금만 맡아 보자고 한 것이다. 털 냄

새만 맡아도 직접 돼지고기를 먹은 듯 다소 마음이 가라앉았다.

이때 남편인 상사대왕이 나다니다가 들어왔다.

"어떤 일로 동경내(소·돼지의 불알을 끊어낸 데에서 나는 냄새)가 심히 나느냐?"

상사대왕은 들어오면서 큰 소리를 지르는 것이었다.

"하도 돼지고기가 먹곺아서 털을 하나 뽑아 그을러 코에 대니 먹은 간 쓴 간 합디다."

"더럽다. 양반의 집 부인이 부정이 만만하다. 나와 같이 좌정할 수 없다. 어서 궁당으로 내려가거라. 궁당으로 내려가서 중전대부인은 안쪽으로 좌정해서 백메〔白飯〕·백돌래(떡 이름)·백시루떡·청감주(清甘酒)에 청근채(青根菜) 받아 먹으며 불도(어린애를 낳게 해 기르는 신)가 되고, 정절상군농은 바깥쪽으로 좌정해서 돼지를 잡아 열두 뼈를 받아 먹어라."

남편의 호통에 할 수 없이 두 부인은 궁당으로 내려갔다. 남편의 지시대로 중전대부인은 안쪽으로 좌정하고 정절상군농은 바깥으로 좌정했다. 얼마 후 정절상군농은 아이를 한꺼번에 일곱을 낳아 기르고 돼지고기를 받아 먹게 되었다.

그래서 지금도 안쪽의 중전대부인에게는 쌀로 만든 맑은 음식만 올리고, 바깥쪽의 정절상군농에게는 돼지고기를 올린다.

(제주시 건입동 박수 이달춘(李達春) 기록무서(記錄巫書)에서)

천자또마누라

웃손당(구좌면의 上松堂神)의 당신(堂神) 금벽주와 알
손당(下松堂里)의 당신 소로소천국이 부부가 되어 아들
열여덟, 딸 스물여덟을 낳고 손자가 삼백일흔여덟으로 벌
어졌다. 이 자손들이 퍼져 제주 각 마을의 당신이 된 것
이다.

소천국은 제주섬에서 솟아나고, 아내 금벽주는 강남천
자국 백모래밭에서 솟아났다.

벽주또(금벽주)는 점점 자라 열다섯 살이 되니 낭군감
을 찾고자 했다. 가만히 천기(天機)를 짚어 떠보니, 조선
남방국 제주 땅에 가야 배필이 있을 듯했다.

벽주또는 제주섬으로 내려와 소천국과 천정배필을 맺
었다. 슬하에 아들딸이 많이 태어 나가니 생활이 곤란해
졌다. 어느 날 벽주또는 남편에게 농사 짓기를 권유했다.

"남인님아, 남인님아, 이렇게 놀기만 해서 어떻게 삽니
까? 이 아기들은 어떻게 먹여 살리렵니까? 농사를 지웁
소서."

송당리에는 피씨 아홉 섬지기나 되는 오봉이굴왓이란
밭이 있었다. 소천국은 부인 말을 듣고 이 넓은 밭을 갈
러 갔다. 부인은 남편의 점심을 부지런히 차렸다. 국도
아홉 동이, 밥도 아홉 동이 열여덟 동이를 차리고 밭에
가니, 밭을 갈던 소천국은 '소 길마나 덮어 두고 내려가
라'고 했다.

부인이 내려오고, 소천국은 계속 밭을 갈고 있노라니,

때마침 지나가던 태산절 중이 다가왔다.

"밭가는 선관(仙官)님아, 점심이나 잡수다 남은 것 조금 주십시오. 배가 고파 요기나 조금 하겠습니다."

말하는 품이 퍽 시장한 듯한 눈치였다. 먹으면 얼마나 먹으랴 해서, 소천국은 '그 소 길마 걸어서 먹어라'고 했다.

소천국은 한참 밭을 갈다가 점심이나 먹을까 해서 소 길마를 걸어 보았다. 밥도 국도 하나도 없다. 중이 밥 아홉 동이, 국 아홉 동이를 모조리 먹고 가 버린 것이었다.

소천국은 시장하여 견딜 수 없었다. 할 수 없이 밭갈던 자기 소를 잡아먹기로 했다. 손톱으로 잡아 놓고 청미래덩굴에 불을 붙여 구워 가며, 익었는가 한 점, 설었는가 한 점, 소 한 마리를 다 먹어도 초요기(初療飢)도 되지 않았다. 다시 잡아먹을 소나 없는가 해서 바라보니, 묵은 각단밧에 암소 한 마리가 풀을 뜯고 있었다. '이놈이라도 잡아먹어야지' 하여 그 소를 또 잡아먹었다. 그제야 겨우 요기가 되었다.

벡주부인은 빈 점심 그릇이나 가져오려고 밭에 가 보았다. 이상한 일이었다. 밭 담장에 쇠머리도 두 개, 쇠가죽도 두 개를 걸쳐 놓고 소천국은 배때기로 밭을 갈고 있는 것이다.

"이게 어떤 일입니까? 소는 어디 두고 배때기로 밭을 갑니까?"

소천국이 자초지종을 얘기했더니 벡주부인은 화를 내며 쏘아붙이는 것이었다.

"이거 무슨 말입니까? 자기 소 잡아먹은 것은 예상사지마는, 남의 소까지 잡아먹었으니 소도둑놈·말도둑놈 아닙니까? 살림을 분산합시다."

결국 살림은 갈라졌다. 소천국은 본래부터 사냥을 잘했으니, 집을 나가 사냥을 하고 고기를 삶아 먹으며 살았다.

백주부인은 아이를 낳았다. 아들이었다. 이 아이가 세 살이 되니, 아들에게 아버지나 찾아 주려고 남편을 찾아갔다.

세 살난 아들은 아버지를 만나 어리광을 부린다고, 아버지 무릎에 앉아 삼각수(三角鬚)를 뽑는다, 가슴팍을 두들긴다 해 가니 소천국은 화를 냈다.

"이런 불효의 자식이 어디 있겠느냐? 동해 바다로 띄워 버려라."

무쇠석갑에 아들을 담아 동해 바다로 띄워 버렸다.

무쇠석갑은 물 위에도 연 삼 년, 물 아래도 연 삼 년 떠다니다가, 용왕황제국에 들어가 산호수 가지에 걸렸다.

그날부터 용왕황제국에 이상한 징조가 일어나기 시작했다. 밤에는 초롱불·촛불이 등성하고, 낮에는 글 읽는 소리가 등성하는 것이다. 용왕황제는 '이게 어쩐 일인가' 해서 큰딸을 불렀다.

"큰 딸아기 나가 보라."

"든변 난변 소립니다."

"둘째 딸아기 나가 보라."

"든변 난변 소립니다."

"막내 딸아기 나가 보라."

막내 딸이 나가 보더니, '산호수 가지에 무쇠석갑이 걸렸습니다'고 보고하는 것이었다.

"큰 딸아기 내리워라."

"둘째 딸아기 내리워라."

내리지 못했다.

"막내 딸아기 내리워라."

막내 딸은 겨드랑이에 끼워서 살짝 내려 놓았다.

"큰 딸아기 열어 봐라."

"샛 딸아기 열어 봐라."

역시 열지 못했다.

"막내 딸아기 열어 봐라."

막내 딸이 꽃당혜 신은 발로 툭탁 차니, 무쇠석갑이 저절로 설강하게 열려졌다. 옥 같은 도련님이 한 아름 책을 안고 앉아 있었다.

"어느 국(國)에서 왔느냐?"

"조선 남방국에서 왔습니다."

"무엇하러 왔느냐?"

"강남천자국에 세변란(世變亂)을 막으러 가는 길에 들렀습니다."

용왕황제국에서는 천하 맹장인 줄 알았다.

"큰딸 방으로 들라."

눈도 아니 거들뜬다.

"둘째딸 방으로 들라."

역시 눈도 아니 거들뜬다.

"막내딸 방으로 들라."

그제야 절로 설설 들어가는 것이었다. 막내딸과 천정배 필이 맺어진 것이다.

용왕국에선 사위를 대접하느라고 백메〔白飯〕·백돌래 (떡 이름)·백시루떡 등을 상다리가 부러지게 차려 갔다. 그러나 눈도 아니 거들떠보는 것이었다. 용왕황제가 몸소 나와서 물었다.

"무슨 음식을 먹느냐?"

"우리 국은 소국이라도 소도 전 마리, 닭도 전 마리로 먹습니다."

용왕황제는 내 재산을 가지고 사위손 하나 못 먹이랴 하고, 그날부터 소도 온 마리, 닭도 온 마리를 잡아 대접 하기 시작했다.

석 달 열흘을 먹여 가니, 동창고도 비어 가고 서창고도 비어 가고, 용왕국이 꼭 망할 듯하게 되어 갔다.

용왕황제는 딱해졌다. 어느 날 딸을 불러들였다.

"이거 아니 되겠다. 너로 해서 얻은 시름이니, 네 남편 을 데리고 나가거라."

막내딸은 남편에게 가서 사실을 이야기하고, 아버지에 게 내걸 조건을 단단히 타일러 놓았다.

"남인님아, 남인님아, 아버님한테 가서 무쇠 바가지 하나, 무쇠 방석 하나, 금동 바가지 하나, 상마루에 매어 둔 비루 오른 망아지 한 마리만 주면 나가겠습니다고 이르소서."

"어서 그리 하자."

용왕황제에게 가서 그렇게 일렀더니, 황제는 퍽 아쉬워하다가 요구대로 내주고, 무쇠석갑에 사위와 딸을 담아 띄워 버렸다.

무쇠석갑은 강남천자국에 떠올랐다. 때마침 강남천자국에는 큰 난이 일어나고 있었다.

부부 다 비루먹은 망아지를 타서 천리 번쩍, 만리 번쩍하며 난을 평정해 놓았다. 강남천자는 매우 기뻐하여 큰 상을 내리려 했다.

그러나 이도 거절하고 옥황상제께 추수하여 '어디로 갈까요?' 하고 물으니, 옥황상제가 '너는 제주 땅에 들어가서 내왓당에 좌정해서 소 잡아 전물제(拴物祭), 닭 잡아 전물제를 받아라'고 지시하는 것이었다.

그래서 제주로 내려와 내왓당에 좌정하게 되었다. 이가 천자또마누라인 것이다.

(제주시 건입동 박수 이달춘 구송(口誦))

13 각시당

─제주시 삼도동 소재

옥황상제 막내딸이 부모 명령을 거역하고, 궁녀·시녀들에게 물과 밥을 주지 않았다. 궁녀·시녀 들은 다 굶어 죽었다.

상제는 화를 내고 딸을 인간세상으로 쫓아내라고 호령했다. 할 수 없이 딸은 머리를 깎아 송낙을 쓰고 장삼을 입고, 백팔 염주를 목에 걸어 인간세상으로 내려왔다. 어디에 좌정할까 하고 마땅한 곳을 고르다가, 삼내남문골(제주시 삼도동 남문로) 청대밭에 좌정하고, 상단골에 현몽(現夢)을 주어 불도(産育神)로 위함을 받게 되었다.

얼마 동안 있어 보니 인가가 가까운지라 부정(不淨)이 많으므로, 나는 '막대동산 만년 팽나무 아래로 좌정하겠다'고 다시 현몽을 주어 막대동산으로 옮겼다.

그래서 상단골·중단골·하단골이 불도로 위하는 신이 되었다.

(제주시 건입동 박수 이달춘 기록무서(記錄巫書)에서)

14 칠머릿당

—제주시 건입동 소재

칠머릿당에 좌정한 신은 도원수감찰지방관과 용왕해신부인이다.

도원수감찰지방관은 강남천자국 가달국에서 솟아났다. 하늘은 아버지요 땅은 어머니요, 장성하니 천하 맹장이 되었다.

때마침 남북적이 강성하여 국가가 어지러우니, 도원수감찰지방관이 천자님에게 들어가서 남북적을 평정하겠다고 했다. 천자님은 크게 기뻐하여 무쇠투구·갑옷·언월도(偃月刀)·비수검(匕首劍)·나무활·보래활을 내주니, 기치창검(旗幟槍劍)이 일월을 희롱하며 백만대병을 거느려 남북적을 쳐 넘겼다. 천자님이 또한 대희(大喜)하여 크게 칭찬하시고, 소원을 말하면 무엇이든지 들어 주겠다고 했다.

도원수감찰지방관은 모든 것을 사양하고 그 길로 백만 대병을 거느려 용왕국에 가 용왕부인을 배필로 맞았다. 용왕부인을 거느리고 제주도로 들어와 한라산 백록담으로 가서 진을 치고 혈(穴)을 보았다. 혈이 떨어진 곳을 찾아 내려오는데, 먼저 황세왓(黃蛇坪)에 내려와 진을 치고 보니 사기왓에 혈이 떨어졌으므로, 사기왓에 내려와서 진을 치고 보니 혈은 칠머리로 떨어져 있었다. 그래서 산지(健入洞 山地) 칠머리로 내려와, 건입동 백성의 나는 날 생산(生産)을 차지하고, 죽는 날 물고(物故)를 차지하며 장적(帳籍)·호적(戶籍)을 차지했다, 앉아 천리를 보고 서서 만리를 보는 신이 된 것이다.

한편 용왕해신부인은 만민해녀(萬民海女)와 상선(上船)·중선을 차지하고, 서양 각국이나 동양 삼국에 간 자손을 차지해서, 장수 장명과 부귀영화를 누리게 해 주는 신이 되었다.

제일(祭日)은 해해마다 2월 초하루 영등환영제, 2월 열나흘 영등송별제이다.

(제주시 건입동 박수 이달춘 기록무서에서)

15 함덕 본향당(咸德 本鄉堂)

—조천면 함덕리 소재

함덕(咸德)의 당신은 서울 먹자 고을 난노물에서 솟아난 급서황하늘이고 알가름(下洞)의 신은 서물한집이다.

서물한집은 김첨지 할아버지가 처음 모시기 시작한 신이다.

김첨지 할아버지는 긴 낚시줄에 좋은 낚싯대를 들고, 떼배를 타고 항상 고기낚시를 다녔다. 서물날(음력 1일·26일)이었다. 김첨지 할아버지는 여느때처럼 고기를 낚으러 나가 낚싯줄을 던졌다. 고기가 하도 물지 않아 하도 심심해하던 차에, 무엇인가 든직한 것이 낚시에 걸려 들었다. 큰 고기가 물렸나보다 하고 거두어 올려 보니, 고기가 아니고 미륵먹돌[彌勒石]이 하나 걸려 올라온 것이었다. 김첨지는 실망하여 미륵먹돌을 떼어 던지고 낚싯줄을 또 드리웠다. 다시 미륵먹돌이 걸려 올라왔다. 하루 종일 낚싯줄을 던져 봐도 그 미륵먹돌만 걸려 올라오는 것이었다.

김첨지는 미륵먹돌을 떼어 던지고 빈손으로 집에 돌아왔다.

다음 서물날에 다시 고기를 낚으러 나갔다. 이날도 역시 고기는 하나도 안 잡히고 이 미륵먹돌만 낚시에 걸려 올라오는 것이다. 김첨지는 심심해졌다. 낚시질도 그만두고 잠시 낮잠이 들었다. 꿈에 미륵먹돌이 나타났다.

"나는 용왕국의 무남독녀 딸아기노라. 인간 자손들을 도와 키워 주려고 이 세상에 나왔노라. 알가름[下洞] 팽나무 아래로 모셔서 서물날에 나를 위해라. 내 일만(一萬) 잠수(潛嫂:해녀)를 지켜 도와 주고, 가는 배 오는 배를 돌보아 낚시질을 잘 시켜 주마."

김첨지는 잠에서 벌떡 깨어 그제야 이 미륵먹돌이 신(神)임을 알았다. 곧 낚싯줄을 넣어 이 돌을 떠올리고 현몽(現夢)의 지시대로 알가름의 팽나무 아래 모셨다.

그래서 김첨지 영감이 처음 서물날에 위하기 시작하고, 차차 동네 사람들이 그 뒤를 따라 위하게 되어 간 것이다. 이는 모든 해녀와 어부들을 수호해 주는 신이다.

〈제주시 함덕리 박수 고명선(高明善) 제공〉

16 눈미 불돗당

──조천면 와산리 소재

옥황상제 막내 딸아기가 부모 말씀을 거역했다. 상제가 크게 노하여 곧 인간세상으로 귀양을 보내라고 호령쳤다.

옥황상제 막내 딸아기는 줄을 타고 눈미(조천면 와산리)의 당오름 꼭대기에 내려와 큰 바위가 되어 좌정했다.

그때 와산(臥山里)의 어떤 사람이 사십이 되도록 슬하에 자식이 하나도 없었다. 허허탄식하고 있는데, 어느 날 한 중이 보시를 받으러 왔다. 그는 중에게 '어떻게 하면 자식을 얻을 수 있는가, 육갑이나 짚어 보라'고 했다. 중은 '홀연히 나타난 큰 바위를 찾아 위하면 자식을 얻으리라'고 말했다.

부인은 그날부터 홀연히 나타난 큰 바위를 찾아 돌아다녔다. 당오름 꼭대기에 난데없이 큰 바위가 나타났다는 소문이 들렸다.

부인은 정성을 다하여 제물을 차리고 바위를 찾아 제를

지냈다. 그 얼마 후 태기가 있었다.

해산달이 가까워서 부인은 다시 이 바위에 제를 지내러 올라갔다. 무거운 몸이라 산꼭대기까지 오르는 데는 힘에 겨웠다. 무거운 다리를 이끌며 산중턱쯤 올라가 쉬면서 부인은 이 신에게 축원을 드렸다.

"저 산 위에 계신 조상님이여, 영급(영검)이 있거든 요만큼에나 와서 좌정하십시오. 그러면 우리 자손들도 다니는 데 못 견디지 않을 게 아닙니까?"

추수하고, 산꼭대기에 올라가 제를 지내고 돌아왔다.

부인은 그 얼마 후 생남을 했다. 하도 기쁘고 고마운 김에 또 제물을 차려서 치사(致謝)하러 나갔다. 가다가 보니, 산중턱의 먼저 축수를 올렸던 곳에 그 바위가 내려와 좌정해 있었다. 꼭대기까지 올라가지 않고 퍽 수월했다. 거기서 제를 지내고,

"이왕이면 더 평평한 데로 내려와 좌정하시면 일만 자손이 조상님으로 위하겠습니다."

이렇게 축원을 올리고 내려왔다. 뒷날 다시 가 보았더니, 바위는 마을 가까이 고장남밧만년 팽나무 아래로 내려와 좌정해 있었다.

그후, 3월 13일을 대제일(大祭日)로 하여, 모든 백성들이 정성을 올리게 되었고, 정성을 드리면 자식을 점지해 주고 키워 주는 신이 되었다.

(조천면 함덕리 박수 고명선 제공)

17 김녕(金寧) 큰당

──구좌면 김녕리 소재

강남천자국 정자국 안가름(內洞)에서 솟아나신 세 자매가 제주도로 들어왔다. 큰언니는 조천관(조천면 조천리) 압선도 정중부인이고, 둘째는 김녕(金寧里) 관세전부인 객새전부인이다.

이 신은 한아름이 넘는 책에, 한 줌이 넘는 붓에, 삼천 장의 벼룻돌을 간직하고, 나는 날은 생산(生産)을 차지하고 죽는 날은 물고(物故)를 차지했다. 정월 열사흗날 열나흗날 아침 대제(大祭)를 받고, 칠월 열사흘·열나흗날 아침 마불림대제를 받고, 구월 열사흘·열나흗날 시만국대제를 받고, 만민 단골이 삼대 제일(三大祭日)로 위하는 신당이다.

막내동생은 열누니(성산면 온평리) 고장남밧에 좌정한 맹호부인이다.

(제주시 건입동 박수 이달춘 제공)

18 월정 본향당(月汀 本鄕堂)

──구좌면 월정리 소재

옛날 황토 고을 황정승이 사십이 되도록 슬하에 자식이 하나 없어 근심이었다. 동관음사(東觀音寺)가 수덕(酬德)이 좋다는 말을 듣고 자식을 빌기로 했다.

황정승은 송낙지도 구만 장, 가사지도 구만 장, 상백미

(上白米)도 일천 석, 중백미도 일천 석을 차리고 동관음사에 불공을 하러 갔다. 두 이레 열나흘의 불공이 끝나자, 대사님이 보시를 달아 보도록 했다. 무게가 아흔아홉 근밖에 안 되었다.

"백 근이 찼으면 아들자식을 점지할 것인데, 백 근이 못 차므로 딸자식을 점지합니다. 이 아기가 일곱 살이 되거든 다시 우리 법당에 와서 불공을 드리십시오."

대사님의 말을 듣고 황정승은 법당을 하직했다. 합궁일을 골라 천정배필을 맺었더니 과연 딸자식이 태어났다.

이 아이가 일곱 살이 되었다. 황정승은 다시 불공을 드리러 가려는 차에 정승판서 벼슬을 살려오라는 통기를 받았다. 일곱 살 난 딸아이가 같이 따라가겠다고 울어 댔다.

"아들자식 같으면 하지만 딸자식이라 할 수 없다."

황정승은 울며 따르는 딸자식을 남겨 놓고 집을 떠났다.

딸은 울면서 아버지의 가마채를 잡으며 따라 나섰다. 묵은각단밧까지는 어찌어찌 따라갔으나 더 좇아갈 수가 없었다. 띠밭에 떨어져 울다울다 보니 딸은 구렁이 몸으로 환생이 되었다.

어머니는 딸아이를 잃고 찾다가 지쳐서 아버지에게 편지를 띄웠다.

"딸자식 소식이 없습니다. 정승판서 벼슬 그만 살고 어서 내려오소서."

황정승은 벼슬을 그만두고 곧 집으로 향했다. 묵은각단밧까지 단숨에 내려왔다. 잠시 쉬려고 가마를 멈추게 했

더니, 난데없이 큰 구렁이가 가마채에 휘휘 감아 붙는 것
이었다.

기동(妓童) 통인(通引)이

"양반이 행차하는데 웬 짐승이 눈앞에 뵈이느냐!"

호령을 치니, 구렁이는 간 데 없이 사라져 버렸다.

황정승은 집에 이르자 딸아이 방부터 먼저 열어봤다.
이게 웬일인가. 딸자식이 있어야 할 방에는 큰 구렁이가
굽이굽이 서려 있는 것이다.

황정승은 야단을 지르며 무쇠석갑을 짜게 하고, 구렁이
를 그 속에 담아 동해 바다로 띄워 버렸다. 물 위에도 연
삼 년, 물 아래도 연 삼 년, 황당망당 떠다니다가 무쇠석
갑은 뒷개(조천면 북촌리)의 북덕개에 떠올랐다.

마침 이때, 김첨지 영감이 새벽 볼락을 낚으려고 복덕
개에 내려왔다가 무쇠석갑을 발견했다. '은이 들었는가?
금이 들었는가'하며 돌멩이를 주워다 무쇠석갑을 부수어
보았다. 눈은 팰롱, 혀는 멜록하며 큰 구렁이가 있는 것
이 아닌가. 순간 김첨지 영감은 주왁하게 놀랐다.

그날부터 김첨지와 딸 셋이 일시에 앓기 시작했다. 하
도 답답하니 점을 치러 갔다.

"손으로 만진 죄상이외다. 그것을 잘 위해야 낫겠소이
다."

복덕개에서 무쇠석갑을 부순 때문임이 분명하였다. 집
에 와서 급히 통영칠반(統營漆盤)에 진수성찬을 차려 구
렁이를 위해 갔다. 한 상 먹고 한숨 쉬니 큰 딸아이 살아

나고, 두 상 먹고 두 숨 쉬니 둘째 딸아이 살아나고, 세
상 먹고 세 숨 쉬니 작은 딸아이가 살아나는 것이다.

"나에게 내려진 조상님이거든 좌정할 곳으로 좌정하소
서."

김첨지 영감이 비니, 구렁이는 집 뒤 귤나무 밑으로 가
좌정하는 것이었다.

그날밤 구렁이는 아기씨로 다시 환생하여 남방사주 바
지와 백방사주 저고리에, 열두 폭 대홍단(大紅緞) 홑단치
마를 입고 문복(門卜)하러 나섰다. 점괘는 제주 남방국의
신산국이 천정배필이 된다는 것이었다.

아기씨는 신산국을 찾으러 집을 나섰다. 한라산으로 관
덕정(觀德亭) 마당으로 가으니마를(제주시 동문 밖의 언
덕)로, 신촌(조천면 신촌리) 열녀문 거리로, 조천(조천면
조천리) 군선돌로, 함덕(조천면 함덕리) 사레물로, 뒷개
(북촌리) 팽나무 정자 아래로 하여, 월정(구좌면 월정리)
비석거리에 와서 잠시 앉아 쉬고 있었다. 이때 신산국은
일찌감치 사냥을 하려고 집을 나서는 참이었다.

비석거리에 오고 보니, 어떤 꽃 같은 아기씨가 앉아 있는
것이 보였다. 남자의 기습으로 그대로 지날 수가 없었다.

"어디 가는 아기씨입니까?"

"신산국을 찾아가는 길입니다."

"내가 신산국입니다."

둘이는 서로 팔목을 부여잡고 서당머체(월정리 내의 지
명)에 가서 만단정화(萬端情話)를 나누고 천정배필이 되

었다. 황정승의 따님은 이로부터 서당머체에 좌정하니 '서당할마님'이라 부르게 되었다.

신산국은 사냥하러 한라산을 들락날락하고 서당할마님은 아이 일곱을 낳았다.

어느 날, 서당할마님은 걷는 아이는 걸리고, 어린아이는 업고, 기는 아이는 안고 해서, 월정리(月汀里) 앞동산에 환갑 잔치 구경을 갔다. 돌아오는 길에 이상하게도 몹시 물이 먹곺아졌다. 이리저리 찾다 보니 돼지 발자국에 물이 조금 괴어 있는 게 있었다. 목이 몹시 마른지라, 이 물을 빨아먹는데 이상하게도 돼지털이 코를 쏙 찔렀다. 서당할마님은 마침 돼지고기도 먹고 싶은 때라, 이 털을 뽑아 내어 불에 그을러 먹었다. 마치 돼지고기를 먹은 듯이 흐뭇했다.

서당할마님이 집에 와서 있으니, 사냥 갔던 신산국이 들어오면서 먼저 큰 소리를 지르는 것이었다.

"부인님아, 어찌하여 동경내(돼지·소 등의 불알을 잘라 낸 데에서 나는 냄새)가 등성하오?"

"돼지털을 그을러 먹은 일밖에 없습니다."

"양반의 부인 노릇 못할로구나. 땅과 물을 가를 것이로되, 사이에 자식이 있기로 땅과 물은 못 가르나 자리라도 갈라 삽시다. 어서 서당머체로 가시오."

신산국은 부인과 일곱 아이를 데리고 서당머체로 갔다.

"산 사람 보기엔 벼랑 같기도 하고 이만하면 좌정할 만하군. 이제는 여덟 모녀가 여기 좌정하시오."

서당머체를 가리켜 두고 그대로 후딱 나오려고 했다. 서당할마님은 신산국의 도포 자락을 얼른 잡으며 애원했다.

"내 살 도리도 마련해 두고 가십시오."

"마흔여덟 상단골, 서른여덟 중단골, 스물여덟 하단골을 굽어 보시오. 열두 부술(符術)을 두었다 무엇에 쓰려 하오?"

이 말을 듣고, 서당할마님은 마흔여덟 상단골에 머리 두통을 불러 주고, 서른여덟 중단골에 상토(上吐)·하토(下吐)를 불러 주고, 스물여덟 하단골에 복통을 불러 주었다. 단골들은 하도 답답하니 점을 쳤다. 점쟁이는 '서당할마님의 조화이니 돼지제법[豚祭法]을 마련하십시오'라고 하는 것이다. 이렇게 해서 돼지를 잡아 제를 지내는 법이 시작되었다.

신산국은 그만하면 되었다 하고 당커릿당으로 발을 돌리며 말을 이었다.

"부인에게 올리는 반기(飯器 : 여기서는 밥을 담은 그릇 수를 뜻함)는 두 개, 아이 몫은 일곱 반기, 동쪽 시왕머들의 신(神) 몫은 하나, 당(堂)에 들어오는 입구의 신 몫은 하나, 당의 심방[巫] 몫도 하나, 이렇게 돼지고기 일곱 반기를 받으시오. 그리고 정월 열나흗날엘랑 아이들을 데리고 오시오, 나하고 대제(大祭)나 같이 받읍시다."

이렇게 말해 두고 월정리 마을로 내려왔다. 그래서 동장(洞將)·소무(小巫)·대잡이를 다 불러 놓고, '섣달 그믐날은 계탁(祭名)하고, 정월 열나흘 대술름대제(祭名)를 지내라'고 지시했다.

그래서 섣달 그믐과 정월 열나흗날 제를 받고, 서당할
마님은 유월 초여드레·열여드레·스무여드레, 시월 초여드
레·열여드레·스무여드레에 제를 받게 되었다.

〈구좌면 행원리 박수 이중춘(李仲春) 제공〉

19 세화 본향당(細花 本鄕堂)

——구좌면 세화리 소재

이 당에는 천자또·백주또·금상님 세 위가 좌정해 있다.
천자또는 백주또의 외할아버지이고 금상님은 백주또의 남
편이다.

천자또

천자또는 한라산 백록담에서 부모 없이 솟아났다. 일곱
살에 《천자문》을 통달하고, 《동몽선습》 《통감(統監)
》 《소학》 《대학》 《중용》 《서경》 《시경》을 다
끝마쳤다.

열다섯 살이 되니 백망건·백장삼에 백띠를 두르고, 한
아름이 넘는 책과 한 줌이 넘는 붓대에, 일천 장의 벼룻
돌에다 삼천 장의 먹을 갈아서, 하늘 옥황에 가면 옥황의
소임을 맡고, 지하에 가면 지하 소임을 맡아 했다.

그러다가 옥황상제의 명을 받아, 상서화리(구좌면 세화
리) 손드량마루에 내려와서 좌정하게 된 것이다.

천자또는 내려오면서 동장(洞將)·좌수(座首)·소무(小

巫) 등을 불러 팔간장방(八間長房) 큰 집을 짓게 하여 좌
정했다. 그래서 마흔여덟 상단골, 서른여덟 중단골, 스물
여덟 하단골의 생산(生產)·물고(物故)·호적(戶籍)·장적
(帳籍)을 차지하고, 백메〔白飯〕·백돌래(떡 이름)·청감주
(淸甘酒)·계란 안주를 받아 잡수었다.

그리하여 2월 12일 영등손맞이, 7월 12일 마불림제
(祭), 10월 12일 시만국대제, 1년에 세 번 대제(大祭)
를 받는다.

벡주또

벡주또는 서울 남산에서 솟아난 임정국의 따님이다. 일
곱 살이 되자 부모 눈에 거슬려서 집에서 쫓겨나고, 용왕
천자국 외삼촌한테 수청부인(守廳夫人)으로 들어갔다.

벡주또는 용왕국의 일곱 삼촌에게서 일곱 부술(符術)
을 배웠다. 청가루에 청주머니, 백가루에 백주머니, 적
(赤)가루에 적주머니, 흑가루에 흑주머니, 황가루에 황주
머니를 받고, 3월 8일에 용왕국 문을 열고 서울로 돌아
왔다.

집에 돌아와 부모에게 사죄를 하였으나, 부모는 듣지
않고 네 마음대로 나가라고 오히려 야단하여 쫓았다. 벡
주또는 눈물로 세수하며 부모님을 작별하고 느진덕정하님
을 앞세워 집을 떠났다.

'어디로 갈까?' 천기(天機)를 짚어 떠보니, 외할아버지
가 제주 한라산에 사는 듯하여 외할아버지를 찾아가기로

했다.

남방국으로 향했다. 떡전거리·밥전거리·모시전거리·푸나무전거리를 썩 넘어서 충청도 계룡산에 와서 하룻밤 숙박하고 전라도로 내려온다. 장성(長城) 갈재를 턱 넘어오니, 재인(才人)·광대를 데리고 삼천 선비가 놀음놀이를 하고 있는 것이 보였다. 벡주또는 느진덕정하님더러 '소리 좋은 옥장고나 거문고나 옥퉁수를 빌려 오라'고 했다.

느진덕정하님이 가서 말했더니, 삼천 선비는 욕지거리부터 해 가는 것이었다.

"여인은 꿈에만 보여도 사물(邪物)인데 이게 무슨 말이냐? 못쓴다."

벡주또는 생각할수록 괘씸했다. 청주머니의 청가루를 내어놓고 '푸우' 하고 불어 줬다.

"아야, 눈이여."

"아야, 귀여."

가슴이 아파 간다, 설사가 난다. 삼천 선비가 곧 죽게 되어 갔다.

이윽고 유식한 선비 하나가 벡주또 앞에 와 엎드렸다.

"과연 잘못했습니다. 청구하시는 것 무엇이든지 드리겠사오니 목숨만 살려 주십시오."

부술(符術)을 거두니 삼천 선비가 파릇파릇 살아났다.

벡주또는 거문고를 빌려다 부모 이별할 적에 눈물로 세수하던 내력을 읊어 가며 간장을 풀었다.

삼천 선비 작별하고 다시 제주로 발길을 재촉했다. 영

암(靈岩) 배진고달또에 와 조천(조천면 조천리) 김씨 선주(金氏船主)의 배를 잡아타고 조천 새역코지에 배를 붙였다. 조천에는 이 마을을 차지한 정중부인이 있었다. 먼저 정중부인을 찾아 인사를 드렸다.

"어찌하여 왔느냐?"

"한라산 백록담에 사시는 외할아버님 천자또를 찾아왔습니다. 길 인도를 해 주십시오."

정중부인은 곧 장귀 동산 일뤳도(堂神)를 불러 길을 인도해 주라고 했다.

묵은벵디왓·새벵디왓으로, 진마루동산·알눈미(下臥山)·금산털·눈미(臥山)·당오름 옆으로 하여, 안다리(內橋來)를 건너 샛다리(中橋來) 냇가를 들어가다 보니 어떤 아기씨가 지나가고 있었다.

"너는 어떤 아기씨냐?"

"예, 허선장의 딸이 됩니다."

"그러면 너희 집에 사랑방이 있느냐? 오늘밤 머물고 가겠다."

"예, 사랑방이 있습니다. 어서 오옵소서."

허선장 따님아기는 벡주또를 모시고 들어갔다. 대접을 하려고 먼저 식성부터 물었다.

"어떤 음식을 잡수십니까?"

"나는 손으로 벤 음식은 손 냄새 나서 못 먹고, 칼로 벤 음식은 쇠 냄새 나서 못 먹고, 실로 밀어 끊은 정과나 말발톱 같은 백돌래나, 얼음 같은 백시루나 놋그릇의 멧밥이나, 청감주(淸甘酒)·청근채(靑根菜)·계란 안주나 먹는다."

허선장의 따님아기는 안으로 들어가더니, 식성에 맞게 잘 차리고 나와서 대접하는 것이었다.

백주또는 그날 저녁 유숙하고 나오면서 주머니 하나를 끌러 주며,

"급한 대목을 당하거든 이 주머니를 내놓고 나를 생각해라. 그러면 한 번 두 번, 세 번까지 살려 주마. 허씨댁을 상단골로 맺고 가니, 없는 명 없는 복이 이어질 것이다."

이렇게 말해 두고 다시 백록담으로 향했다. 알소남당으로, 웃소남당으로, 개미목으로 하여 백록담에 올라서 보니, 계시리라 믿었던 외할아버님의 행방이 묘연했다.

백주또는 오행 팔괘를 벌여 놓아 보았다. 외할아버님은 동북방으로 향해 간 듯했다. 다시 동북방으로 향해 내려오기로 했다.

웃소남당으로, 알소남당으로, 다리앞벵이로 차츰차츰 내려와, 다랑쉬로 하여 비자남곳(榧子林)을 내려오니 어떤 포수가 앞을 지나갔다. 지달피(地獺皮) 윗옷에 산달피(山獺皮) 아랫도리, 총열이 바른 마상총(馬上銃)에 귀약통·남날개를 둘러메고 네 눈의 반둥개를 이끌고 지나가는 포수를 백주또가 불렀다.

"저리 가는 저 포수님아, 말씀 잠깐 물읍시다. 천자님이 어디쯤에 계십니까?"

"예, 제가 천자님의 거행집사(擧行執事) 됩니다. 저를 따라오시면 인도하여 드리리다."

벡주또는 뒤를 따랐다. 웃멍퉁이까지 내려오니 포수는, '여기 잠깐 계십소서' 하고 집 안으로 들어가는 것이다.

잠시 있더니, 포수는 남방사주 바지, 백방사주 저고리에 삼승(三升) 버선, 꽃당혜 창신에다 외올 망건에, 겹상투에, 공작 깃갓을 쓰고, 남비단 협수(夾袖)에, 남수화주(藍水禾紬) 전대에 채찍을 손에 넌짓 들고, 마치 서울 양반처럼 차리고 나왔다.

"벡주님아, 저를 따라오십시오."

따라 들어가며 보니, 쇠뼈·말뼈가 가득하고 누린내가 코를 찔렀다. '소도둑놈·말도둑놈한테 속아서 와지는가.' 이렇게 생각하고 '투더럽다' 하며 나오려 했다. 순간 포수(멩동소천국 : 堂神)는 벡주또의 팔목을 덥석 잡았다.

"얼굴은 보니 양반인데 행실은 불상놈만 못하다. 더러운 놈 잡았던 팔목을 두었다 무엇하리?"

벡주또는 부산백동(釜山白銅) 화룡장도(畵龍粧刀)를 빼내어, 팔목을 싹싹 깎아 두고 명주 전대로 똘똘 싸서 상세화리(上細花) 손드랑마루로 찾아왔다.

천자님께 들어가니, 외손자임을 확인하고 외할아버지는 식성부터 먼저 묻는 것이었다.

"예, 실로 밀어 끊은 정과나 말발톱 같은 백돌래나 얼음 같은 백시루나 놋그릇의 메에, 청감주·청근채나 계란 안주 먹습니다."

"나와 같이 좌정할 만하다. 그럼 너는 무슨 재주를 배웠느냐?"

"용왕국에 들어가서 일곱 삼촌한테 일곱 부술을 배웠습니다."

"들어오너라."

천자님이 외손자를 방안에 들여 앉히니, 날피 냄새가 심히 나는 것이었다.

"어찌하여 네 몸에선 날핏내가 심히 나느냐?"

"길 인도해 달라고 멍동소천국한테 말했더니, 팔목을 덥석 잡길래 부산백동 화룡장도로 팔목을 깎아 두고 왔습니다."

천자님은 화를 버럭 내었다.

"그런 괘씸한 놈이 있느냐? 내 자손이 오는데 마른 데의 강적(强賊)이냐, 바다의 수적(水賊)이냐? 그저 둘 수 없다."

곧 마흔여덟 상단골, 서른여덟 중단골, 스물여덟 하단골을 불러놓고 호령을 내렸다.

"내 자손이 오는데 겁탈하려 했으니 괘씸하다. 땅 가르고 물 갈라라. 바른 물머리로 획을 해서 물도 같은 물 먹지 말아라. 길도 같은 길 걷지 말아라. 사돈도 하지 않는다. 세화리 땅 다니는 자손은 간마리(笠頭洞:구좌면 평대리 내 洞名) 땅에 다니지 말고, 간마리 땅 다니는 자손 세화리 땅에 오지 말아라."

그때 천자님이 말한 법대로 실행이 되어 내려왔다.

그리하여 천자님은 벡주또에게 일곱 주머니로 모든 단골들에게 풍운조화를 주도록 하여 제를 받아 먹도록 했다.

2월 12일 영등손맞이 받고, 7월 12일 마불림대제 받고, 10월 12일 시만국대제, 이렇게 1년에 세 번 대제를 받는다.

금상님

금상님은 서울 남산 아양동출에서 솟아났으니, 하늘은 아버지요 땅은 어머니다. 키는 구척장신(九尺長身)이요, 얼굴은 숯먹을 갈아 지친 듯하고, 눈은 봉황새 눈이요 수염은 삼각수였다. 무쇠 투구에 갑옷을 입고 언월도(偃月刀)·비수검(匕首劍)을 빗기 차고 무쇠신을 신은 천하맹장이었다.

금상님은 남산에 올라서 궁궐 안을 굽어보고, 밤낮으로 연화(煙火)로 흉험(凶驗)을 주어 대니, 상감님의 걱정은 말할 것 없고 만조대신(滿朝大臣)이 크게 걱정했다.

하루는 상감님이 태사국(太史局)의 관원을 불러 별자리를 보라 했다.

"남산에 역적 될 만한 천하 맹장이 났습니다."

별자리를 본 관원은 이렇게 보고했다.

"요 장군을 잡을 도리는 없겠느냐?"

만조대신이 의논 끝에 사방에 방을 내붙였다.

"남산에 있는 장수를 잡는 자 있으면, 땅 한 조각, 국(國) 한 조각을 베어 주고, 천금상에 만호후(萬戶侯)로 봉하리라."

그날부터 팔도맹장이 모여들기 시작했다. 일대장(一大

將)에 이군사(二軍士), 이대장에 삼군사, 삼대장에 사군사, 사대장에 오군사……. 팔도맹장 수억만 명이 서울 장안이 가득하게 모여들었다.

어전에 들어가 상감의 명을 받고, 팔도맹장들은 무쇠 투구 갑옷에 언월도·비수검·나무활·보래활·기치창검(旗幟槍劍)을 들러서, 일월을 희롱하며 수억만 명의 군사들을 거느려 남산을 둘러쌌다.

금상은 가만히 앉아 있다 하는 말이,

"너 같은 장수 수억만 명이 들어와도 내 눈 한 번만 번쩍 뜨고 언월도를 휘두르면 일시에 다 죽을 것이다마는, 너희들 상금이나 받아 먹게 앉아 있지."

하고, 억만 대병이 모여들어 잡아도 가만히 앉아 있었다.

무쇠 철망을 씌우고 수레에 태워져 궁전 안으로 금상은 끌려갔다. 댓돌 아래로 엎지르니 상감님의 문초가 시작되었다.

"너는 어떤 장수냐?"

"소장은 하늘은 아버지요 땅은 어머니요, 무위이화(無爲而化) 금상입니다."

"장수가 되랴 하면 상감의 명을 받아야 할 것인즉, 상감의 명령 없는 장수는 역적이 아니겠느냐? 명령 없는 장수는 죽어도 한이 없으니, 다짐을 쓰되 상손가락[長指]을 끊어 혈서로 써라."

금상은 순순히 가운뎃손가락을 끊어 다짐을 써 바쳤다. 다시 상감의 호령이 떨어졌다.

"저 장수를 죽여라!"

억만 대병이 달려들었다. 발로 밟아도 아니 죽고, 돌로 쳐도 아니 죽고 언월도로 베어도 아니 죽고 한, 상감은 만조백관과 의논을 시작했다.

그럴싸한 의견이 나왔다. 무쇠로 집을 지어 무쇠 방을 만들고, 풀무를 걸어 숯 천 석으로 석 달 열흘만 불고 있으면, 제아무리 맹장이라도 죽을 것이라는 것이다.

곧 무쇠 집에 무쇠 방을 만들어 금상을 들여앉히고 풀무로 불기 시작했다. 금상은 얼음 빙(氷) 자, 눈 설(雪) 자를 써서, 하나는 깔고 앉고 하나는 머리에 쓰고 앉아 있었다. 숯 천 석을 들여 석 달 열흘 동안 풀무로 불어 대니, 집 네 귀에 불이 붙어 무쇠가 얼랑얼랑해 갔다.

"그만하면 죽었으리라."

무쇠 문을 열었다. 순간 금상님의 호령 소리가 터져 나왔다.

"네 이놈들아, 추워서 살 수가 있느냐? 삼각수(三角鬚)에 서리가 과짝하니 추워 살 수 없다. 좀더 따습게 풀무를 불어라."

순간 무쇠 문이 덜컥 닫혔다.

금상님은 생각할수록 화가 치밀어 견딜 수가 없었다. 무쇠 신 신은 발로 무쇠 문을 살랑살랑살랑 세 번을 차니 무쇠 문이 부서지는 것이다.

금상님은 홀쩍 내뛰어서 전선(戰船) 한 척을 잡아타고 백만 군사를 거느려 피난길을 나섰다.

열두 바다를 건너서 제주 바다로 들어올 때, 사수(泗
水) 바다로 소섬(구좌면 우도)의 우묵개를 거쳐 세화리로
향하여 들어가고 있었다.

이때 천자님은 상세화리에서 바깥에 나서 보니, 어떤
외국 장수가 이쪽으로 들어오는 듯하여 '푸우' 하고 입으
로 불었다. 금상이 탄 배는 아득하게 불려나 버렸다.

금상님은 다시 바람을 타서 세화리 앞에 겨우 배를 붙
였다. 두 돛대를 달아 종선(從船)을 둘러 타고 세화리로
내려 천자님에게 들어갔다.

"어디 사는 장수냐?"

"소장은 서울 남산 아양동출에서 솟아난, 하늘은 아버
지요 땅은 어머니라, 무위이화(無爲而化) 금상입니다."

"어찌하여 왔느냐?"

"천기(天機)를 짚어 보니 벡주가 천정배필이 되기로 찾
아왔소이다."

천자님은 이 말을 듣고 식성(食性)으로 말을 돌렸다.

"그러면 너는 무슨 음식을 먹느냐?"

"술도 장군, 떡도 장군, 밥도 장군, 돼지도 전 마리로
먹습니다."

"투더럽다, 어서 나가거라. 우리와 같이 좌정 못하겠
다."

금상님은 뒷머리를 긁으며 나오려 했다. 이때 벡주님이
뒤따라 나오면서 말을 하는 것이었다.

"저리 가는 저 장수님아, 나하고 천정배필이면 먹던 음

식 참고서 천정배필 맺어 보기 어쩝니까?"

금상님은 다시 발길을 돌려 천자님 앞에 들어갔다.

"소장이 금일부터는 먹던 음식을 참겠습니다."

"팥죽 쑤어 목을 씻어라. 소주로 목욕을 해라. 청감주
로 양치질하라."

천자님의 지시대로 하여 백주또와 부부가 되었다.

먹던 음식은 참고 한 달·두 달·석 달이 지나가니 금상
님은 피골이 상접하여 죽을 지경이 되어 갔다.

백주또는 보기에 너무나 딱했다. 어느 날 천자님에게
들어가서 사정을 했다.

"할아버님 천자님아, 생각하고 생각하십시오. 소녀 하
나로 해서 천하 맹장을 주려 죽일 수 있습니까?"

"그러면, 어찌하면 그 장수를 살릴 수 있겠느냐?"

"소녀의 의견으론 천자님과 소녀는 한상에서 상을 받
고, 금상또는 따로 상을 차려서 돼지제법〔豚祭法〕을 행하
면 살릴 듯하옵니다."

천자님이 생각하니 그럴싸했다.

"어서 그리 해라."

백주또는 세화리 자게동산 김좌수네 집을 굽어보니 큰
돼지가 기어다니고 있었다. 밤이 들자, 홀연히 암탉을 울
려 목 끊게 하고, 김좌수 큰딸에게 흉험(凶驗)을 주되 목
이 가득 차 캉캉거리게 해 놓았다.

김좌수는 무녀를 불러 점을 쳤다. 무녀는 '여기 큰 돼지
가 있어 금상또가 돼지제를 받자고 합니다'고 점괘를 풀

이하는 것이었다.

김좌수는 돼지 대가리에 물을 끼얹고 왼쪽 귀를 조금 끊어 제를 지냈다.

그로부터 천자님과 벡주님은 한상에 차려서 정과나 백돌래·백시루·백메·청감주·계란 안주로 먼저 상을 받고, 금상님은 뒤에 후원(後園)으로 나가서 술도 장군, 밥도 장군, 떡도 장군 차려 놓고, 돼지를 잡을 때 털·피·발톱을 먼저 받고 삶은 후에 열두 뼈를 받아 먹게 되었다.

이렇게 먹은 후, 금상님은 소주로 목욕하고 청감주로 양치질하고, 그래서 천자님과 벡주님과 같이 좌정하게 된 것이다.

(제주시 건입동 박수 이달춘 제공)

20 삼달 본향당(三達 本鄕堂)

─성산면 삼달리 소재

이 당의 신은 황서국서 어모장군인데, 김씨 영감이 처음 모셔 내려온 신이다.

황서국서 어모장군은 서울 황정승의 아들 삼형제 중의 막내였다.

황정승은 역적으로 몰려 나라의 미움을 받고 있는 터에 중병이 들었다. 백약이 무효로 살 길이 없으므로 어느 날 점을 쳐 보았다. 점쟁이는 '황우(黃牛)의 피를 받아 먹어야 병이 낫겠다'고 하는 것이었다.

황정승은 백정을 불렀다. 그러나 백정은 한 사람도 찾을

수가 없었다. 나라에서 황정승이 황우의 피를 먹고 살아날
까 봐서, 백정을 모조리 잡아 가두어 버렸기 때문이다.

황정승은 할 수 없이 아들을 불러 소를 잡아 달라고 하
는 도리밖에 없었다.

큰아들을 불렀다. 큰아들은 차마 소는 잡을 수 없다고
응하지 않았다. 둘째아들을 불렀다. 둘째아들도 마찬가지
였다. 마지막으로 작은아들을 불러 보았다. 작은아들은
부모를 살려야 하겠다는 효심으로 소를 잡기로 나섰다.

소를 잡되 칼을 들고 잡을 수는 없는 노릇이었다. 작은
아들은 우선 참실로 소 모가지를 묶어서 끌어내고 고함을
한 번 크게 질렀다. 소는 놀라서 그 자리에 쓰러져 죽는
것이었다. 대청한간에서 황우의 피를 받아 아버지께 드리
니, 과연 원기를 회복하고 살아났다.

황정승은 살아나기는 했으나 작은아들이 걱정이었다.
역적으로 몰릴 것이 분명하기 때문이다.

"너는 역적으로 몰려 여기 살 수가 없을 테니 어서 피
난을 가거라."

아버지 말을 따라 작은아들은 피난을 나섰다. 충청도로
전라도로 하여 제주에 배를 붙였다. 동복리(구좌면 동복
리)로 들어와 장군혈(將軍穴)을 밟아 좌정할 곳을 찾았다.

얼마큼 내려오다 보니 심돌(성산면 시흥리) 허풍헌(許
風憲)이 벼슬살이하러 지나가는 게 보였다. 작은아들(황서
국서 어모장군)은 참매로 변하여 허풍헌 앞을 어지럽혔다.

"웬 짐승이 이렇게 앞에 들어 번란(繁亂)하냐?"

허풍헌이 제법 큰소리를 지르는 것이었다. 어모장군은 '그만하면 풍헌(風憲 : 鄕所職)쯤은 할 만하다' 생각하고 비켜 주고 다시 장군혈을 찾았다.

혈은 종달리(구좌면 종달리)로 떨어진 것 같았다. 종달리에 오고 보니 여자들이 모래 삼태기를 들고 소금 일을 하느라 야단이었다.

'너무 강포하다. 좌정할 곳이 못 된다.' 어모장군이 종달리를 나서고 보니 혈은 다시 심돌(始興里) 큰물머리로 떨어져 있었다. '저기나 가서 좌정하자'하고 심돌에 와 보니, 허풍헌이 벌써 조상의 묘를 써 버렸었다.

'못 쓰겠다, 올라서자.'

어모장군은 한라산으로 향하여 손당(松堂里) 높은오름에 올라, 옥통수로 날을 새고 밤을 새며 놀다가 오백장군에 가 구경하고, 다시 혈을 보니 장군혈은 정의골(旌義縣 : 표선면 성읍리) 멍둥마루에 떨어져 있다. 곧 멍둥마루로 내려와 앉아 보니, 정의골 관가에서 죄인을 잡아다 다루는 게 눈에 보였다.

'이것도 더럽고 추잡하다.'

장군혈을 다시 보니 난미(성산면 난산리)로 떨어져 있다. 난미로 내려오는데 이번에는 골미당이 보였다.

'이것도 더러워 못 쓸로다. 와갱이(성산면 삼달리)로 내려가자.'

와갱이로 와 보니 벼룻물도 좋아지고 세숫물도 좋아지고, 비록 빈촌은 빈촌이라도 좌정할 만했다.

일단 이 마을에 좌정하기로 마음을 정하고 좌정할 곳을 찾기로 했다. 우선 당골에 가 보았다. 김씨 영감이 병이 들어 거의 사경에 이르고 있는 게 보였다. 이 사람을 부르는 게 좋겠다는 생각이 들었다.

어모장군은 김씨 영감네 집 뒤에 있는 큰 나무 윗가지에 올라가서 김씨 영감에게 현몽(現夢)을 주었다.

"백돌래에, 백시루에 소주를 차리고, 너희 집 고팡〔庫房〕으로 위판(位版)을 모셔서 나를 위하면 너를 살려 주마."

김씨 영감은 곧 고방에 위판을 모셔 돌래떡에 시루떡에 소주를 올려 위했다.

그로부터 김씨 영감은 병이 씻은 듯 나았을 뿐 아니라, 이상하게도 상통천문(上通天文) 하달지리(下達地理)하여, 죽을 사람 살 사람을 척척 알아맞게 되었다. 그리고 어른이 앓거나 아이가 앓거나 빌기만 하면 꼭꼭 나았다. 그래서 김씨 영감은 심방이 되고 삽시에 부자가 되어 갔다.

그때 제주에는 아홉 해나 흉년이 계속되어 사람들이 다 굶어 죽게 되어 갔다. 김씨 영감은 사재분급(私財分給)을 하여 한 집에 닷 되씩, 열 되씩 쌀을 사다 나누어 주었다. 그렇게 하니 죽어 가던 백성들이 어려운 고비를 넘겨 살아났다.

이 일을 나라에서 알고 김씨 영감을 불러들였다. 크게 업적을 찬양하고 통정대부(通政大夫 : 정삼품 당상관) 벼슬을 내렸다.

김씨 영감은 벼슬을 받고 와서도 계속 점을 치고 심방의 일을 하다가 늙어서 죽게 되었다. 나라에 이 사실을 보고하니, 나라에서는 '신체는 비록 죽어도 영원히 남을 신상(神像)은 내주마' 하고, 밤나무로 신상을 만들어 내주었다. 황서국서 어모장군 부부와 김씨 영감의 신상을 내준 것이다.

그래서 이 마을의 당에 그 신상을 모시고 대대손손 전수되어 오늘날까지 위해 내려오는 것이다.

〈성산면 신산리 무녀 김영선(金永善) 제공〉

21 토산 여드렛당

이 당의 신은 나주 영산 금성산(錦城山)에서 솟아났다.

옛날, 나주 고을에 목사(牧使)가 부임해 오면, 오는족족 백 일을 채우지 못하여 봉고파직(封庫罷職)이 되어 갔다. 그래서 목사로 올 사람이 없을 정도였다.

그때 양목사가 나서서 말했다.

"나를 목사 시켜 주면 석 달 열흘 백 일에 윤삭(閏朔)을 채우리다."

그는 이렇게 장담하고 나섰다.

목사 할 사람이 없는 터라 곧 임명이 되었다. 양목사는 많은 관속과 육방하인을 거느리고 와라치라하며 나주로 향하였다.

금성산 앞을 지날 때였다. 통인(通引)이 앞을 막아서며

말하기를,

"성주님아, 성주님아, 하마(下馬)를 하십시오. 이 산엔 영기가 있고 토지관(土地官)이 있습니다."

"야, 이 마을에 토지관이 하나지 둘이 될 수 있겠느냐?"

목사는 뿌리치고 말을 탄 채로 나아갔다. 얼마 아니 가서 과연 말 발이 절어서 더 갈 수가 없었다.

"이것이 영급(영검)이냐?"

"예, 영급이 됩니다."

목사는 단기(單騎)에 단구종(單驅從)을 거느려 와라치라 올라가 보니, 청기와 판간집에 월궁(月宮)의 선녀 같은 아기씨가 반달 같은 용얼레빗으로 쉰댓 자〔尺〕머리를 슬슬 빗고 있었다.

"어느 것이 귀신이냐?"

"저것이 귀신입니다."

"귀신이 사람 될 리가 있겠느냐? 네 몸으로 환생하여 보여라."

그 순간 아기씨는 윗아가리는 하늘에 붙고 아랫아가리는 땅에 붙은 큰 뱀이 되어 나타났다.

"더럽고 누추하다. 이 마을에 불질 잘하는 포수가 있겠느냐?"

"있습니다."

포수를 불러다가 불 세 방을 놓아 가니, 뱀은 앉을 데도 설 데도 없어져 금바둑돌·옥바둑돌로 변하여 서울 종로 네거리에 가 떨어져 있었다.

이때, 제주의 강씨 형방(康氏刑房)·오씨 형방(吳氏刑房)·한씨 형방이 미역·전복 등을 진상하러 서울에 올라오고 있었다. 그들은 서울 종로 네거리로 다니다가 우연히 이 바둑돌을 줍게 되었다. 강씨 형방·오씨 형방·한씨 형방은 전에 없이 진상이 수월수월 잘 넘어갔다. 이것이 바둑돌의 도움임을 알 리가 없었다.

강씨 형방·오씨 형방·한씨 형방은 진상을 끝내고 제주도로 돌아오게 되었다. 처음엔 바둑돌이 신기한 것 같아 소중히 간직했으나, 알고 보니 대단한 것 같지 않아 던져 두고 배를 띄우려 했다.

이상하게도 바람이 막혀 배를 띄울 수가 없었다. 배를 띄우려는 시간마다 바람이 막히므로 세 형방은 점을 치러 갔다.

"강씨 형방 보자기를 풀어 보십시오. 난데없는 보물이 있을 듯하옵니다. 선왕(船王)에 올려 굿을 하면 명주 바다에 실바람이 시르르르 불어올 듯하오이다."

아닌게아니라, 보자기를 풀어 보니 던져 버린 바둑돌이 그 속에 와있었다. 선왕에 올려 굿을 했더니 명주 바다에 실바람이 시르르르 불어오는 것이었다.

강씨 형방·오씨 형방·한씨 형방은 배를 띄워 제주 열눈이(성산면 온평리)로 들어왔다.

포구에 배를 붙이자, 바둑돌은 꽃 같은 아기씨로 변신하여 그 마을 당신 맹호부인에게 명함을 드렸다.

"이 마을에 토지관이 하나지 둘이 될 수 없다. 땅도 내 땅이요 물도 내 물이다: 자손도 내 자손이 되어지니 어서 나가거라."

맹호부인은 도저히 그 마을에 머무를 수 없게 하는 것이었다.

"그러면 어딜 가면 임자 없는 마을이 있겠습니까?"

"해돋이 방위 토산으로 가고 봐라."

아기씨는 열눈이를 떠나서 곰배물로, 삼달리(三達里)로, 하천리(下川里)로 나아갔다.

이때 하천이 개로육서또〔下川堂神〕가 탈산봉에 앉아 바둑을 두다가, 월궁(月宮)의 선녀 같은 아기씨가 지나가는 것을 발견했다.

'남자의 기습으로 그냥 둘 수 있으랴. 어서 쫓아가자.'

개로육서또는 산지꼴로 내달아 왕꼴로 하여, 서토산을 달려들어 은결 같은 아기씨 팔목을 덥석 잡았다.

"얼굴은 양반이라도 행실은 괘씸하다. 더러운 놈 잡았던 팔목을 그냥 둘 수 없다."

아기씨는 장도칼을 꺼내어 팔목을 싹싹 깎아 두고 남수화주(藍水禾紬) 전대로 휘휘친친 감아 놓고 토산 메뚜기 마루에 가 보았다. 그만 하면 앉을 만도 하고 설 만도 하였다. 거기 좌정하기로 자리를 정해 놓고 용왕국에 인사차 들어갔다.

용왕황제가 말을 하되,

"어찌하여 네 몸에선 날피 내가 나느냐?"

"예, 하천이 개로육서또가 언약 없이 팔목을 잡길래 은 장도로 깎아 두고 왔습니다."

"괘씸하다. 개로육서또 말을 들었으면, 앉아도 먹을 만큼 서도 먹을 만큼 한 자식 얻을 것을, 말을 아니 들었구나."

용왕황제는 도리어 욕을 하는 것이었다.

아기씨는 서운하여 토산으로 올라서며 개로육서또를 불렀다. 한 번 불러 편편, 두 번 불러 편편, 세 번 불러도 편편이었다. 그러나, 그로부터 토산 알당으론 연불〔煙火〕이 나면, 하천이 고첫당(개로육서또의 堂)으론 신불〔神火〕이 나곤 하여, 서로 연불·신불로 언약을 하고 지냈다.

아기씨는 토산 메뚜기마루에 좌정하여 얼마간 세월이 흘렀다.

어느 날 입던 의복들을 거두어 지고 느진덕정하님하고 올리 소(沼)에 빨래를 하러 갔다. 잠시 빨래를 하느라니 느진덕정하님이 바다 쪽을 보고,

"상전님아, 저기 보십시오. 검은여코지로 도둑이 들어옵니다."

황급히 말을 하였지만 아기씨는 대단한 일로 생각하지 않았다.

때마침 왜배가 앞바다로 지나다가 돌풍을 만나 산산조각이 나고, 배에 탔던 놈들이 뭍으로 올라오는 판이었다. 조금 있더니 이놈들은 바로 올리 소 근처에 당도했다.

"상전님아, 저기 보십시오. 도둑이 바로 여기 당도했습

니다."

그제야 물이 질질 흐르는 빨래를 거두어 담아 짊어지고, 아기씨와 느진덕정하님은 달아났다.

"상전님아, 치마 고름이 풀어집니다."

"치마 고름이 풀어지고 허리 고름이 풀어지고 내 몸이나 감추어 보자. 볼기가 나온들 밑이 나오며, 밑이 나온들 볼기가 나오랴. 어서 닫자."

다시 내달아 묵은각단밧에 이르렀다.

"상전님아, 머리로 꿩이 납니다."

"꿩이 날건 치(雉)가 날건 어서 닫자."

놈들은 뒤를 바짝 쫓아왔다. 거의 붙잡힐 지경에 이르렀다.

아기씨는 다급한 김에 꿩이 숨었던 자리에 머리라도 숨겨 보자고 굽혔다. 놈들은 어느새 뒤로 달려들어 은결 같은 팔목을 부여잡고 연적(硯滴) 같은 젖가슴을 부여잡는 것이었다.

아기씨와 느진덕정하님은 구름산에 얼음같이 이 세상을 버렸다. 예물동산에 쌍묘를 만들어 고이 매장되었다.

얼마 후 아기씨 혼령(魂靈)은 가시리(表善面 伽時里) 강씨 집안 외딸아기에게 의탁하였다. 강씨 아기는 보리방아를 찧다가 갑자기 머리를 풀어 헤치고 정신을 잃어 일가 친족을 몰라보는 것이었다.

집안에서는 겁을 내고 점을 치러 갔다. '신이 의탁한 것이니 큰굿을 하라'는 것이다. 급히 택일을 하여 큰굿을 시작했다.

초감제가 넘어들어 가니 그렇게 정신을 잃었던 딸아기가 와들랑이 일어나서,

"아버님아, 어머님아. 누구를 위한 굿입니까?"

멀쩡하게 묻는 것이었다.

"너를 살리려는 굿이다."

"신이성방(무당)아, 누구 살리려는 굿이냐?"

"아기씨 상전 살리려는 굿입니다."

"나를 살리려는 굿이면, 연갑(硯匣)을 열어 보면 아버님 첫 서울 갔다 올 때 가져온 명주가 없으니, 마흔댓 자〔尺〕끊어 내 간장을 풀어 주십시오. 서른댓 자 끊어 내어 내 간장을 풀어 주십시오."

아기씨 말대로 연갑을 열어 명주를 풀어 보았다. 명주 틈에 작은 뱀이 뻣뻣이 말라 죽어 있었다.

"이것을 어찌하면 좋으리요. 백지 한 장 주십시오."

심방은 백지에다 뱀 대가리와 그 모습을 그려 놓고 굿을 하여 만판놀이를 해댔다.

"이만해도 신병 좋지 않겠습니다. 뒤에 군졸들이 있으니 대접을 해야겠습니다."

심방의 말대로 소를 끌어 내고 닭을 잡아왔다. 소를 잡고 닭을 잡아 바쳐 굿을 하다가, 심방은 배를 지어 뒤맞이를 해야 병이 시원히 낫겠다고 했다.

깊은 산에 올라가 나무를 베어다가 배를 하나 지어 놓고, 버섯·유자·고사리·전복·천초 등 제주 명산물을 가득

히 실어 배를 띄워 가니, 명주 바다에 실바람이 시르르
일고 신병이 씻은 듯이 좋아졌다. 이 신(神)에 걸린 병은
이렇게 해야 낫는 법이다.

이 신은 청명(淸明) 3월이 되면 구멍구멍마다 솟아나
고, 구시월 상강일(霜降日)이 되면 구멍구멍마다 들어간
다. 동서 순력(東西巡歷)하고 있을 때 무지한 인간이 타
살(打殺)하면, 그것을 본 혼이 여린 사람이 도리어 걸린
다. 그래서 큰굿엔 열두 석(席), 작은 굿엔 여섯 석, 앉
은 제(祭)엔 세 석을 풀게 하여 이 신이 받는 것이다.

강씨 아기는 상단골로, 오씨 아기는 중단골로, 한씨 아
기는 하단골로 맺어오던 이 신은, 11월 7·8일, 17일·1
8일, 27·28일이나 6월 7·8일, 27일·28일에 제를 받아
오던 영검 좋은 조상이다.

(표선면 성읍리 박수 한원평(韓元平) 제공)

V 조상신화

22 나주 기민창 조상(羅州 饑民倉 祖上)

—조천면 선흘리 안씨댁 조상으로 성편(姓便)을 따라 내려오는 조상

옛날 순흥(順興)에서 삼형제가 제주에 내려왔다.

큰형은 어림비(애월면 어음리)에 자리잡고, 둘째형은 과납(애월면 납읍리)에 살고, 작은아우는 서늘(조천면 선흘리)에 자리잡아 그 자손이 벌어져 갔다.

그 후 작은아우의 후손이 조천관(조천면 조천리)에 살게 되었다.

처마 높은 청기와집에 전답이 많고 또 상선(上船)도 아홉, 중선도 아홉, 하선도 아홉 척을 부리니 '안씨 선주(安氏船主)'라 불렀다.

안씨 선주는 천하거부로 살면서 마음씨도 고와서, 조천면 일대에 사는 가난한 백성들에게 배를 빌려 주어 포구마다 안씨 선주의 배로 가득찼었다.

이때, 제주에는 칠 년 가뭄이 들어 밭마다 먼지가 보얗게 올랐다. 제주 백성이 다 굶어 죽게 되어 가는 판이었다.

제주 목사는 걱정이 태산 같았다. 어느 날 '조천관(朝天館) 안씨 선주의 재산이면, 제주 백성이 사흘은 먹고

남을 것이라'는 소문이 목사 귀에 들어갔다.

　목사는 사령(使令)을 시켜 안씨 선주를 동헌(東軒)으로 불러들였다. 안씨 선주는 죽는 줄 알고 목사 앞에 엎드렸다.

　"너를 대동(帶同)시킨 것은 다름이 아니라, 우리 제주 백성이 흉년으로 말미암아 굶어 죽게 되었는데, 소문을 들으니 네 재산이 우리 제주 백성이 사흘 먹을 만큼은 하다니 그게 사실이냐?"

　"예, 그게 사실인가 하옵니다."

　안씨 선주는 수심이 턱 풀렸다.

　"그러면 이 제주 백성을 살려 볼 도리는 없겠느냐?"

　"저의 힘 다하도록 살려 보오리다."

　안씨 선주는 빌려 줬던 배들을 다 거두어 돈창고의 돈을 상선·중선·하선에 가득 싣고 쌀을 사러 떠났다.

　배를 영암(靈岩) 덕진다리에 붙이고 팔도강산을 돌아다니며 쌀을 구했으나 사들일 쌀이 없었다. 돌다돌다 어느 날 나주 고을에 들어섰다. 안씨 선주는 주막에 앉아 한숨을 내쉬며 약주를 들고 있었다. 마침 옆에 소박한 양반이 한 사람 와서 같이 약주를 들게 되었다. 양반은 안씨 선주에게 말을 걸어 왔다.

　"어딧 양반이온데 그리 수심을 하시오니까?"

　"예, 저는 제주 신좌면(新左面) 사는 안가 선주이온데, 제주 백성 살리고자 무곡(貿穀)을 사려 하나, 금전에 맞는 무곡이 없어 탄식이 되옵니다."

그 양반은 희색이 만면하여 말을 이었다.

"나는 나주 기민창(饑民倉)의 삼 년 묵은 무곡을 나라에서 팔아(사서) 올리라 하되 팔지 못하여 수심입니다."

안씨 선주는 공중을 날 듯이 기뻤다.

곧 그 쌀을 사기로 하고 실을 준비를 서둘렀다.

먼저 창고의 쌀을 얼마간 꺼내어 막걸리를 만들어 거리거리 골목골목마다 바가지를 띄워 놓았다. 나주 백성들이 가는 사람 오는 사람마다 한 바가지씩 떠먹고 지나갔다. 일 주일이 되어 가니 나주 백성들은 그 술이 누구의 술임을 다 알게 되었다. 거리마다 안씨 선주를 도와 줘야겠다는 공론(公論)이 돌았다.

쌀을 실을 날이 돌아왔다. 막걸리를 먹은 나주 백성들이 구름같이 모여들어 쌀을 화닥닥 실어 주었다.

명주 바다에 실바람 이는 날, 나주 백성들을 작별하고 배에 깃발을 올렸다. 북을 세 번 쳐 올리고 배를 띄우는 순간이었다. 안씨 선주는 배 위에 앉아 전송하는 나주 사람들에게 손을 흔들다 보니, 갑사 댕기에 머리를 땋아 늘인 처녀 아기씨가 발판으로 배에 올라오는 것이 언뜻 보였다.

'어떤 처녀가 대바구니를 옆에 끼고 외씨 같은 발자국으로 배에 올라오는가? 나주 고을 숫색시가 나하고 언담이나 하려고 오는 건가?'

안씨 선주는 이렇게 생각하며 배 안을 여기저기 찾아봤다. 그러나 아기씨는 어디 갔는지 간 곳이 없었다. 필유

곡절(必有曲折) 이상하다. 이렇게 생각하며 물때가 늦어지므로 그냥 배를 놓았다.

제주 물마루[水平線]가 가까워졌을 무렵이었다. 그렇게 잔잔하던 바다에 회오리바람이 한번 치더니, 산 같은 파도가 연이어 밀어닥치어 배가 몇 번을 구르더니 그만 뱃전 밑으로 구멍이 터졌다. 귀중한 쌀섬이 물에 잠겨들기 시작하는 것이다. 안씨 선주는 눈물을 흘리며 합장했다.

"명천(明天) 같은 하늘님아, 이 무곡이 들어가야 제주 백성 다 살릴 게 아닙니까. 명천 같은 하늘님아, 어서 고이고이 제주 땅을 인도하여 주옵소서."

두손 모아 빌고 있더니, 가라앉던 배가 둥둥 뜨기 시작했다. 이상한 일이었다. 안씨 선주는 터진 구멍으로 가보았다. 이게 웬일인가. 무지무지하게 큰 뱀이 뱅뱅 서려서 물구멍을 꽉 막고 있는 것이 아닌가.

'우리 조상님이 분명하다.'

안씨선주는 이렇게 입속으로 중얼거렸다.

배는 무사히 조천(조천면) 포구에 닿았다. 안씨 선주는 얼른 배에서 내려 집으로 달렸다. 환영 나온 사람들의 인사를 받을 겨를도 없었다. 곧 목욕을 하고 향불을 피워 들고 청감주를 차려서 포구로 갔다.

"조상님아, 조상님아. 우리 조상이거든 어서 발판을 내려서 집으로 가십시다."

꿇어앉아 빌었으나 뱀은 움직이려 하지 않았다. 안씨 선주는 어쩔 줄 몰라 그 앞에 지켜 앉았다. 날이 어둡고 밤이 깊어갔다. 이경이 넘어가니 그제야 뱀은 몸을 움직여 뭍으로 내려왔다. 안씨 선주는 길 인도를 하여 집으로 안내했다. 뱀은 집 안 울타리 안을 휘휘 한 번 둘러보고는 다시 포구 쪽 새콧알로 내려갔다. 안씨 선주는 다시 그 뒤를 따라 내려갔다.

새콧알까지 내려간 뱀은 다시 가만히 머문 채 움직이지 않았다. 안씨 선주는 곁에 지키고 앉아 밤을 새우기로 했다.

시간이 흐르자 안씨 선주는 깜박 잠이 들었다.

"선주들아, 선주들아. 몸이 고단하여 잠이로다. 나는 나주 기민창 동서남북 창고를 지키던 조상이다. 기민창고가 비어가니 내 갈 길이 없어져 무곡을 따라왔다. 안씨 선주 집안을 돌아봐도 내 몸 감출 데가 없어져 내 갈 데로 갈 테니, 송씨 선주 중단골, 박씨 선주 하단골을 맺어 삼명일(三名日)·기일제사(忌日祭祀)와, 일년 한 번 철갈이(祭名)로 나에게 상(床)을 바치면, 좋은 재산 일으켜 주고 천하 거부 시켜 주마. 나는 조천관(朝天館) 새콧알로 좌정하여, 가는 배, 오는 배, 삼천 어부·일만 잠수(潛嫂) 차지하겠노라."

벌떡 깨고 보니 꿈이었다. 뱀은 새콧알의 굴 속으로 무서운 몸을 감추어 들어가는 것이었다.

이렇게 하여 가는 배, 오는 배, 삼천 어부·일만 잠수를 차지하고, 정월엔 신과세(新過歲 : 新年祭)를 받고, 큰굿 하면 큰 밭 사고 작은 굿 하면 작은 밭 사게 해 주는 새콧할망이 되었다.

또한 안씨 선주 상단골에서는 고방(庫房)에 이 신을 부
군칠성(富君七星)으로 모셔서, 명절과 기일제사 때마다
메 한 그릇 정성을 하여 왔다. 그래서 자손을 번성시키고
거부가 되게 도와 주던 조상이 되었다.

(제주시 용담동 박수 안사인 제공)

23 구슬할망

—나주 김씨 집안의 조상

옛날 신촌(조천면 신촌리) 큰물머리에 김사공이 살고
있었다. 김사공은 제주목(濟州牧)에서 올리는 버섯·전복·
우무·청각 등 진상을 바치러 서울을 자주 왕래했다.

어느 해 김사공은 서울로 올라가 진상을 바치고 돌아오
는 길이었다. 서울 서대문 밖, 인가도 없는 적적한 곳을
지나고 있었다. 날이 어두워 먹장 같은 밤이 찾아들었다.

김사공이 어서 인가를 찾으려고 길을 서두르는데, 어디
선가 사람의 울음소리가 들리는 듯하였다. 가만히 귀를
주어 들으니 사람의 울음소리가 틀림없었다.

김사공은 차차 울음소리를 좇아가 보았더니, 논두렁에
어떤 처녀가 밤중에 혼자 울고 있는 것이었다.

"너는 귀신이냐? 생인이냐, 귀신이거든 어서 천당으로
오르고, 생인이거든 내 눈앞에 똑똑히 보여라."

김사공은 미심쩍은 소리로 물었다. 대답은 똑똑히 사람
의 소리였다.

"귀신이 날 배 있오리까? 저는 서대문 밖 허정승의 딸

이온데 부모님 눈에 거슬려, 종들이 가마에 태워다 여기
버리므로, 갈 곳 없어 서러워 대성통곡 웁니다."

듣고 보니 딱한 사정이었다. 어찌할 바를 몰라 머뭇거
리고 있는데, 허정승의 따님은 도포 자락을 잡으며 '나를
데리고 가서 살려 달라'고 애원하는 것이었다.

"사정을 들어보니 딱하다마는 나는 제주 사는 사람이어
서 곤란하다."

"제주라도 좋으니 나를 데려가 주십시오."

김사공은 더욱 딱해졌다. 당시는 제주 사람 육지 못 가
고, 육지 사람 제주 못 오던 때였기 때문이다.

김사공은 생각 끝에 이 처녀를 제주도로 데려오기로 결
심했다.

"그러면, 어서 나하고 같이 가자."

배에 오를 땐 다른 사공이나 알까 해서, 도포 자락에
아기씨를 숨겨 몰래 올리고 배를 띄웠다. 명주 바다에 실
바람이 일어 배는 제주 바다로 둥둥 떴다.

제주에 배를 붙이자, 관원이 알면 엄벌이 내릴 것이므
로 밤이 들어 개·고양이가 잠잘 때 살짝 아기씨를 내리게
했다. 자기 집에 데려가 방에 문을 잠그고, 일체 바깥에
소문이 안 나도록 극히 조심을 했다.

한 해 두 해 세월이 흘렀다. 아기씨도 어느덧 열여덟
살이 되었다.

어느 날, 아기씨는 하도 답답했던지, 남쪽 창문을 열어
놓고 바깥을 바라보다가 김사공을 불렀다.

"영감님아, 저기 소를 몰고 가는 것은 무엇하러 가는 것이며, 머슴들이 등에 진 것은 무엇입니까?"

"우리 제주 사람은 모진 일만 해야 산다. 저건 머슴들이 쟁기를 지고 소를 몰아 밭갈러 가는 것이다."

아기씨는 북쪽 창문을 열어 놓고 보다가 다시 묻는 것이었다.

"저 바다에 호이호이 솜비 소리(해녀들이 해산물을 따고 물 위에 나와서 급히 숨을 내쉬는 소리)는 무엇하는 소립니까?"

"그것도 우리 제주 산은 악산이니 모진 일만 해야 사는 데라, 잠수(해녀)들이 테왁·망사리·비창을 걸머지고 전복·소라·미역을 따는 소리가 된다."

"남자입니까, 여자입니까?"

"여자가 하는 일이다."

"영감님아, 그러거든 망사리·테왁·비창을 해 주십시오, 나도 한 번 해보고 싶습니다."

김사공은 해녀 기구를 차려 주었다. 아기씨는 그날부터 바다에 들어 해녀 일을 하기 시작했다. 하루 이틀 해 가니 아주 상잠수(上潛嫂)가 되어 갔다. 대전복도 일천 근, 소전복도 일천 근……. 전복 속에서는 진주가 마구 쏟아져 나와 닷 말 닷 되가 되었다. 그리하여 어느덧 부자가 되어 버렸다.

허정승의 따님아기는 김사공과 백년가약을 맺어, 천정배필이 되어 즐거운 나날을 보내게 되었다.

어느 날 부인은 김사공에게 의논했다.

"영감님아, 우리가 이렇게 진주를 많이 얻은 것은 내 재주가 좋아 얻은 것이 아니라, 천운으로 얻은 것인가 하옵니다. 그 은공을 갚아야 마땅할까 하오니 임금님께 진상을 올리기 어쩝니까?"

"그리하자, 좋은 말이로다."

김사공은 진주를 실어 서울로 올라가 임금님께 바쳤다. 임금님은 희색이 만면하여 그 성의의 기특함을 크게 칭찬하고, 무슨 벼슬이라도 좋으니 소원을 말하라고 하는 것이었다.

김사공은 욕심 없는 마음에,

"큰 벼슬이야 어찌 바랄 수 있사오리까? 상감님의 분부이오니 거역할 수는 없잡고, 그저 동지(同知) 벼슬이나 주시옵소서."

이렇게 요구했다.

"이게 기특한 마음이로다."

임금님은 작은 벼슬을 바라는 것이 더욱 가상하다 하며 동지 벼슬을 내주고, 부인인 허정승 따님에겐 칠색 구슬을 선물로 하사하였다. 그래서 뒤에 '구슬할망'이라 부르게 된 것이다.

김동지 영감과 구슬할망 사이에는 딸만 아홉이 태어났다.

어느 날 구슬할망은 딸 아홉을 불러 앉히고,

"너희 아버지는 동지 벼슬을 받고 나는 구슬을 하사받아 구슬할망이 되었다. 이제부터는 딸 아홉에 줄이 벋어

갈 테니, 너희들은 삼명일(三名日)·기일제사 때에 고팡
[庫房]으로 우리에게 상(床)을 바치고, 큰굿엔 열두 석
(席), 작은 굿엔 여섯 석, 앉은 제엔 세 석씩 풍악으로
내 간장을 풀어 다오."

유언처럼 말을 했다.

그 후 딸들은 아홉 마을에 각각 시집 가서 명절이나 제
사 때마다 고방으로 상을 차려 위하게 되고, 차차 딸자손
에서 딸자손으로 줄이 벋어 자손 번창시켜 주는 조상이
되었다.

(제주시 용담동 박수 안사인 제공)

24 광청아기

동김녕(구좌면의 동김녕리) 송댁(宋宅)에 송동지(宋同
知) 영감이 살았었다. 송동지 영감은 섣달 그믐이 되면
사또의 명을 받아 서울로 진상을 바치러 자주 갔다.

어느 해, 송동지 영감은 여느때처럼 미역·전복·우미·초
기 등 제주의 특산물을 배에 가득 싣고 서울로 올라갔다.

진상이 무사히 끝나고 돌아오는 길에 광청 고을 허정승
댁에 하루 저녁 머물게 되었다. 객창의 몸이라 잠이 쉬 들
리가 없었다. 삼경이 되어 가도 잠이 오지 않으므로, 바람
이나 쐬려고 둑에 내려 잠시 사방을 배회하고 있었다.

이때 우연히 한쪽을 보니 불빛이 비치는 방이 보였다.
송영감은 호기심에 그 방 가까이 다가가서 방안을 얼핏

보니, 예쁜 처녀아기씨가 머리를 풀어 놓고 깊은 생각에
잠긴 듯이 앉아 있었다. 둘은 눈이 마주쳤다.

송동지 영감은 미안해서 뒤돌아서려는데,

"제주 송동지 영감님, 그리 가려고 하지 말고 들어오심
이 어쩝니까?"

아기씨의 부르는 소리에 발걸음을 멈칫했다.

'이쯤 되면 남자의 기습으로 갈 수가 있느냐.'

이렇게 생각하고, 송동지 영감은 아기씨 방으로 들어갔
다.

아기씨는 미리 올 줄이나 안 듯이 술상을 차려 놓고,

"영감님이 이제까지 잠을 안 자시고, 오죽이나 심심하
니 여기까지 왔습니까? 이 술 한잔 드시고 나와 같이 심
심풀이로 놀기가 어쩝니까?"

술을 거듭 권하는 것이었다. 송동지 영감은 술이 얼근
해졌다.

"저는 허정승의 딸로, 처녀이건만 이제 부모의 명령으
로 혼인해야 할 몸이고, 이러니 오늘밤 이 밤이 새도록
한 번 색시놀이(각시놀음)나 해 보기 어찌하오리까?"

다정한 허정승 따님의 제안에, 송동지 영감은 어쩔 줄
을 모르고 그저 '예, 예'만 하고 있었다.

어느 틈에 송동지 영감 몸엔 연분홍 저고리에 대홍대단
치마가 입혀지고 머리엔 구슬 족두리가 씌워졌다. 그리고
눈앞엔 보니 아기씨는 넓은 깃갓에 백도포를 입고 쉰 살
부채로 앞을 가리고 서 있는 것이다. 서로 얼굴을 들어

마주보니 인연이 딱 들어맞은 듯했다. 명주 한삼(汗衫)을 걷어 손목을 잡았더니 서로간에 올바른 정신이 아니었다. 족두리도 벗겨지고 연분홍 치마저고리도 모르는 새 벗겨졌다.

먼동이 터 가자 송동지 영감은 쥐도 새도 모르게 자기 방으로 돌아왔다. 날이 밝자 허정승을 작별하고 그는 영암 덕진다리로 배를 띄웠다. 암만 생각해도 꿈만 같은 일이었다.

다음 해에도 송동지 영감은 역시 진상품을 바치러 가게 되었다. 진상이 끝나자 곧 송동지 영감은 다시 허정승 댁을 찾았다. 밤이 들기를 기다렸다.

초·이경이 넘어가자 송동지 영감은 아기씨 방을 찾아갔다. 그런데 이게 웬일인가. 작년의 아기씨와는 아주 딴판인 것이다. 송동지 영감이 보이자, 아기씨는 먼저 비 오듯 눈물을 흘려 가며 하소연부터 하는 것이었다.

"영감님, 이 일을 어찌하면 좋으리까?"

가만히 보니, 그렇게 하얗던 얼굴이 검은 얼굴이 되고 배는 두룽배가 돼 있었다. 아기씨는 송동지 영감의 도포 자락을 붙잡고 제주로 데려가 달라고 앙탈을 부리는 것이다.

그때는 제주 사람 육지에 못 가고, 육지 사람 제주에 못 올 때라, 송동지 영감은 어쩔 바를 몰랐다.

송동지 영감은 한참 생각하다가 말없이 도포 자락을 뿌리치고 허정승 집을 나왔다. 단숨에 영암으로 달려 배진 고달또에서 배를 잡아 탔다. 곧 사공을 시켜 떠날 준비를 차렸다.

배가 막 떠나려는 순간이었다. 흰 비단 홑저고리에 대홍대단 홑단치마를 입은 아기씨가 달려와 발판으로 배에 오르려 했다. 때마침 이물사공이 발판을 당기는 순간이라, 처녀아기씨는 텀벙 물 속으로 빠지더니 구름산에 얼음 녹듯 물 속으로 사라져 갔다.

송동지 영감이 배에 앉아서 보니, 허정승 따님아기가 언뜻 배 발판으로 오르는 듯하더니 다시는 보이지 않았다. 환상이었구나 생각하며 깃발을 올렸다. 명주 바다에 실바람이 일어 배는 제주 바다로 둥둥 떠갔다.

순조로이 동김녕(東金寧里) 포구에 붙고 송동지 영감이 내리려는 때였다. 아버지를 마중하러 나왔던 송동지 영감 막내딸이 갑자기 허파에 바람이 든 듯, 머리를 풀어헤쳐 놓고 부모형제도 몰라보고 바닷물 속으로 뛰어들려고 달려드는 것이다. 송동지 영감이 얼른 달려들어 딸을 붙들며 소리쳤다.

"이거 어떤(어쩐) 일이냐?"

"나는 광청 고을 광청아기 궁녀로다, 시녀로다. 어야뒤야 살강깃 소리(닻을 감는 소리)로 어서 놀자."

이렇게 말하며 딸은 춤을 추려 드는 것이었다. 광청아기 영혼이 이 막내딸에게 의탁했음이 분명했다.

송동지 영감은 제 잘못을 후회하며 청춘의 원한이나 풀어 주고자 마음먹었다.

곧 심방을 불러다 바다로 가서 초혼(招魂)을 하고, 셋째아들을 양자로 놓아 지방(紙榜)을 써 붙이고 큰굿을 하여 그 넋을 위로해 주었다.

그러자 송동지 영감댁은 삽시에 거부가 되고, 양자로 이름 올린 셋째아들이 얼마 후 무과급제하여 명성을 떨쳤다.

그 후 동김녕 송씨 집안에 줄이 벋어, 고방으로 모셔서 명절 때, 제사 때, 그리고 철갈이 때에 위해 내려오게 된 것이다.

(제주시 용담동 박수 안사인 제공)

25 안판관(安判官)·고대정(高大靜)

옛날 안동(安東) 땅에서 안씨 삼형제가 들어왔다. 먼저 한라산에 올라 사방을 구경하고 내려오는 것이 서늘(조천면 선흘리) 이데기마루까지 내려왔다.

삼형제는 정착지를 의논하기 시작하였다. 큰형은 과납(애월면 납읍리)으로 가겠다 하고, 둘째형은 가시오름(표선면 가시리)으로 가겠다고 하였다. 작은아우는 어디 마땅한 곳이 없어 서늘(善屹)에 그냥 머무르기로 했다.

앞길을 의논하다 보니 비가 너슨너슨(부슬부슬) 오기 시작했다. 삼형제는 잠시 비를 피하기로 하여 큰 바위 밑에 가 앉았다.

비가 멎기를 기다리며 살아갈 의견을 얘기하다 보니, 어디서 왔는지 주걱 같은 귀가 달린 큰 뱀이 앞에 나타났다. 큰형이 먼저 보고 얼른 저고리를 벗어 깔았다.

"저의 옷으로 들겠습니까?"

뱀은 눈도 아니 거들떴다.

다음 둘째형이 저고리를 벗어 놓고,

"여기로 들겠습니까."

역시 눈도 아니 거들떴다.

마지막에 작은아우가 저고리를 깔고,

"저에게 내려진 조상님이로구나. 어서 여기로 드십시오."

그제야 뱀은 슬슬 기어 저고리 위로 올라왔다. 작은아우는 그 뱀을 둘러메고 서늘 배남마루 동백나무 밑에 와서 모시고 그 옆에 집을 지어 살았다.

그로부터 작은아우는 삽시에 부자가 되어 가고 대대로 자손에 벼슬이 끊어지지 않았다. 통훈대부(通訓大夫)·가선대부(嘉善大夫)·참판(參判)·참봉(參奉)·명월만호(明月萬戶)·제주판관(濟州判官) 등 벼슬이 속속 나와 집안이 크게 울린 것이다.

제주판관이 나던 어느 해, 안판관은 제주성 안(제주시 내)에서 유명한 고씨(高氏) 심방을 불러다 굿을 했다. 고씨 심방은 서늘로 올라가 큰 대를 세워 안씨 집안의 조상을 청해 놓고 한참 큰굿을 하고 있었다. 이때 안판관은 굿하는 옆에 앉아서,

"제주판관이 웬 판관인고? 좀 높은 벼슬을 시켜 주지 않고."

조상에 대해서 불평을 털어놨다.

조상은 이 말을 듣고 섭섭했다. 이 집에는 오래 있어 도와 줄 곳이 못 된다고 생각하고, 여기 나를 위해 굿을 잘해 주고 간장을 풀어 주는 심방 뒤에나 따라가자고 마음먹었다.

고씨 심방은 굿을 끝마치고 안채포(심방의 기구와 굿을 하여 얻은 쌀을 담아 짊어지고 오는 자루)를 짊어지고 집으로 향했다. 처음은 가벼웠던 안채포가 점점 무거워졌다. 제주성 안을 거의 들어서서 가느니마루에 오니 안채포가 무거워 더 걸을 수가 없었다.

"이상하다. 별로 든 것도 없는데 이렇게 무거울 수가 있나?"

고씨 심방은 안채포를 풀어 보았다. 이게 웬일인가. 커다란 뱀이 거기 누워 있는 것이었다.

'나에게 내려진 조상이로구나. 어서 집으로 가십시다.'

고씨 심방은 다시 안채포를 싸서 일어서려고 하다, 우연히 보니 바로 건너 길가에 어떤 스님이 쓰러져 있는 것이 보였다.

'어떤 스님일까?'

달려들어 일으키니, 스님은 힘없는 목소리로 '시장기한이 없어 이 지경이 되옵니다. 음식이나 조금……' 하며 다시 쓰러지는 것이었다.

고씨 심방은 굿을 하고 얻어오던 음식을 드렸다. 스님은 음식을 받아 먹고 정신이 들어 입을 열었다.

"무엇으로 이 공을 갚으리까? 저의 힘 다하여 공을 갚으리다. 당신의 조상이 눈에 뵌 일이 없습니까?"

"예, 있습니다. 우연히 안채포에 뱀이 들어 있습니다."

"그게 당신이 기도하러 갔던 집안의 부군칠성이 됩니다. 그 조상이 때가 다 되어 따라왔으니 어서 모시고 집으로 가십시다."

스님은 고씨 심방을 따라 무근성(제주시 내 삼도이동) 고씨 심방 집에 와 하룻밤 유숙하고 이튿날 주위를 샅샅이 둘러보더니,

"신의 성방(심방)님아, 이 자리에 천년성주를 지어 사십시오. 지금은 거적문에 움막집이지만 장차 알 도리 있오리다."

말을 하고, 그 길로 고씨 심방을 데려 동산마다 언덕마다 돌아다니다가, 사누장터에 가서 묏자리를 하나 봐 주었다.

"이 아래쪽에 생수(生水)가 있습니까?"

"예, 유명한 용수[龍淵]가 있습니다."

"당신의 부모를 여기에 감장(勘葬)하십시오. 이 앞의 생수가 마를 때까지는 성 안을 울리고 말 것입니다."

고씨 심방은 스님의 말대로 부모의 묘를 옮겨 묻었다. 그로부터 고씨 심방은 상통천문(上通天文)·하달지리(下達地理)하여 세상 일을 눈감고 다 알게 되었다. 그래서 삽시에 거부가 되고 또 당대에 벼슬이 쏟아져 나왔다. 큰 아들은 제주판관(濟州判官), 둘째아들 대정현감(大靜縣監), 셋째아들 정의현감(旌義縣監), 그리고 자손 중에 명

월만호(明月萬戶)며 조방장(助防將)이며, 향교훈장(鄕校
訓長)이며 많은 벼슬이 대를 끊기지 않았다.

이렇게 삼문 안을 뒤흔들고 높은 벼슬을 주어 대대손손
전하는 조상이다.

(제주시 용담동 안사인, 조천면 북촌리 박인주(朴仁珠) 제공)

26 영감(도채비)

옛날옛적, 서울 먹자 고을에 허정승(또는 유정승이라고
도 함)이 살았었다. 천하 거부여서 유기(鍮器)·전답이 좋
은 것은 말할 것도 없고, 처마 높은 기와집 네 귀에 풍경
을 달고 살았다. 동남풍이 불면 서남쪽 풍경이 와랑지랑,
서남풍이 불면 동남쪽 풍경이 왕강싱강하는 살림이었다.
거기에다 허정승은 아들 칠형제를 낳았다. 이 아들들이
성장하여 각각 갈려져 나가게 되었다.

큰아들은 어딜 갈까 하다가, 서울 삼각산을 차지하여
남산·한강 다리 서울 일대에서 놀고, 둘째아들은 백두산
을 차지하여 두만강·압록강 일대에서 놀고, 셋째아들은
금강산을 차지하여 일만이천 봉에서 놀고, 네째아들은 계
룡산을 차지하여 노들강변 일대에서 놀고, 다섯째아들은
태백산을 차지하여 경상도 일대에서 놀고, 여섯째아들은
유달산(儒達山)을 차지하여 전라도 일대에서 놀았다.

일곱째아들은 오소리잡놈으로 얼굴도 좋고 풍채도 좋
았다. 어디로 갈까 하다가 제주도가 경치 좋고 놀기 좋다

는 말을 듣고 제주 바다로 향했다. 갓 양테만 붙은 파립
(破笠)을 쓰고, 깃만 붙은 베 도포를 입고, 한 뼘이 못
되는 곰방대에 삼동초(三冬草)를 피워 물고, 총만 붙은
미투리에 들메를 메곤 하여 제주로 들어온 것이다.

본래 놀기를 좋아하는 이 아들은 한 손엔 연불〔煙火〕을
들고 한 손엔 신불〔神火〕을 들어, 동에 번쩍 서에 번쩍하
며 동해 바다로 서해 바다로 놀며 다녔다. 밀물이면 강변
에 놀고 썰물이면 수중에 노는 것이다. 뭍으로 올라 한라
산에 가면 장군서낭에서 놀고, 서늘곳(조천면 선흘리의
숲)에 가면 아기씨서낭으로 놀고, 대정(大靜)에 가면 각
시서낭으로, 뙤밋곳(남원면 위미리의 숲)에 가면 도령서
낭에서 놀고……. 제주도 내 어디나 아니 노는 곳이 없다.

비 오는 날이나 안개 낀 날을 좋아하고, 여름철이 당하
면 성널오름〔城板岳〕에 물 맞으러 간 여인들이나, 아니면
바다에 간 일만 해녀들에게 '마음씨 좋다, 같이 살자' 하
며 따라붙어 흉해를 주곤 하는 잡놈으로 논다.

수수떡·수수 범벅을 좋아하고 네 발 짐승의 열두 뼈나
시원석석한 횟간이나 더운 피 좋아하고, 어야뒤야 살갓깃
소리(닻을 감는 소리)로 간장을 풀어 놀던 영감 참봉 조
상이다.

(조천면 성덕리 박수 김만보(金萬寶) 제공)

개   설

1 본풀이와 신화

우리는 설화를 분류할 때 신화·전설·민담으로 나누고
있다. 그러나 촌노들이나 무당들에게 '신화를 이야기해
달라'고 하면 얼른 알아듣지 못한다. 이것은 이 용어들이
외국에서 도입된 것들이어서, 아직 우리와 친숙하지 못했
기 때문이다.

외국의 용어를 수입할 때는 그 개념도 그대로 받아들이
게 마련이다. 설화의 분류 개념도 마찬가지여서, 우리 민
족의 전통적인 분류 개념과 엄밀한 검토 없이 그대로 사
용하고 있는 것이 현 실정이라 하겠다.

설화의 분류 의식이나 범주도 인류적 보편성이 있음과
동시에, 문화가 다름에 따라 민족적 특수성이 있을 수 있
다. 우리는 신화·전설·민담이라는 용어를 사용해도, 우리
의 전통적인 분류 개념에 맞게 검토하여 사용할 필요가
있다.

일반적인 설화의 세 분류 개념에 따라서 신화를 한 마
디로 정의한다면 다음과 같이 말할 수 있다.

'자연현상이나 사회현상의 기원과 그 질서의 형성 등,

태초적(太初的)인 사실을 신(神)을 중심으로 하여 진실
하다고 믿고 신성시하여 설명하는 이야기.'

이러한 정의를 한국의 경우에 적용시켜 보면, 신화의
범위가 좁아질 뿐만 아니라, 실제 민중의 분류 의식과 어
긋남을 발견하게 된다. 제주도의 경우 그것이 뚜렷하다.

제주도에는 '본풀이'라고 하는 설화가 있다. 이것은 심
방〔巫覡〕이 굿〔巫俗儀禮〕을 할 때 제상 앞에서 신을 향하
여 노래조로 부르는 것이다. 이 설화들은 대개 신의 출생
에서부터 여러 가지 고비를 거쳐, 신으로서의 직능을 맡
아 좌정할 때까지의 내력에 대한 이야기로 되어 있다. 한
국의 신은 절대 유일신이 아닌 까닭에, 이 이야기들은 반
드시 태초적인 신의 생성이나 행적일 수만은 없다. 태초
적인 사상(事象)들의 해석 설명일 수도 있고, 그다지 오
래지 않은 옛날의 사상(事象)을 설명하는 것일 수도 있
다. 이러한 면을 일반적인 설화 개념에서 보면, 이 설화
류의 신화라 할 수 있는 것도 있고, 전설이라 할 만한 것
도 있게 된다.

그러나 분명한 것은 이들 설화들은 숭배 대상인 신을
중심으로 한 이야기요, 그 내용을 사실이라고 믿을 뿐 아
니라, 신성한 이야기라고 관념하여 굿에서 노래 불려지고
있으며, 이것들을 하나의 분류개념으로 파악하여 '본풀이'
라는 이름으로 부르고 있는 사실이다.

'본풀이'의 '본'은 근본(根本)·본원(本源) 등의 뜻이요,
'풀이'는 '풀다'의 전성명사(轉成名詞)로서 해석·설명 정도

의 뜻이다. 말하자면 본풀이란 신(神)의 근본 내력·행적 등을 해석·설명하는 신성한 설화인 것이다.

이것은 심방이 그의 직능을 수행하기 위하여, 그가 노래하고 있다는 면에서는 무가(巫歌)요, 그것이 서사적·허구적 이야기라는 면에서는 설화가 되며, 또 그 시적 운율과 서사적 구조를 문학적 견지에서 볼 때 서사시라 할 수도 있는 것이다.

이 본풀이를 설화의 세 분류 개념에서 볼 때는 무엇이라 할 것인가. 위에서도 말한 바와 같이, 신을 중심으로 한 이야기라는 점, 반드시 태초적인 사실만은 아닐지라도 자연현상이나 사회현상의 기원이나 질서 형성의 설명이라는 점, 신성한 이야기라는 점 등, 신화에 가까운 것임은 두말 할 것이 없다. 서구의 신화 개념에 비추어 얼마간 다르다 하더라도, 그것은 우리와 서구의 신화 개념의 차이로 봐야 할 것이다. 이런 각도에서 이 본풀이들을 문헌신화(文獻神話)인 삼을나(三乙那) 이야기와 함께 신화로 처리한 것이다(三姓神話를 본풀이와 같은 종류로 처리하는 이유는 졸고(拙考 〈堂굿의 儒式化와 三姓神話〉 《제주도》 14호 1964년 참조).

2 본풀이의 종류·형식·내용·기능

우리의 신화라 할 수 있는 이 본풀이는 대충 세 가지로 나눌 수 있다. 첫째는 일반 본풀이, 둘째는 당(堂) 본풀이, 셋째는 조상 본풀이다.

일반 본풀이란 일반적인 자연사상(自然事象)이나 인문
사상(人文事象)을 차지하고 있는 신들의 이야기요, 당 본
풀이란 부락 수호신인 당신(堂神)들의 내력담이며, 조상
본풀이란 한 집안 또는 씨족의 수호신에 관한 이야기다.
이런 분류는 민중의 신의 분류의식에 말미암은 것인 바,
이 책에서는 신화분류라는 견지에서 일반 본풀이인 천지
왕 본풀이를 개벽신화로, 문헌신화인 삼을나(三乙那) 이
야기를 시조신화로 각각 분리하여 독립시켰다.

어느 것이나 본풀이는 굿을 할 때 심방들에 의하여 불
려진다. 대개는 제상 앞에 앉아서 장고를 치며 '어느 달
며칠, 어느 마을의 누가 무슨 사유로 이 굿을 시작하여,
어떤 제차(祭次)를 거쳐 무슨 본풀이의 차례가 되었기로
본풀이를 올립니다' 하는 내용의 사설(辭說)을 노래한
후, 이어서 본풀이가 시작된다.

본풀이의 서두는 대개 '옛날옛적……' 하는 식으로 시작
하여, 주인공의 출생·성장·고행·결연(結緣) 등 파란 많은
생활을 그려 나가고, 끝에 가서 신으로서의 직능(職能)을
차지하여 좌정하는 것으로 결말을 지어 간다.

그 이야기들은 신으로 좌정하게 된 내력을 설명하는 데
에 초점을 죄어 가면서, 그 과정의 생활을 선악의 갈등으
로 고조시켜 선(善)의 승리로 풀어 나간다. 그 중에는 양
반에 대한 반항이나 풍자가 있고, 계모의 비행을 징계하
는 것도 있고, 효행이나 정절을 권장하는 내용도 있으며,

숭불(崇佛)·숭무사상(崇巫思想)을 고취하는 것도 있다. 그러면서 자연사상이나 인문사상들의 기원을 설명하고, 도덕적 규율이나 관습·제의(祭儀) 등의 원인·합리성·정당성을 삽입시켜 설명해 나간다.

이렇게 하여 이야기가 다 끝나면 '무슨 본풀이를 다 올렸습니다. 어떻게 하여 주십시오'하고 간곡한 축원으로 넘어간다.

이렇게 신화를 노래하고, 이어서 축원을 하는 이유는 지금 축원하려는 사항을 유리하게 지배·처리한 신의 과거 행적을 신화를 통하여 명확히 증거댐으로써, 신으로 하여금 그 축원을 아니 들어 주지 못하게 하는 방법인 것이다.

여기에서 본풀이는 축원 사항의 성취라는 공리적(功利的) 기능이 주된 것임을 알게 되며, 아울러 자연·인문사상(人文事象)에 대한 지식과 생활에 있어서의 행동 기준을 부여해 주고, 동시에 심미적(審美的) 쾌락을 주는 기능도 겸하고 있다는 것을 알게 된다.

엮은이 약력

제주대학 국문학과졸업
동경대학 대학원 문화인류학과 수학
제주대학 교수

저   서
≪제주도무속지≫ 상·하(신구문화사)
무속·신화 관계 논문 다수

제주도 신화   〈서문문고219〉

개정판 발행 / 1996년 3월 30일
개정판 3쇄 / 2016년 5월 30일
지은이 / 현 용 준
펴낸이 / 최 석 로
펴낸곳 / 서 문 당
주소 / 경기도 고양시 일산서구 가좌동 630
전화 / 031-923-8258 팩스 / 031-923-8259
창업일자 / 1968.12.24
창업등록 / 1968.12.26 No.가2367
등록번호 / 제406-313-2001-000005호
ISBN 978-89-7243-419-1

초판 발행 : 1972년 9월 5일 * 잘못된 책은 바꾸어 드립니다

서문문고 목록

001~303

◆ 번호 1의 단위는 국학
◆ 번호 홀수는 명저
◆ 번호 짝수는 문학